허접한 세상, '찌질한' 남자

– 유성쌤의 남성 청년 유감

003

서강수밸류총서

유 성 쌤 의　남 성 청 년　이 야 기 판

허접한 세상, '찌질한' 남자

– 유성쌤의 남성 청년 유감

정유성 지음

서강대학교출판부

서강수밸류총서003

허접한 세상, '찌질한' 남자

– 유성쌤의 남성 청년 유감

초판 1쇄 발행 | 2016년 11월 8일

지 은 이 | 정유성
발 행 인 | 유기풍
편 집 인 | 우찬제
발 행 처 | 서강대학교출판부
등록 번호 | 1978년 9월 28일 제313-2002-170호

주 소 | 서울특별시 마포구 백범로 35번지
전 화 | (02) 705-8212
팩 스 | (02) 705-8612

삽 화 | 이여경

ISBN 978-89-7273-319-5 04330
ISBN 978-89-7273-200-6(세트)

값 21,000원

* 서강수밸류총서는 (주)수밸류 대표 김상수(81, 경제) 동문이 조성한
수밸류출판금고의 지원으로 제작됩니다.

책머리에

세월 하 수상하고 사람 살아가는 꼴 자못 괴이쩍다. 무엇보다 세월호 그 끔찍한 사건 일어나고 젊은이들 좌절한 끝에 '헬조선'이라며 제 사는 땅마저 절망한다. 그러면서도 그 없음, 아픔 제대로 드러내지도 담아내지도 못한 채 시름댄다. 사뭇 찢겨진 삶터, 흐트러진 사람 사이에 누구 하나 제 구실하고 제 정신 차리고 살기 어렵다. 저마다 좀비처럼 허청대며 속 비고 뒤틀린 속내로 서로 할퀴고 제 존재 헐뜯는다. 도대체 어디서부터 무얼 어떻게 해야 할까?

하필이면 고육지책으로 교육 공부하고 가르치며, 그것도 시대적 요청인 생명, 평화, 젠더 같은 주제들 겨누고 그 주체들인 자라나는 세대와 어울려 온 세월이 꼬박 몇 해던가? 자라나는, 아니 못 자라고 덜 자란 세대 탓하기엔 손가락질이 너무 아프기만 하다. 거듭 나, 그리고 언저리 돌아보다가 문득 이들과 함께 대관절 왜 그런지 묻고 이야기하고 싶었다. 그 중에서도 아직 평등은 멀었지만 적어도 평등으로 나가는 기우뚱한 균형 속에 치이고, 그렇지만 찌질하기 짝이 없게 못생기고 덜떨어진 남성 청년들에 과녁 맞추었다. 이들과 스스로 돌아보고 '보살핌과 돌봄' 되찾아 살려내지 않으면 세상은 그냥 이대로 결단나고 나락으로 떨어질 것만 같아서다.

처음에는 이 어렵고도 버거운 주제 제대로 붙안고 씨름하자니 너무 고단하고 이론으로 담자니 공부와 고민 모자라고 하여 에둘러 보려 했다. 이를테면 조금 손쉽게 다가가 보려고 '이야기 책(talk book)'으로 만들자는 꼬임에 귀 얇게 넘어간 것부터 그렇다. 하지만 두 해 넘겨 이야기 나누고, 모으고, 다듬다 보니 훨씬 더 힘겹고 버거운 숙제며 과제가 되어버렸다. 이야기 듣다가도 가슴이 먹먹해 손사래 치고, 나누다가도 눈앞이 캄캄해 슬며시 돌아서서 중동무이 한 적이 여러 번이다. 그만큼 할 얘기 많고, 담을 그릇 변변치 않고 더욱이 그럴싸하게 꾸며 한 상 차릴 주변머리 모자란 탓이다. 그렇지만 함께 한 학우들 끈질기게 붙들고 마무리하도록 이끌어 준 덕에 여기까지 왔다.

이 이야기판에 함께 한 모든 사람들, 이야기 말문 터준 ㅅㅈ, ㅁㅅ부터 본격적인 이야기판에 함께 해 준 ㄴㄱ, ㅎㅅ, ㅇㅊ. ㄱㅎ, ㅎㅎ 특히 마무리까지 일손 거든 ㅅㄴ와 ㅎㅇ에게 너무 고맙다. 또 진작부터 책 하나 만들자며 늘 격려하고 자극 주면서 한없이 기다려준 우찬제 선생한테도 미안하고 고맙다. 무엇보다 이런 이야기책이나

마 만들지 않으면 못 견딜 그 마음 지키도록 도와준 아내와 아이에게 고맙다.

2016년 유난히 잔혹한 여름날
정유성

이야기판(뒤):
여성 청년들과, 여성 청년들의 남성 청년 이야기

알려 둠

1. 청년들에게는 일상적인 말들이지만 여기 익숙하지 않은 세대나 사람들 알아듣기 어려운 표현 몇 가지는 주를 달아 그 뜻을 적었다.
2. 남성이든 여성이든 세대담론, 젠더담론은 말할 것도 없고 이른바 세상담론으로 읽을 만한, 생각해 볼 만한 거리, 화두들을 돕고자 이를 요약한 내용을 넣었다. 그저 언급만 하고 넘어간 자료들은 주를 달아 찾아보고 읽어보기 쉽도록 했다.

이야기판(앞):

남성 청년들과,
남성 청년들의
남성 청년 이야기

하나, 대뜸 들어가니:

왜 문제인가, 어쩌다 이 지경인가?

– 청년 담론과 젠더, 그리고 남성문제(유성쌤의 들머리)

지금, 여기 삶터는 엉망진창이다. 겉으로도 그렇지만 조금만 들여다보면 그야말로 허접하기 짝이 없다. 무엇보다 사람 사이는 뒤틀렸고 속내는 비뚤기만 하다. 그러니 사람들마다 치이고 시달려 본새는 강팍하고 매무새는 흐트러졌다. 앞날의 주인공인, 그러면서도 이미 성인인 젊은 청년, 그것도 남성들이 특히 그렇다. 이들은 한마디로 찌질하다. 흔히 말하는 대로 그나마 기름진 땅에서 자라 어른 세대에 견주면 생김도 훤칠하고 가진 것도 많지만, 그럼에도 불구하고 또는 그때문에 하는 짓거리는 덜떨어졌고 남 생각 할 줄 모르고 관계에 서툴고 도대체 존재 자체가 부실하기 짝이 없다. 취업 같은 어려움에 닥치면 징징대고 경쟁에 치어 조금만 밀리면 열등감 작렬하고 이를 알량한 우월감으로 갈음하려 들질 않나, 일단 또래 여성에 비해 여간 모자란 게 아니다. 이런 현상, 그 원인에 대해 이들 부모세대고 갈 데 없는 '꼰대'면서 교육, 청소년, 젠더 등 당장 현안과 아프게 맞닿은 주제들 공부하고 가르치는 유성쌤은 하고픈 말이 너무 많다. 해서 '남성문화연구'라는 수업을 빌미삼아 함께 하는 남학우들 몇몇에게 먼저 들머리로 운을 떼고 수업을 함께 만드는, 또는 그밖에 이 주제에 관심 가지고 활동하는 여러 학우들과 이런저런 얘기를 나누기로 했다.

지금, 여기 20대 남성은?
–옛날엔 그러지 않았다(?!)

자, 오늘부터 쌤이 던지려는 화두는 이 땅에 남성, 특히 남성 청년들의 '찌질'함이랍니다. 참, 표준말로는 지질함이라지요? 찌질 아니고 지질. 근데 '찌질'하다고 해야 감이 팍 오긴 해요, 그렇죠? 아무튼 찌질한 남성 청년들 왜, 얼마나 그런지, 어떻게 해야 철든, 철 난 남성으로 바꿀 수 있을까, 그러니까 이 '찌질 남' 현상, 원인, 대안 이런 이야기로 이어가려는 거지요. 그럼 먼저 지금, 여기 20대 청년 남성들의 삶은 어떤가부터 살펴볼까요?

... (뜨악하게) 넵...

쌤이 아무래도 교육을 공부하고 가르치다 보니 청년 담론, 젠더 담론에서도 고육지책(苦肉之策)이랄까, 막무가내로 교육이라는 눈으로 보게 되지요. 그니까 성장이라는 사회화 과정에서부터 보게 된다는 말이에요. 그러면서도 하릴없이 '꼰대' 납시는 '지적질'이나 이래라 저래라 가르치려 드는 본새 드러내기도 하면서. 암튼 그건 일단 어쩔 수 없는 '직업병', 내지 '산업재해'로 너그럽게 봐주길 바랍니다. *(ㅋㅋㅋ 웃음...)* 뭐 아무래도 대학에 있다 보니 대학생들 얘기로 들머리 잡게 되는 거야 불가피하기도 하고, 당연하기도 한데 말이죠. 대뜸 문제부터 제기하자면 이 팍팍한 삶터에서 청년들이 자라오면서 뭣보다 입시교육이란 덫에 걸려 제대로 생장(生長)하지 못하고 덜 자란 채 청년기 출발인 대학생활 시작한다는 점이에요. 다른 나라 같으면 스무 살 정도면 그야말로 어른이잖아요? 제 앞가림 다 하고 홀로 서서 부모한테 손 안 벌리고 그러니까요. 근데 우리는 가족이라는 비빌 언덕에 삐대면서 개기는, 심하게 말하면 부모 품에 빌붙어 지내는 기간이 너무 길어요. 특히 남성들이 그래요. 군대 갔다 와서 대학 졸업할 때까지 스물 대여섯, 일곱까지. 그러니 성장(成長)이 더딜 수밖에 없지요. 뿐만 아니고 대학 입학비율이 너무 높아서 여러분 또래 정도면 80% 가까이예요. 그니까 20대 전반의 삶이 성인으로서의 생활공간이나 노동현장의 그것이 아니라 교육기간으로 덮어주고 학생이라고 봐주는 기간인 거지요. 그러다 보니 어른이 늦될 수밖에 없어요. 덜 자라고, 못자라고!

... 쌤, 그럼 예전에는 안 그랬어요?

그래요, 지금 물음처럼 여러분들 흔히 듣는, '빡치는' 어른들 말이, "야, 니들 왜 그 모양이냐, 우리 땐 안 그랬는데!" 이거잖아요? 그 말에는 사실 제법 날카로운 가시 같은 게 있어요. 잘 알다시피 지금 대학 구조조정이라고 난리도 아니에요. 아이들은 점점 줄어드는데 대학 입학정원은 진작 넘쳐나니. 같은 나이 또래 대학 입학비율이 80%에 이르는데도 말이죠. 그런데 여러분 부모세대, 그러니까 쌤 대학 다닐 때인 70년대나 80년대 초반까지는 그 비율이 20% 안팎이었어요. 여성의 경우 그보다 훨씬 낮고요. 그때만 해도 20대가 되면, 아니 20대 들어서면서 선택을 하거나, 선택을 강요당하는 분위기였죠. 대학을 갈 건가, 노동현장에 갈 건가, 군대 갈 건가 등등… 이렇게 20대 들어서는 문턱부터 세대 간에 그 시대배경부터 다르고, 또 삶의 흐름도 많이 바뀐 거지요. 어른들이 지금 젊은이들 보고 찌질하다, 덜떨어졌다 하는 섣부른 판단은 일단 이런 배경을 간과하기 때문이기도 하죠. 이 이야기는 중요하니까 조금 더 해보죠.

한국 사회는 겨우 한 세대 만에 전혀 다른 세상이 된 거예요. 부모세대 태어나 성장하고 부모노릇 하는 동안 서둘러 산업화, 도시화에다 핵가족화까지 뚝딱 해치운 거죠. 남들은 몇 세대 걸쳐 어렵사리 치른 일을 말이죠. 흔히 말하는 '압축적 성장'을 하면서 하릴없이 '졸속한 변화'를 겪을 수밖에 없었다는 얘기죠. 그런데도 어른세대는 자신들 기준으로 젊은 세대를 보고 또 탓하고 있는 게 문제란 말이죠. 이 점에 대해서는 이런 읽을거리를 한 번 눈여겨 봐주고, 생각할 거리 찾아봤으면 좋겠어요.

'압축적 성장, 졸속한 변화'

일단 '우리 때는 안 그랬다', 이런 어른 세대의 손가락질을 제대로 맞받으려면 세대 간 격차나 상황 변화 등에 대한 분명한 인식이 필요하다. 이럴 때 지난 1965년부터 2015년까지 50년 간, 그러니까 지금 청년들 부모세대부터 오늘날까지 사회전반부터 개인 삶에 이르기까지의 변동을 집약적으로 다룬 '압축성장의 고고학'이라는 얼마 전 나온 책이 아주 도움이 된다. 결혼과 출산부터 교육기회 확장에 따른 여성의 지위변화, 특히 대학교육의 확산, 가족문화 및 직업세계의 변화 그리고 고령화에 이르기까지 불과 2세대라고 할 수 있는 50년 만에 벌어진 엄청난 '압축적 성장'의 현상과 문제, 무엇보다 그 '졸속한 변화'에서 오는 고통과 과제를 세심한 통계분석과 비판적인 논의를 통해 입체적으로 다루고 있기 때문이다. 우리 주제와 관련해서 주목할 부분은 20%를 밑돌다가 2008년 83.8%로 정점에 달한 대학진학률을 가져온 교육열에 대한 분석이 눈에 띈다. 학벌사회라는 '뿌리 너무 깊은' 역사적 배경부터 한국전쟁 이후 모두가 가난하지만 평등했던 시점에 비롯된 '지위상승의 평등주의'가 불러온 고등교육의 팽창이 결국 경제위기와 더불어 오히려 더 맹렬한 교육투자로 이어지는 모순을 잘 설명해준다. 바로 이런 종합적이고 입체적이면서도 역사적인 맥락에서 오늘날 청년세대의 좌절과 고통에 대한 제대로 된 이해가 가능하고 이로부터 출발해야 어른세대의 자기기만적 위선과 오해에 맞설 수 있다.

* 장덕진 외(2015). 압축성장의 고고학: 사회조사로 본 한국 사회의 변화, 1965~2015. 파주: 한울.

이렇게 보면 바로 그 부모세대가 만들어낸 교육열, 학교 지상주의, 학벌사회 같은 틀이랄지, 판이랄지, 이런 데서 학교나 가정이라는 보호 장벽, 그 안온한 품에 머무는 기간이 더 길어진 거예요. 게다가 그 교육이라는 이름으로 유보된 기간이 성장이나 성숙이 아니라 사뭇 미성숙의 시기였단 말이죠. 이를테면 고3이면, 열아홉이니 머리 다 크고 심지어 선거권까지 줄까 말까 할 땐데, 대학을 갈 건가 무엇을 할 건가 선택의 기회는 주어지지 않죠. 그냥 필수일 뿐이니까요. 또 가장 큰 문제가 대학 갈 때 전공이든, 학교든 이것조차 선택이 아니라는 거예요. 선택 당하는 거지! 수능 성적에, 눈치작전에, 부모 바람이나 억지에 따라 선택 당하는 거란 말이죠.

이제 중학교에서 자유학기제라는 게 전면 실시돼요. 근데 중학교 때는 너무 일러요. 뭘 체험하고 선택하려도 별로 아는 게 없으니까. 고2, 고3이면 나을까, 뭐 하긴 이때도 그리 나을 건 없지만 말이예요. 그래서 쌤은 오죽하면 이런 이야기까지 해요. 고등학교 졸업하고 적어도 1년 안에 대학 못 오게 하자, 어떻게 살지, 무얼 하고 살지 1년 정도 고민하고 체험하고 그럴 기회 준 다음 대학에 오게 해야 한다고 말이죠. 쌤 절친 중에 독일 인권운동, 제3세계 운동에 앞장서 온 사람이 있어요. 고등학교 때 제법 공부 잘하는 모범생이어서 그때 그런 학생들 다들 가는 법대에 갔어요. 근데 대학 입학 앞두고 '내가 정말 법학 공부해야 되나', 심각하게 고민이 되더라나? 그래서 입학 유보해 놓고 무슨 짓을 했냐면 경험을 더 쌓자면서 외항선 탔어요, 잡역부로, 1년 반 동안. 그 뒤로 대학 마치고 변호사 일 시작하는 처음부터 인권, 제3세계 운동 같이 했는데 자기가 살아가면서 필요한 그리고 중요한 모든 인식과 경험은 그때 다 얻었다 하더라고요. 그니까 대학 들어올 때쯤 직업뿐 아니라 삶 전반에 걸쳐 생각하고 겪어보고 할 필요가 있다는 얘길 하는 거예요.

... 아휴, 쌤, 그건 너무 먼 나라 얘기에요. 우리 같으면 대학 안 간다고 했다가 죽을 판인데, 대학 붙어놓고 나중에 간다고요?

물론 천편일률로 정해진 삶, 그니까 마치 옛날에 있었던 한 장짜리 관제 이력서 같은 삶에 대한 압력이 옛날보다 덜해진 건 사실이지만 여전히 학벌사회라든가 대학서열 같은 게 엄연히 존재하고 강압으로 다가오니 피해가기 쉽지는 않아요. 문제는 그런 것조차, 그럴 가능성조차 생각하거나 꿈 꿀 기회를 주지 않는다는 거죠. 재수 하게 되면 오로지 입시에만 매달려야 하는 거고 반수 하더라도 대학 슬쩍 다니는 척 하다가 나중에라도 학원에서 입시에 목매야 하니! 결국 청년들이 철들지 못하고 제 삶을 제대로 시작조차 못하는 가장 큰 까닭은 바로 이 입시교육이라고 할 수 있어요. 그렇다고 그걸로 모든 걸 방패막이 삼아서는 안 되겠지만요. 그나저나 이 문제 관련해서 어른들 왜 그런 이야기도 하잖아요? "우리도 다 입시 치르고 했지만 너네만큼 찌질하지는 않았다"고 말이죠. 사실 이건 '뻥'인게 당시에는 그렇게까지 경쟁이 심하지는 않았어요. 쌤 고3 때도 책 읽고 음악 듣고 그러면서 비교적 널널하게 지냈으니까요. 대학 서열, 입시경쟁이야 있었지만 그 강도가 덜했다고는 못해도 조금은 달랐지요. 그때도 영락없는 학벌 사회긴 했는데 일단 대학생이란 거 자체가 엘리트 집단이 돼 버리니까 대학을 가고 안 가고로만도 확 차이가 나니까요. 또 그때는 경제성장이 가파르고 해서 취업도 그렇게까지 어렵고 힘든 상황은 아니어서 여러분 세대와 단순 비교하면 안 돼요.

아무튼 안타깝기도 하고 열 받는 것은 그렇게 한 번도 스스로 무언가 결정을 해보지 못한 일종의 '결정 장애'의 미성숙함이 대학에 와서 그나마 자잘한 결정, 아니 선택마저도 못 견뎌 하는 한다는 점이예요. 거의 '선택 장애' 내지 '선택 기피' 수준이랄까? 요즘 학생들 면담이나 상담하다 보면 기도 안 차요. 1학년 1학기 때는 해방감에 놀고, 마시고 또 연애하고 이러면서 정신없이 보내다가 2학기쯤 되면 와서 심각하게 고민 털어놔요. 대개는 정확히 뭘 고민하는지도 모르는 게 더 문제지만! *(웃음)* 대체로 많이들 고민스러워 하는 게 다름 아닌 '도대체 선택이 어렵다'는 거예요. 늘 선택 강요당하다가 이것저것 스스로 선택해야 하는 상황이 못 견디겠다는 거죠. 뭐 남친, 여친 사귈까 말까 헤어질까 말까 결정하기도 어렵고, 어떤 과목을 수강할지도 모르겠고 나중에 전공을 정해야 할 경우 뭘 해야 할지 헷갈리고... 그래서 대충 소문에 휩쓸리고, 여전히 부모 강압에 휘둘리고 이러면서 거듭 선택을 당하고 마는 거예요. 아무튼 어떤 한 학우는 "쌤, 차라리 다시 고3이고 싶어요. 선택이 너무 어려워요" 이런 말까지 하더라고요. *(한숨)*

다시 '예전엔 안 그랬다'는 얘기로 돌아가 보죠. 그니까 예전엔 전혀 안 그랬다고는 못해도 상대적으로 덜했다고 볼 수 있지요. 하다못해 그토록 목을 매는 학점 경쟁만 해도 그래요. 요즘 그 알량한, 비교육적이다 못해 반교육적인 상대평가 때문에 대학 선생들 여간 힘들지 않아요. 학기말에 성적 갖고 난리도 아니거든요, 왜 내가 그 성적밖에 안 되느냐, 올려 달라, 재수강하게 내려 달라, 심지어 부모가 전화해서 시비 걸고 말이죠. 상황이 달라지긴 했어도 이럴 때 드러나는 청년세대의 반응, 거의 조건반사 같은 경쟁심리 바로 이런 점이 '예전엔 안 그랬다'는 어른들 '꼰대질' 내지 '지적질' 나오는 빌미가 되는 같아요. 두드러진 게 그 선택과 관련된 미성숙함 같은 거죠. 근데 뭣보다 답답하면서도 화가 나는 게 그토록 찌질해 보이는 청년들이 알고 보면 누구 말대로 역사상 이 땅에서 가장 기름진 토양에서 자라난 세대라는 거지요. 물론 그 기름진 땅을 몇몇이 독점하고 나머지는 밀려나고 하는 문제는 따로 따져봐야 하겠지만요. 아무튼 여러분들 성장배경, 적어도 물리적 배경은 앞에 산 어느 세대보다 낫다고 봐야 해요. *(웅성웅성… 갸우뚱…)* 그런 면에서 여러분들 보면 쌤은 자못 부러울 정도에요. 부모 세대가 도저히 가질 수 없었던 많은 혜택을 받은 건 사실이니까요. 물질적인 풍요부터 그래요, 아마 굶주리고 배고픔을 겪은 마지막 세대가 지금 부모 세대쯤이니까요. 그동안 경제 발전 통해 좋건 나쁘건 간에 양적 성장 이룩하면서 먹고살 만해지고, 나름 누리고 그랬잖아요. 그런 것 말고도 다른 많은 가능성들 또한 풍부하게 얻고 갖고 자란 건 사실이죠. 누군가 이런 얘기를 해요. 아마 인류 역사상 처음으로, 전 세계적으로도 그렇고 한국 사회는 더더욱 자라나는 세대의 기본 역량이 기성세대의 그것을 앞서가는 시대라고. 예전에는 그래도 뭔가 어른들이 가르칠 것이 있었거든요? 그런데 무슨 오디션 프로그램 같은 데 나와서 별로 공부도 안 한 친구 같은데 영어하는 거 보면 잘 하거든요, 발음도 괜찮고. '어륀지' 교육이 성공한 건지? *(웃음)* 외국어라든가, 또는 컴퓨터, IT 관련해서 앞날뿐 아니라 지금 당장 중요한 역량이 어른들을 압도하거든요. 그래서 한때 젊은이들이 시비 걸기도 했잖아요. "꼰대들은 영어도 못하고 국제적 감각도 없는데다 컴퓨터도 제대로 못 다루고 태도도 거지같은데 지네가 일자리 다 차지하고 우리는 이렇게 시달리고 쪼들린다." 뭐 이렇게요. 그래서 88만원 세대니 뭐니 하는 얘기도 나왔죠? 그 얘긴 뒤에 다시 하죠.

지금, 여기 20대 남성으로 산다는 것은?
—불확실성의 시대, 불안한 사람들

사실 쌤 이른바 청소년 및 교육 전문가, 젠더 이론가니 이렇게 알려져 있지만 뭔가 확실한 의견이나 분명한 이론으로 말하는 건 자신이 없을 때가 많아요. 특히 청년세대에 대해서 그래요. 아주 이중적이고 모순적인 존재에다 그 문제성 또한 사회구조, 상황에서부터 자신들 찌질함이 엇걸리고 뒤섞이다 보니 이렇다 저렇다 말할 때도 조심스럽고요. 뭣보다 쌤 포함해서 지금 어른들 한심하고 찌질한 모습 견주어 보면 어른들이야말로 해도 너무 한 것도 같아요. 아무튼 뭘 제대로 알아야 쌤이 그런 세상 만든 건 아니지만 사과라도 하고, 그래도 그러면 안 된다, 야단이라도 칠 수 있잖아요. 얘기가 너무 길었네요, 그럼 이번엔 이렇게 물어봅시다, 뭐가 가장 힘든지, 대한민국에서 20대 남성으로 산다는 것은?

... 미래요! 취직이고, 결혼이고 뭐 다... 불확실함이요! 확실한 게

하나도 없으니까 불안해요... 자신감이 없는 거요! 제가 뭘 좋아하는지도 모르겠고, 뭔가 길을 찾은 거 같은 데도 그게 맞는지도 모르겠고...

그래요! 일반적인 20대 청년, 남성뿐만 아니고 20대들 겪는 어려움이란 밖으로는 미래의 불확실성, 안으로는 그에 따른 앞날에 대한 불안감, 이렇게 한마디로 요약할 수 있겠네요. 객관적으로 주어진 여건의 불확실성에다 주관적으로 받는 강박 같은 불안감 뭐 이런 거 말이죠. 그게 흔히 가는 길인 취업이 되었든, 조금 다른 길로 제 삶을 찾는 탐색이 되었든 말이죠. 그럼 먼저 그 지긋지긋한 취업 *(웃음... 신음...)* 얘기부터 해볼까요. 여러분들 중에도 취업을 빌미로 학교 쉬거나 졸업 미룬 사람들 있죠? 주변에도 있고?

... (모두) 넵!

이렇게 학교 쉬거나 졸업 미루는 게 이젠 거의 전공필수가 돼버렸어요. 사실 부모세대만 해도 휴학은 거의 금기사항이었어요. 남학생들 군대 가는 거 말고는. 특히 여학우들 휴학은 아주 급한 경제사정 아니고는 상상하기 어려운 일이었지요. 근데 요즘은 그냥 8학기 만에 내리닫이로 졸업하는 친구들 거의 없다고 봐야지요? *(네~에~)* 휴학하는 이유는 뭐 체험도 하고 싶고 자아실현 기회도 찾고 싶고, 포장은 그럴싸하게 하지만 대체로 불확실성에 대한 불안감 때문이잖아요? 무엇보다 마지막 학기에 주저주저 하는 건 취업되면 졸업해서 직장 가는 거고 안 되면 한 학기 더 다녀서 뭐 한 과목 대충 돈 조금 내니까 머무는 거고. 언제부턴가 청년실업, 취업난이 최대 현안인데 왜 그런지는 여기서 구구하게 설명하지 않아도 되겠죠? 그냥 거칠게 짚어보자면 부모세대와 달리 경제성장이 썩 가파르지 않으니까 일자리가 팍팍 늘어나는 것도 아닌데다 그나마 있는 일자리는 별 볼일 없는 어른들이 차지하고 좀처럼 새 일자리 만들어지지 않고요. 거기다가 대학 입학비율이 높아지다 보니 기대치는 높아졌죠. 또 모두들 다 연봉 많이 주는 대기업 아니면 안정된 직업 찾아 고시나 공무원 시험 보려는 거고. 잘라 말하지만 취업난은 점점 더 심각해지고 오래 갈 거예요, 어쩔 수 없이. *(한숨)* 한국경제는 말할 것도 없고 세계 경제상황이 뭐 나아질 것 같지 않잖아요. 그야말로 만성적 위기잖아요. 쌤 그동안 IMF 위기니 금융위기니 겪어봐서 잘 알아요. 그때 졸업하고 취업 안 돼서 헤매면서 '좀비'들처럼 학교 근처에 얼쩡거리다가 쌤 만나면 피하곤 하던 선배들 모습 지금도 생생해요. 경제든 사회든 이 땅에서는 이런 끔직한 위기를 겪고도 체질 개선이 아니라 징후치료 정도하고 대충 넘어온 탓에 언제라도 또 다른 엄청난 위기가 닥칠지 몰라요. 이제 불확실성은 어쩌다 닥치는 특별한 변수가 아니라 늘 지고 가야 하는 상수가 된 거죠. 그러니 왜 불안하지 않겠어요? 제대로 된 삶을 막 시작하려는 데 상황은 이 지경이니... *(한숨)*

자, 이제 불안감 얘기 해보죠. 여러분들 대부분 시달리는 그 불안감은 어쩔 수 없는 현실에서 온 거죠. 근데 문제는 정작 그 불안에서 벗어나려는 노력이 오히려 더 큰 불안감을 불러온다는 점이에요. 솔직히 까놓고 말해서 한마디로 게임의 법칙에 순응하면서 경쟁논리에 집중되어 있는 거 아닌가요? 이를테면 쌤은 고시니 시험에 매달리는 학우들 모습 보면 정말 안타깝다 못해 분통이 터져요. 이렇게 말해서 미안한데, 그 알량한 직업안정을 위해서 저렇게 삶의 중요한 시기 아깝게 허비해도 되는가? 그것도 정말 나중에 사는 데 아무짝에도 쓸모없는 공부! *(웅성웅성...)* 아, 알아요, 쌤이 일부러 자극하려고 찔러보는 거예요. 암튼 쌤 왜 교직과목 수업도 하잖아요. 일단 쌤이 다루는 내용하고 시험하고 그리 상관이 없는 데다 이론들이 학교 현장에서 썩 도움 되지도 않아요. 아무튼 그렇게 그 어렵다는 임용고사 몇 해씩 거듭해서 교사 돼보세요. 교직에 들어가면 일단 삼 년까지는 온갖 애를 다 써보죠. 어떤 제자 말마따나 쌤한테 배운 대로 아이들도 끌어안고 세상을 흘겨보고 학교 현장에서 불합리하고 비교육적인 관행에 맞서기도 하고 말이에요. 그렇게 버텨보고 뭔가 다르게 해보려고 기를 써보는 거죠. 그러다가 서너 해 지나면 이른바 일급정교사 자격연수 받고, 또 공립학교는 순환이라 4~5년이면 학교 옮기게 되죠. 이때쯤 대개 선택의 기로에 서게 마련이에요. 길은 둘 중에 하나죠. 힘겹게 줄기차게 버티고 싸우다 한 10년 지나 말 그대로 몸과 마음이 소진되어 뻗어버리거나, 아니면 현실과 타협하거나! 뭐 아직도 쉼 없이 애쓰고 그러는 사람들 있지만, 입시교육이 판치는 데서 적당히 제 구실하고 제 몫 챙기고 이러는 사람들도 적지 않아요.

이런 현실은 바로 보지 않거나, 못하고 그저 막연하게 안정된 직장이라는 빌미로 불안 막아보고, 불확실성에 맞서려는, 어찌 보면 섣부른 지레짐작과 게으른 주저앉기로 머물러 죽을힘을 다해 고시

준비에 청춘을 낭비하는 거예요. 그렇다고 고시를 보든 뭘 하든 앞날 기획하고 설계하는 일 비난하려는 건 아니에요. 다만 바로 그런 현실순응, 안주, 타협의 매무새가 세상 더 어렵게 만들고 가뜩이나 판치는 게임의 법칙을 철옹성으로 만들고 있지 않나 하는 걱정이죠. *(웅성웅성...)*

싸가지도 이상도 없는 세대?

—경쟁, 불안, 상대적 박탈감의 악순환...

... 쌤, 그치만 그건 너무 이상적인 얘기에요... 에이, 몽상 같아요...

맞아요. 이상적이다 못해 몽상이에요. 인정해요. 하지만 그런 이상이나 몽상 없이 세상이 나아지던가요? 세상이 얼마만큼 흐트러졌는지, 또 특히 이 땅이, 오죽하면 '헬조선'이라고 할 만큼 엉망인지 손가락질 뿐 아니라 먼저 눈 크게 뜨고 제대로 바라봐야죠. 굳이 '꼰대질' 한 번 하자면, 쌤 세대는 그래도 꿈이 있었단 말이죠. 세상이 온통 엉망이니 좀 낫게 해보겠다든지, 사람 사이가 너무 차가우니까 좀 더 따뜻하게 해보겠다든가 삶터가 너무 비뚜니 반듯하게 해보겠다든가 뭐 이런 이상적이다 못해 몽상적인 먼 전망들 가지곤 했어요. 왜 그 쌤 좋아하는 존 레논(John Lenon) '이매진(Imagine)' 가사처럼 "사람들은 날더러 몽상가라 하겠지. 그렇지만 그게 나 혼자만은 아니라네" 뭐 이런 매무새로! 요즘엔 그런 꿈은커녕 꿈도 못 꾸거나, 꾸더라도 그 꿈이 너무 소박하고 또 비루하다는 거예요. 그래서 안타깝다 못해 슬프기까지 해요. *(한숨)* 취업과 관련해서도 쌤 이런저런 경험 했는데, 직장생활 잠깐 해보기도 하고요. 사실 다 거기가 거기거든요. 게다가 오늘날 같은 문명전환기에는 잘 나가는 직업도 변하게 마련이지요. 아무튼 안정된 직업 선호 현상 말인데요. 지금 뭐 여러분들 반론도 제기했고, 지금처럼 어려운 상황에 안정된 직종 선호하는 것은 당연한 일인데, 쌤이 묻고 싶은 것은 그 안정이 무엇을 위한 안정이냐는 거예요. 앞으로 여러분들 삶의 기획 내지 전망과도 연관되는데, 대개 연봉 기준이잖아요, 좋은 직장이라는 게? 안정성과 연봉 기준이죠? 어찌 보면 철저히 물화(物化)된 기준이잖아요, 자신의 꿈, 세상 전망 이런 거하고 상관없이 말이에요. 좀처럼 도전이나 모험이라곤 하지 않으려 들고, 또 다른 길 있는지 둘러보려고도 않고!

... 쌤, 근데 그건 최소한의 안전판 아닌가요, 안정된 직장... 저희들끼리도 경쟁관계잖아요...

그 바탕에는 이 엉망인 세상이 계속되리라고 전제하는 생각이 도사린 건 아닌가요? 뭔가 이게 좀 바뀌고 좀 더 합리적이면서 적어도 사람들 좀 생각하는 그런 식으로 일종의 '게임의 법칙'이라든지 이걸 바꿔야겠다는 그런 생각들 물론 일부는 하겠지만 대부분 왜 못할까, 또는 안 할까요? 그니까 이런 얘기에요. 쌤이 이런저런 이상적인 이야기 늘어놓으면 팔자 편한 '꼰대'가 흔히 하는 얘기고, 머리

아프고 인생 도움 안 되는 책에나 나오는 얘기지 현실은 아니다, 라고 도리질하면서 정말 말도 안 되는 게임의 법칙이나 그 살벌한 경쟁은 숙명으로 받아들이는 수동성이랄까? 쌤은 그게 바로 여러분 세대의 가장 심각한 찌질함이라고 봐요. 참, 얘기 나온 김에 요즘 나온 괜찮은 읽을거리 소개할게요. 좀, 아니 많이 어렵긴 한데 여러 차례 얘기한 한국 사회 '게임의 법칙'을 너무도 잘 짚어준 '배제, 무시, 물화'라는 제목의 책이에요.

'게임의 법칙'

일찍이 영화제목으로도 유행했던 이 용어는 한국 사회 분석에도 자주 사용된다. 특히 공정한 룰이 아니라 비상식적이며 모순된 사회의 운영과 조직 법칙을 비판할 때 그렇다. 이를테면 이 척박하기 짝이 없는 땅에 지배하는 게임의 법칙은 어느 연구자가 적확하게 지적했듯이 '경제적 배제', '문화적 무시', '삶의 물화'라는 세 가지라고 할 수 있다. 양극화로 불평등은 더 벌어지며 대물림되는 경제적 배제는 누구나 알다시피 지금 한창 논란 중이다. 하지만 그 경제적 배제 못지않게 심각하게 작동하고 사람들 마음속에 내면화되는 끔직한 또 다른 기제가 다름 아닌 '문화적 무시'이다. 여성이나 이주민, 성소수자들은 사회적 인정을 받지 못하고 무시되며 이것이 불평등을 더욱 심화시킨다(116~118). "경제적 불평등이 없는 무시는 없으며, 무시가 없는 경제적 불평등도 없다. 배제는 무시를 낳고 무시는 배제를 강화하는 것이다(123)." 나아가 이러한 배제나 무시가 '정의'의 문제라면 마지막 기제인 '삶의 물화'는 '인격'과 '자유로운 삶'의 문제와 관련된 것으로서 인격을 박탈하고 자유로운 삶을 불가능하게 하는 앞의 기제들의 바탕이 되는 병리현상이다. 결국 인간적인 것은 시장의 물건으로 내돌려지고 사회적 정의의 실종과 더불어 비인간화라는 깊은 병을 앓게 되는 상황을 지적한다. 흔히 말하는 한 사회, 공동체의 기본적인 틀인 게임의 법칙, 특히 현대사회의 기본적인 게임의 법칙인 '정의', '자유', '인권'은 '배제, 무시, 물화'라는 새로운 게임의 법칙으로 갈음되어 인간의 삶 전반을 억누르고, 뒤틀며 망가뜨린다는 것이다.

* 김원식(2015). 배제, 무시, 물화: 한국 사회를 바라보는 세 가지 시선. 파주: 사월의 책.

... 쌤, 근데 정말 무섭다니까요, 그 배제와 와 무시가... 한 번 밀리면 나락이라는 위기감마저 든다고요...

네, 알아들었어요, 공감도 해요. 근데 오늘은 여러분들한테는 미안하지만 좀 막 나가봅시다. 쌤 벗이기도 한 어느 시민운동 출신

정치인이 젊은이들한테 강연할 때 그랬다더라고요. "여러분들은 절대 굶어죽지 않는다, 무슨 일이 있어도. 그러니 그런 데 연연하지 말고 꿈을 키워라". 그러니까 예전처럼 문득 찾아오는 자연재해 같은 기근(饑饉)이라든가 전쟁이나 사회불안에서 오는 기아(饑餓)라든가 그야말로 존재에 위험을 받을 만큼의 그런 절대적인 빈곤상태가 아님에도 불구하고 불안하고 두려워하는 까닭이 뭔가 하는 거죠… 그야말로 상대적인 건가요?

… 네, 상대적이겠죠. 그래도 무서울 수밖에 없는 건 맞는 거 같아요. 그러다가도 친구들끼리 진짜 많이 하는 말이 우리 그래도 이런저런 대학 나오고 굶어죽기야 하겠어? 그리고 야, 우린 남자니까 괜찮아! 이래요…

(짐짓 화내며 소리 돋구어) 이런, 이거 보게! 바로 그런 따위 알량한 상대적 우월감이야말로 상대적 박탈감의 표현이기도 하단 말이죠. 그렇다고 해서 이른바 잘 나가는 대학 다닌다는 학생들도 별로 나을 게 없잖아요. 그야말로 '살아남은 자의 슬픔'만 질펀하지! 자, 들어보세요. 요컨대 완만한 사회변화가 아니라 급격한 사회변동이 일어나는 와중에 있다 보니 미래전망은 흐릴 수밖에 없죠. 기성세대는 말할 것도 없고 여러분도 마찬가지지요. 그러니 먼저 지금, 여기 우리 처한 상황을 잘 짚어보고 살펴봐야 전망할 수 있는 눈이 생기겠죠.

일단 오늘날 우리네 삶이 얼마나 달라졌는지 얘기 잠깐 하자고요. 우리 삶을 드라마에 빗대면 거기나 마찬가지로 큰 줄거리가 있어요. 뭐 로맨틱 코미디, 가족 드라마다 이렇게요. 그리고 그 안에는 큰 줄거리에 졸가리를 이루는 '내러티브(narrative)'라는 게 또 있지요, '서사(敍事)'말이에요.[1] 현대사회 삶의 기본 졸가리 하나는 가족과 함께 하는 가족 내러티브, 다른 하나가 직업 내러티브예요. 그래서 그 두 가지가 합쳐져서 지금까지의 남자들 삶을 구성해 왔어요. 왜냐하면 공공 영역 독점했으니까, 또는 공공영역의 의무가 부과됐으니까요. 근데 가족 내러티브가 지금 크게 변화한단 말이죠. 이를테면 '가족 해체'와 같은 현상 말이에요. 물론 따지고 보면 가족해체라는 말은 맞진 않아요. 거기엔 지금까지 핵가족이 정상적이고 그것이 망가진다는 의미가 들어 있으니까요. 정확히 말하면 가족 문화의 변화라고 해야겠죠. 암튼 예전에는 대충 크게 무리지어 살다가 대가족으로 갔다가 핵가족으로 바뀐 게 불과 얼마 안 되는 일이에요. 그게 또 변화하고 있는 거고요. 그러면서 가부장적인 전제가 흔들리니까 그 틀에서 확보된 남성의 위상은 예전과는 많이 달라졌는데 아직도 젊은 남성들은 희한하게도 그런 가부장적인 잔재를 많이도 있어요. 이를테면 '가장/부양자 콤플렉스'라든가 등등. 그런 내러티브들이 무너지고 있는데 앙상한 틀은 못내 지켜지고 있어요. 여전히 미래지향적인 또는 새로운 내러티브에 대한 전망, 확신 같은 게 없으니까 흔들릴 수밖에 없고 그러면서 이미 사라진 '희미한 옛사랑의 그림자'를 붙안고 있는 꼴이죠. 가장 두드러진 것이 부모들 가족 관념, 아니 누군가

1 이 개념과 논의는 세넷(2000)의 글에서 얻어 펼쳐 본 것이다. 세넷, R. "거리와 사무실: 유동적인 삶과 자아 정체성". 기든스, A./허튼, W. 편(2000). 기로에 선 자본주의. 서울: 생각의 나무.

지적했듯이 부모들 '완강한 가족주의' 뭐 이런 게 그래요.

얼마 전에도 주례 섰지만, 주례 하다 보면 정말 착잡한 느낌이 드는 거 있죠. 결혼문화 다 살펴보게 되니까요. 화보 촬영이다, 예단이다, 폐백이다 이 천박한 돈 놀음에, 어릿광대 놀음에, 이게 뭐야, 시대가 어떤 시대인데? 근데 워낙 아끼는 제자가 부탁한 거니 어쩔 수 없이 해주면서 젠더 마인드 넣어서 잘 일러주고 지나왔는데. 이런 시대착오적인 것들이 여전히 공존하고 있으니까 말이에요. 그런 측면에서 지금 우리가 얘기하고 있는 젊은 청년 세대의 불안감이라는 것은 현실적이기도 하지만 그게 일종의 척결하지 못한 과거의 잔재이기도 하다는 거죠. 기존의 가족문화 내지는 가부장 문화가 가져오고 남겨준 그런 것들을 그대로 답습하는 데서 오는 잔재죠. 동시에 그럼 새롭게 어떻게 해야 하는지 머리로는 알겠는데 평등하게 뭐 이렇게, 그게 현실적으로 어떻게 해야 할지 감이 안 오는 거죠. 하다 못해 연애방식, 결혼풍습 이런 데서부터 하나씩 조금씩 스스로 바꿔가야 하는데 이게 쉽지 않다는 거예요. 에고, 얘기가 옆으로 많이 새버렸네요. *(웃음)*

다시 우리 주제로 돌아가서, 취업이나 직장생활도 마찬가지에요. 취업과 관련한 일도 학교에서 맡아본 적이 있어요. 그때 지켜보니 학우들이 기존 게임의 법칙에 너무 메이다 보니까 자기 스스로 옭아매는 듯해요. 그래서 죽어라 스펙 쌓고! 참, 재미난 얘기 하나 해요? 이 망할 놈의 스펙이란 말이 영어 'specification'이란 데서 영 엉뚱하게 나왔지만 독일말로 '스펙(Speck)'하면 '기름덩어리'란 뜻이에요! 말 그대로 쓸 데 없고, 몸에 나쁜! *(어이없는 한숨)* 아, 미안해요.

아무튼 아까 얘기했던 상대적 박탈감 채우기 위한 상대적 우월감 만들려면 어떻게 해야 하나, 학점, 토익 성적, 그러다가 거듭 상대적인 박탈감만 쓴맛 보는 거지요. 그러면서 더 좋은 대학에, 여학우들은 남학우들에게, 계속 밀리는 경험 하는 거예요. 그런 것들이 그야말로 악순환한달까? 그러다 점점 더 자신감이 없어지고 볼멘소리 하게 되고 더욱 더 의존적이 되고 말이죠. 그러다보니 사회 변화는 물론이고 스스로 조그마한 변화도 좀처럼 기대하기조차 어려운, 마치 덫에 걸리고 올무에 치인 듯한 그런 느낌 많이 받아요. *(한숨)*

결국 이 '헬조선' 20대 청년들 바라보자니 안쓰럽고 불쌍한 생각도 많이 들어요. 실제로. 아, 이것들이 참 이렇게밖에 못 사나, 허우대로 보면 부모 세대보다 훌쩍 크고 멋진데? 그 다음에 그 지긋지긋한 스펙으로만 보면 부모 세대는 한 삼류밖에 안 될 거예요. 그들이 가지고 있는 역량이라는 게. 근데 이 모양 이 꼴로 저러고 있나 싶어서요. 교양수업 시간에 '토악질 나는 토익 점수' 올린다고 영어 공부하고 어렵사리 '알바'해서 돈 마련해 학원 다니는 꼴을 보면 정말 세상에 불 싸지르고 싶은 생각이 들 정도라니까요. 뭐 그렇다고 불 싸지를 수도 없잖아요. 쌤도 한때 아무리 따져 봐도 이 세상 글러먹었으니 요걸 단번에 뒤집어서 인간을 단숨에 구원하겠다는 허황된 꿈도 꾸었으나, 그게 가당키나 해요? 인간이란 재질이 단순하질 않고, 세상 또한 복잡 오묘한 것을! 그치만 그냥 저냥 살아가자니 너무 힘들고 아프잖아요? 그러니 각자 선 자리에서나마 끊임없이 변화 꾀하고 특히 가장 아픈 구석 도려내거나 밀어내지 않고는 안 되는 부분들 똑바로 인식해야 한다는 거지요. 이를테면 몇 해 전 문득 나온 '안녕들 하십니까'가 큰 반향을 일으켰던 까닭이 사실 청년세대 대부분 문제는 다 알고 있다는 데서겠죠. 내 안에 있는 그런 덫, 올무 그런 것들이 괴롭다는 것은 알고 있는 거 아니겠어요? 그 원인은 저 밖과 내 안에 함께 있다는 것을 뼈아프게 깨닫게 되었다는 거고요. 왜 우리는 저런 걸 보고 분노할 줄도 모르게 되었나, 또 왜 우리는 여전히 우리를 분노케 하는 세상에 살고 있나 등에 대한 인식 같은 거겠죠. 아이고, 너무 말이 길었네요. 그럼 이제 여러분들 보기에 이 땅에 남성으로 살기가 뭐가 가장 힘든지 한 번 들어볼까요?

이 땅에 청년 남성으로 살기(사회)

–그 하염없는 허접함에 대하여

... 남자는 이래야 한다는 의무감이요... 여전히 데이트할 때도 계산은 남자가 해야 한다는 둥...

그니까 이제 전통적 또는 관행적으로 기성세대로부터 주어지는 사회적인 요구가 여성들에 비해서 훨씬 남성들에게 강하다고 느끼는 거지요? 그것이 옳고 그름을 떠나서 말이에요. 취업에 관한 압박도 더 큰 거고. 장래희망을 이를테면 현모양처로 써낼 수 없잖아요? 지금은 여학생들도 써내지 않지만. 아니면 하다못해 결혼해서 집에서 살림만 하고 산다든가 그럴 수 없으니까. 그랬다간 사회에서 매장 당하겠지, 매장 당할까요?

... 그럼요... 아니 스스로 매장 당할걸요... (웃음)...

물론 이런 얘기는 전통적으로 남성들 공공영역과 여성들 사적 영역이 엄격히 나뉘고 그랬을 때죠. 지금은 달라졌으니까요. 얘기 나온 김에 취업경쟁으로 다시 가봅시다. 지금 취업 같은 경우에는 여성남성 경쟁 구도기도 하잖아요? 물론 아직은 여성들이 불리하지만. 그래서 예컨대 온갖 고시에 여성들이 약진하는 이유 중 하나가 우리 여성들이 뛰어나다고 하는데 그거는 틀린 말이에요. 다른 나라도 다 마찬가지였어요. 어느 수준에 가서 여성남성에게 기회 균등 주어지면 여성들이 처음에는 여성스러운 교육들을 받아요. 왜 예전에는 여성들이 많은 과가 있었잖아요. 가정대, 음대, 미대 이런 데. 요즘은 거의 모든 과에 다 있거든요, 기계공학과, 화공과 할 거 없이. 이들이 모든 사회적인 영역에서 일할 수 있는 조건 갖췄으니까 이제 경쟁이 된단 말이죠. 그치만 정작 취업이나 직장생활에서는 여전히 불이익 당하고 가정에서도 불리하거든요. 특히 결혼하고 나면 육아니, 경력 단절이니 이런 데 두려움 있으니 안정적 직장 찾게 되고, 그러니 국가고시에 몰리는 거죠. 시험에서는 차별할 수 없잖아요. 서구에서도 70~80년대 마찬가지였어요. 의대, 법대 선호했지요. 하지만 지금은 달라졌어요. 굳이 그런 거 할 필요 없거든요. 웬만큼 취업이나 직장생활도 평등하니까 내가 원하는 일 찾는 거지.

아무튼 이런 사회변화에도 불구하고 여전히 남성으로서의 의무감 그 내용은 별로 달라진 것 같지 않고 또 사회적 성공기준도 마찬가지인거지요. 직업, 연봉… 그럼에도 불구하고 지금은 사회적인 또는 남성으로 살아가는 데 대한 여러 가지 외부적인 조건에 대한 불확실성, 또 거기서 오는 불안감 같은 건데 아무리 그렇다 치고 여러분 편들고 싶어도 그냥 하나의 인간으로 볼 때 그 미성숙함이 너무나 짜증나고 그 찌질함은 거의 꼭지 돌게 한단 말이에요. 특히 그 남에 대한 배려 없음, 자기 생각만 하는 거, 그 다음에 심리적인 불안정성, 자아정체성의 미숙함! 거의 무슨 짓다 말고 버려둔 가건물에다 거기서 허청대고 다니는 좀비들 같아요.

… 너무 해요!… 예전엔 안 그랬나요…

그래요, 일부러 좀 찔러봤더니 과연 격한 반응이! 거듭 예전에 견주어 굳이 따지자면 그때는 워낙 굳어진 틀이 단단했고 그걸 대부분 따라서 할 수밖에 없었겠지요. 그렇다고 뭐 딱히 성숙했다고는 할 수 없어도, 적어도 나날이 살아가는 일에는 좀 나았다 정도겠지요. 그니까 지금 쌤이 손가락질 하는 부분은 생활인으로서 또는 곁사람들과 관계 맺고 사는 개인으로서 공동체성이라든지 자기 스스로 돌아보는 성찰성 뭐 이런 것이 없거나 모자라서 오는 찌질함인데 말이죠. 물론 그런 데는 여러 가지 배경 내지는 조건 등 이유는 많겠지요. 이를테면 예전에는 하다못해 형제라도 많으니까 배려까지는 아니어도 어쩔 수 없이 눈치라도 봤잖아요. 그야말로 생존과 관련된 경쟁이 심한 데서 살아남기 위한 방편으로 양보도 좀 하고 그랬겠지요. 이제 가정마다 자녀가 하나나 둘만 자라다 보니까 생겨난 문제

이기도 해요. 굳이 주변을 둘러볼 필요가 없었을 테니까요. 게다가 남자아이들 찌질하게 만드는 가장 큰 원인은 엄마들이에요. 정말 한심한 엄마들이 많아요. 치마폭에 싸고 판단이며 결정 대신 해주고 말이에요. 이렇게 하다 보니 미성숙하고 성장 못한 존재로 자라는 거죠.

이 땅에서 청년 남성으로 살기(가족)
–그 하릴없는 한심함에 대하여

> 뭐 그거야 사람마다, 가정마다 다르지 않겠어요?... 저희는 전혀 안 그랬어요... 하기는 부모님 기대에 부응하려다 보니까...

가장 큰 문제점이라면 바로 가족, 그중에서도 부모와의 관계예요. 아까도 말했지만 한국 사회처럼 가부장제는 느슨해졌어도 아직도 완강한 가족주의가 서슬이 퍼런 데서는 이 점이 복잡하게 작용하는 거죠. 무언가 다르게 해보고 싶고, 벗어나고 싶어도 가족을 무시할 수도 없고 특히 부모를 어찌 해볼 수도 없는 딜레마에 빠지게 되곤 해요. 어느 시인이 '어머니 당신 안에 가장 무서운 적이 있습니다'라고 표현했듯이 말이죠. 지금 얘기한 것처럼 부모가 가장 자신의 무서운 적이기도 한 거예요. 왜냐면 그들의 바람과 기대가 오롯이 내 안에 들어와 있잖아요. 여기서 꼭 짚고 넘어가야 할 점은 요즘 부모가 자녀에게 품고 갖는 바람이나 기대가 사실은 시대착오적이라는 거예요. 누구나 알듯이 산업사회가 이제 끝나거나 또는 끝나가고 있고 앞으로는 그게 지식정보사회가 됐든 포스트모던이든, '액체 근대(liquid modernity)'[2]든 새로운 시대가 이미 시작된 미래로 우리 안에 열리고 있어요. 그 주인공으로 살아갈 자녀들에게 산업사회의, 그것도 악착같이 막차에 올라타서 알량한 성공을 거둔, 또는 실패를 겪은 부모 세대가 그 기준을 자녀들에게 강요하는 꼴이지요. 쌤이 뭣보다 걱정하는 건 그 기대가 대학진학이나 직업선택 관련해서 강요나 권고, 희망사항으로 강하게 작용한다는 점이예요. 다들 지금 당장 '게임의 법칙'이니까 따른다고 하니 그렇다고 칩시다. 경쟁이 심해지면서 그 기대가 그냥 직업이나 학교뿐 아니고 자녀들 삶 전반을 좌지우지하게 되는 지경에 이르면 부모 자식 간에 관계나 소통에 무언가 새로움이 깃들 여지는 없어지는 거잖아요. 그 왜 '헬리콥터 맘'이니 '매니저 맘'같은 경우가 그렇잖아요. 이들은 자식 일정이나 생활을 관리할 뿐 아니라 심리적으로도 조정하려 들어요. 근데 정작 그 헬리콥터는 향방을 가늠 못하고, 매니저는 전혀 가당찮은 업종을 관리하는 셈이지요. 굳이 이렇게 극단적인 사례 말고도 굉장히 가정

---

2 오늘날 가장 대표적인 사회학자인 바우만(Bauman)의 용어이다. 근대성이 '견고한(solid)' 국면에서 '유동하는(liquid)' 국면으로 바뀌었기 때문이다. 지금까지 현대사회에서 굳건하게 믿고 버텨왔던 사회적 형태들이 빠른 속도로 해체되어 버려 "사람들이 장기적인 생활전략을 세우거나 행동의 기반으로 삼을 수 있는 준거가 될 수 없다". 바우만, Z.(2010). 모두스 비벤디. 유동하는 세계의 지옥과 유토피아. 서울: 후마니타스 7.

적이고 대화나 소통 잘 하는 부모라고 하더라도 자신들의 바라는 바를 자식들 통해서 대리만족 하거나 원하는 방향으로 끌고 가려는 욕구가 너무 큰 거예요. 여러분 대부분 그걸 받아들이거나 어쩔 수 없이 따라하고 말이죠.

...맞아요... 어떤 때는 너무 힘들어요... 부모님들 다 너희들 잘되라고 그러신데요...

그런 빌미로 많이들 그러시지요, 또는 굳건한 믿음으로. 하지만 이거야말로 범주의 오류 내지는 '장르의 오류'라고 할 수 있어요. 그니까 이미 트로트나 발라드 시대가 지났고 댄스나 아이돌 음악으로 가고 있는데 여전히 앞으로도 자신들 시대 음악이 내내 유행하리라고 믿고 그것만 강요하는 꼴이지요. 아무튼 쌤은 그런 부모들 막무가내 확신, 마구잡이 자신감, 그런 게 어디서 오는지 참 어이가 없다니까요. 다만 요즘 들어서 부모들도 조금은 달라졌어요. 꼭 게임의 법칙에 따라야 한다는 확신이 없어졌으니까. 그치만 늘 자기 스스로 다잡고 또 자식들 다그쳐요. 특히 이런저런 위기 겪으면서 흔들리면 불안하니까 더 그러는 거죠. 그중에도 당신들 크게 성공하지 못 했다고 여기면서 자식들 통해서 그 성공을 바라는 부모들은 변화의 조짐에도 도리질 쳐가며 "아니야! 그래도 여전히 학벌이 제일이고 취업이 우선이야" 이렇게 말이에요. 불확실성과 불안감은 이들에게도 마찬가지여서 그걸 못 견디겠으니까 더 부풀리고 억지를 부려 여러분들에게 덧씌우게 되는 거죠. 이럴 때는 현명하다 못해 좀 교활하게 대처했으면 좋겠어요. 세상에 부모하고 싸우고 싶은 사람 어디 있겠어요? 나하고 생각 다르거나 영 이상한 사람은 욕 해버리면 그만인데, 정작 나를 낳아주고 키워주고 심정적으로 굉장히 얽혀 있는 부모하고 싸우고 싶지는 않을 테니까요. 그러니까 교활했으면 좋겠다는 거지요. 그러니까 뭐 '면종복배(面從腹背)' 비슷한 전략을 쓰라는 거예요. 앞에서 아 네, 하고 적당히 얼버무리고 뒤에서는 제 꿍꿍이 좀 찾고 하면서 말이죠. 대놓고 툴툴대거나 어줍지 않게 맞서다 보니 휘둘리고 깨지고 그러는 거거든요. 사실 문제는 여러분들에게도 있죠. 지금 부모들 흉봤지만 그거 못지않게 부모에게 기대고 빌붙어서 헤매는 '마마보이'들 더 흉한 꼴 보이잖아요? 주변에 그런 친구들 있죠, 꽤?

... 네, 정말 꼴불견이죠... 그 덜떨어진 애들 많아요... 자기 힘든데도 엄마 실망할까봐 전전긍긍하는 애들도 있어요...

그렇죠. 엄마한테 혼날까봐 하는 그 집에 있는 엄마가 있는가 하면 그 뒤에 사회라는 더 무서운 엄마가 있는 거죠! 그렇게 늘 엄마가 온 삶에 현존하는 그런 상황을 누군가 '애완의 시대'라고 했는데, 아주 적절한 표현이 아닐 수 없어요!

'애완의 시대'

삶의 야생성, 자연성은 사라지고 자발적으로 순응하는 국민으로 길러지는, 그렇게 애완견처럼 키워지고 길들여진 세대의 정서적인 지체와 정신적인 미숙함의 문제를 성찰해보지 못해 미성숙한 어른으로 살아가게 되는 운명, 바로 그들의 부모처럼... 애완견은 나이는 먹지만 성장하지 못하고 보살핌은 받지만 자존감을 가진 존중의 대상은 아니므로 그렇게 태어나고 길러진 애완견의 삶은 종속적이고 부수적일 수밖에 없다. 그렇게 모두 '미생'이 되고 마는 부모자식 간의 서투르고 일그러진 관계를 잘 짚어준 책이다.

* 이승욱/김은산(2013). '애완의 시대'. (파주: 문학동네)

이 땅에서 청년 남성으로 살기(관계)

-그 서투르기 짝이 없는 설익음에 대하여

아무튼 어떤 엄마가 되었든 늘 다잡고 다그치는 게 다들 하는 대로 따라가라는 주류 중심의 획일성이죠. 그렇지 않고 비껴나 있거나 벗어나려면 바로 가차 없이 배제하고 억압하고! 그러니 좀처럼 대안 찾기가, 아니 대안은커녕 조금 다르게 사는 것조차 쉽지 않은 거예요. 털어놓자면 쌤은 굉장히 운도 좋았고 혜택도 받아 그 보답 삼아 노력도 적잖이 했지만 큰 흐름에서 아주 벗어날 순 없어요. 뭐 또 학교라는 안락한 자리에 있다 보면 굳이 비껴나지 않게 되고 어떤 때는 그런 마음조차 먹지 않게 돼요. 그러다가도 그 틀이 너무 갑갑하고 견딜 수가 없을 때면 그래도 꿈틀하거나 벌떡 일어서기는 해요. 그런데 밖에 나갔더니 그야말로 얼어 죽고 굶어 죽게도 생겼고 해서 하릴없이 누그러진 쌤 세대와 달리 여러분들은 아예 밖에 대해서는 상상조차 않는 것 같아 갑갑해요. '설국열차' 영화 생각나죠? 오죽하면 그런 영화 나왔겠어요? 열차 안 변화도 중요하지만 열차 밖 세상도 꿈꿔봐야 하는데 그렇지 못하니 변화는 생각하지도 못하고 완전히 길들여져 버린 것 같아 답답하기만 해요.

경쟁, 경쟁하는데 쌤 보기엔 그것도 일종의 '서바이벌 게임장'에서 허덕거리고 있는 꼴이에요. 정말로 치열하게 싸워서 살아남으려는 게 아니고, 주어진 틀 안에서 싸움 시늉만 하는 것 같은... *(웅성웅성)* 아까 절대로 굶어죽지 않을 거라고 협박을 하는 것도 서바이벌 게임장 안인 거지요. 밖에 나가면 자칫 굶어 죽거나, 얼어 죽거나 뭐 그러겠지 하는 두려움에서! 근데 이제 아예 그런 거 상상조차 하지 않게 되고 그렇게 길들여져 버린 것 같아요. 지난 한두 세대는 그나마 전쟁 없이 커다란 사회적인 격동 없이, 물론 고통스런 민주화 과정이 있었지만, 비교적 무난한 세월 보내면서 더 그렇게 된 것 같단 말이죠.

자, 찌질함의 사회적인 원인과 개인적인 나름대로의 자신의 경험과 연관된 이야기 일단 시작했어요. 한 가지 더 얘기해 볼까요? 이 학교는 남녀공학이고 쌤은 교육이나 젠더관련 수업 하니까 여학우들 더 많이 만나고 아주 아끼는 제자들도 많고 한데, 여러분들 보기에 요즘 청년들 여성과 남성 차이는 뭔 거 같아요? 지금 나온 이 사안과 관련해서도 좋고요. 여학우들은 덜 불안해 보여요? 아까처럼 사회적인 요구나 의무가 좀 적어서? 그 대신 이들은 아주 강렬한 자아실현의 욕구가 있어요. 부모세대 여성들에게는 거의 허용되지 않았던 만큼 더 강렬하게! 요즘은 너무나도 당연하게 대학 가고 하니까 사회적인 실현 욕구가 클 수밖에 없겠지요. 이건 마땅하고 옳은 일입니다. 그럼에도 불구하고 여학우들은 힘들고 어렵다고 난리에요. 당장 현실적으로도 '여성혐오'니 성적 대상화니 어찌 보면 아직 해결되지 않은 기본적인 성차별, 젠더문제가 무성하고...

... 네, 역차별 같은 거 느끼기도 해요... 어렵게 얻은 권리지만 어떤 때는 여성이라는 거 드러내고 이익 취하려 들기도 하고... 어떤 때는 평등하게 나눠서 하자다가도 이런 거 남자들이 해야지 뭐 이러면...

흠... 세상이 달라지고 여성과 남성이 함께 일하는 게 당연해진 지금 여성들을 불편하게 만들거나 성적 대상화해서는 안 된다는 정도는 상식이죠. 그치만 여성들에 대한 고정관념 못지않게 남성들 스스로, 또는 여성이 가진 남성에 대한 고정관념은 여전해요. 여성과 남성이 다르듯이 남성들도 서로 달라요. 근데 남성 일반에 대한 특성을 정해 놓고 그래야만 남자답다, 이런 건 곤란해요. 여성들에게나 마찬가지로 말이에요. 여성들 중에 다양한 여성들이 있는 것처럼 남성들 중에도 다채로운 남성들이 있어요. 이를테면 쌤도 남성이지만 운전도 서툴고 길 찾는 데 손방이에요. 그래서 우리 집에선 아내가 주로 운전해요. 남성들이 처음부터 길 잘 찾는 게 아니라 그런 일을 오랫동안 수렵 생활을 하고 나중에 와서 주로 군대 가서 이런 거

강화되고. 아내가 워낙 길을 잘 찾거든요. 공감각적 능력도 뛰어나고, 그러면 잘 하는 사람이 하면 되잖아요? 한동안 시끌벅적했던 논쟁처럼 '본성(nature)'과 '양육(nuture)' 사이 복잡한 관계를 잘 살피는 게 중요해요. 또 다른 보기를 들어보죠. 쌤 이 학교 오기 전에 여대에서도 강의하고 그랬어요. 근데 비교해 보니까 여대 여학우들이 훨씬 독립적인 데가 있더라고요. 여기서는 뭐 무거운 짐 나르거나 하는 힘든 일 있으면 대체로 남학우들한테 "오빠 이것 좀 들어줘", 이러면서 미루는 거 있죠, 스스로 할 수 있는데도. 여대 여학우들은 그럴 '오빠'가 없잖아요. 아, 쌤 정말 이 단어 싫어하는데, 그 얘긴 나중에 하기로 하고요. 아무튼 지들끼리 다 하더라고요, 못 박고 무거운 거 옮기고, 뚝딱뚝딱. 그래서 뭐라고 이르기도 했어요. 너희가 할 수 있는 거는 해라, 정 힘들고 어려운 거는 생물적인 차이가 있으니까 남자들 등짐 지우더라도 너희가 할 수 있는 건 다 해야 한다고 말이죠. 그런 게 있어요. 남녀공학이라면 남녀가 함께 공부하고 일하며 살아가는 자리니까 고정관념에서 벗어나려고 애쓰는 것도 좋은 공부와 실천거리가 아닌가 싶어요. 물론 여전히 남자들 고정관념 때문에 여성들 피해보는 게 훨씬 더 많지만요, 아직은. 이제 그런 얘기도 한 번 해보자는 겁니다.

...그런 거 자꾸 겪다보면 반발심, 적대감 같은 것도 생겨요...

그래요. 그러다가 심해지면 역차별 운운하고 흔히 말하는 남성들 '역풍(backlash)' 같은 반발, 적개심까지 조장되곤 하지요. 그 가장 찌질한 사례가 '일베' 아니겠어요? 세상 엉망이고 삶터는 허접하니억하심정 같은 게 생기죠. 뭣보다 내가 불편함과 불이익을 당하고 있는데 문득 그게 저 잘나고 주장 강한 여성들 때문이라는 서툰 책임전가에 빠지는 거예요. 좀 다른 얘기지만 쌤 경험 얘기 하나 할게요. 유학 시절 심한 인종 차별 같은 걸 겪고 나니까 어, 나는 말도 잘하고 공부도 지들보다 훨씬 잘 하는데 이것들이 피부 색깔이 다르다고 날 구박을 해 이걸 확! 근데 자꾸 당하다 보니까, 아, 내 누이들은 나 때문에 얼마나 억울했을까 이런 생각 드는 거예요. 단지 여자라는 이유만으로 달걀 반찬 안 줘, 뭐든 오라비 먼저고 이랬으니 얼마나 화가 났겠어요? 그런 것처럼 역지사지가 중요해요, 다른 경우에도. 그리고 늘 얘기하지만 정말 조심해야 할 것은 집단 특성을 싸잡아서 규정하는 거예요. 이를테면 무슬림을 죄다 테러리스트로 몬다든지, 동성애자들은 약자니까 다 착하다고 본다든지. 남성들이 다 폭력적이고 찌질하지 않듯이, 여성들이 모두 평화롭고 멋진 건 아니거든요. 쌤도 어떤 때는 이런저런 여학우들 정말 혼내주고 싶을 때 많아요. 아주 약삭빠르게 요렇게 저렇게 하는 친구들 보면 특히 그렇죠. 그건 벗어나야 하고. 다만 어떤 집단을 싸잡아서 매도해서는 안 되는 거야 당연한 거지요. 지금 우리 하는 얘기는 그게 아니라 구체적인 일상에서 겪는 불편함, 원인, 그 다음에 이런 것들을 해결하려면 어떡해야 되는 지 찾아보자는 거예요.

... 너무 진부한 얘기지만 데이트 할 때 남자들 돈 다 내고... 어떤 때 합석하자면 나중에 다 씌우고...

ㅎㅎ 정말 진부하지만 전형적인 얘기들이네요. 이렇게 일상적

인 데부터 시작해서 함께 살기라든가 또는 함께 놀기라든가 만나기라든가 이런 게 여전히 기우뚱한 거예요. 균형이 잡혀 있지 않은 거지요. 여성들도 그런 데 또 익숙한 거예요. 그럴 때는 슬쩍 묻어가면 좋고 편하고 또 이득이 오기도 하니까요. 흐음, 그럼 또 뭐가 있을까요? 이제 겨우 시작이니까 오늘 운을 뗀 많은 이야기들 더 깊고 너르게 다루고 해야겠지요. 슬슬 마무리할까요? 다음번엔 일단 오늘 거칠게 둘러본 지금, 여기 삶터 이야기를 남성문제와 연결해서 해 볼 거예요. 그러고 나서는 따로, 또 같이 남성 청년들의 삶, 연애, 성과 사랑, 주제별로 다루게 될 겁니다. 모두 고맙습니다!

... 감사합니다! ... 수고하셨어요...

둘, 훑어보니:

흐트러진 세상, 흔들리는 사람

– 청년 담론과 젠더, 그리고 남성문제 (유성쌤의 앞머리 세상한탄)

'봄은 왔어도 봄 같지 않더라'던 옛말이 새삼스럽도록 유난히 흐트러진 날씨에 봄꽃들이 어지럽게 뒤섞여 피던 어느 날, 날벼락 같은 소식이 들렸으니 바로 '세월호 참사'다. 어디 그뿐인가? 그 뒤로도 쉼 없이 거듭되는 사회적 대재난들에 영혼마저 피폐해지는 암담한 세월을 이 땅에 사는 우리 모두는 참담하게 겪고 있다. 그래서 대체 지금 여기 이 삶터는 왜 이렇게 엉망이고, 사람들 삶은 고단하다 못해 그에 망가지는지 남성문제와 잇대어 풀어보며 앞머리를 가다듬었다. 이번에도 수업에 함께한 몇몇 남학우들과 유성쌤이 화두를 던지면 묻고, 답하고 하는 틀로 이야기를 이어본 것이다.

시절은 하 수상하고...
—"침몰하는 것은 배만이 아닌 것을..."

도대체 어쩌면 좋을까요, 이 나라를? 정말 숨이 막히고 심장이 터질 것 같아요! 마침 중간고사 기간 앞두고 며칠 쉬게 되어 여행을 떠났지요, 저 남도로. 그랬다가 세월호 사건 소식을 듣고 서둘러 서울로 돌아왔어요. 마침 가까운 곳에 있는 그 왜 와불(臥佛)로 이름난 운주사에 들러 종교는 다르지만 간절히 기도하고는 올라오는데 정신이 하나도 없더라고요. 이걸 어쩌면 좋은가, 대체 언제까지 이 난리를 거듭해야 하나... 여러분들은 어땠어요?

... 그러게요, 이게 왜! 말이 다 안 나오네요, 진짜... 도대체 왜 이런 일이 계속 일어날까요, 지난 방학 때 경주 리조트 사건 난 것도 아직 기억에 새로운데...

되짚어보니까 사고 나던 그때 한 시간만이라도, 아니 그 전 날 배 떠나기 전에 그 왜 지난 93년인가 서해 페리호 사건 나고 다시는 그런 일 없게 하겠다고 법석 떨며 만들어 놓은 안전지침 중에 한 가지만이라도 제대로 지켰으면 일어나지 않았을 사고인데! 아니 상식적으로 마땅히 해야 할 일만 했었더라도! 설사 사고는 일어날 수 있다고 하더라도 수습에 나선 누구 한 사람이라도 제 몫을 다했으면 많은 사람목숨 구했을 텐데 말이에요. 우리 화두로 풀자면 이거야말로 남성 중심적인 이 사회의 조직과 운영방식이, 보살핌과 돌봄이나 남에 대한 배려 없이, 마구잡이 신자유주의나 막무가내 천민자본주의 쪽으로 치닫고 그런 사고방식, 마음가짐, 행동거지가 뼛속까지 뿌리깊이 박힌 결과예요.

... 좀 뜬금없어 보이네요... 더 구체적으로 말씀해주세요...

처음에는 쌤도 이른바 비판적 지식인들 특유의 흔한 냉소주의로 '거봐, 내 그럴 줄 알았다니까!' 하는 시건방진 본새로 손가락질하며 자기변명에 급급했어요. 어디 그뿐인가요? 막 사건 터지고 뉴스 접하면서 그 왜 교사들 대부분 못나왔는데 교감선생 혼자 나왔다고 얼마나 욕을 했게요. 그러다 그분 자살 소식 듣고 어찌나 송구스럽고 죄송하던지. 아닌 게 아니라 왜 이번 학기에 〈평화교육론〉 수업하잖아요. 심지어 경주 리조트 사례 들면서 세밀하게 분석도 하고 비판도 날 세웠거든요. 이런 식으로 계속 나가면 또 터진다, 어쩌고 하면서 불길한 예언 아닌 예언 서슴지 않아가면서 말이죠.

아무튼 사건 나자마자 맨 먼저 지난 수십 년 동안 일어난 이런 '사회적 대재난', 그러니까 흔히 사람 잘못해서 일어나는 '인재(人災)'가 아니라 사회의 조직과 운영방식 자체의 모자람과 그릇됨에서 비롯된 재난들이 낡은 영화필름처럼 지나가는 거예요. 삼풍 사건이야 '응사(응답하라 1994)'같은 드라마에 나왔으니 여러분들도 알 거고. 서해 페리호 사건, 성수대교 붕괴 사건, 씨랜드 사건[3], 대구 지하철

---

3 1999년 6월 30일 경기도 화성 '씨랜드'라는 청소년 수련원에서 대형 화재사고가 일어나 유치원생 19명을 포함하여 23명의 사상자가 발생했다. 보호자와 관리자들의

사건, 최근의 경주 리조트 사건까지… 이번에 희생자, 실종자들 대부분이 어린 학생들이니 특히 씨랜드 사건이 생각났어요. 그때 잘 알려진 슬프다 못해 쓰디쓴 일화가 있지요. 필드하킨가 비인기 종목에서 꾸준히 피땀 흘려 올림픽이니 아시안 게임에서 메달 여럿 따서 훈장까지 받은 한 어머니가 아이 잃고 먼 나라로 이민 가버렸잖아요. 그러면서 남긴 말이 귀에 너무 생생한 거 있죠. "아이를 기르다 보면 아니 할 말로 아파서 죽을 수 있고 교통사고로 죽을 수도 있다, 근데 사고가 난 경위나 사고 수습이라고 하는 꼴이나 담당자들 하는 일들을 보니까 살아남은 아이는 이 땅에서 더 이상 못 기르겠다"면서 훈장마저 반납하고 떠나버렸어요. 그게 15년 전인가 그런데 그 동안 단 하나도 고쳐지거나 나아지기는커녕 오히려 더 나빠진 거지요. 잊을 만하면 거듭 거듭 비슷한 사고가 끊임없이 터지곤 하잖아요. 이게 그니까 흔히 말하는 나라든, 지역이든, 또는 우리 주변 삶터 곳곳의 작은 자리든 그 살림을 사람을 살리는 방식이 아니라, 죽음과 죽임의 방식으로 해 온 탓입니다. 그 바탕에는 힘과 돈을 중심으로 제멋대로 그 삶터를 조직하고 운영해 온 남성 어른들의 뿌리 너무 깊은 남성 중심적 독점과 배제, 약탈의 원리가 있고요. 그러니 쌤처럼 나름 사회에 영향력 있을 수 있는, 남자 어른인 게 너무 창피하고 부끄러울 수밖에 없어요.

시간이 좀 더 지나자 절망과 허탈감이 찾아오는 거예요. 분노하다 못해 서글퍼지면서 이 땅에 살아가는 게 사뭇 서럽기까지 하더라

늑장 대처, 안전절차를 무시한 건물공사 및 관리 등이 사건 후에 크게 이슈화됐다.

고요. 그 즈음 쌤 지인이 페이스 북에 이런 글을 올렸더라고요. "우리 각자는 공범이거나 방관자거나 무능하거나 관음증 환자거나 정신병자다. 나는 이 모든 증상을 다 가진 중증 밥버러지다." 이걸 읽고는 그냥 가슴이 터질 것 같으면서 얼마나 울었는지 몰라요.

... 저희도 그래요, 쌤, 근데 이건 나라도 아니다, 후진국 형 재난이다 이러면서 자기 비하하던데, 과연 이런 일이 꼭 후진국 형 재난인가요?...

일단 그런 비난의 화살은 맞아 마땅하지요. 흔히 이런 일 일어날 때마다 태풍이니 하는 자연재앙이 아니라 사람이 잘못해서 벌어진 일이라고 '인재(人災)' 운운하는데 그건 결코 아니에요. 한국 사람들이 유난히 못나고 못돼서 그런단 얘기밖에 더 되나요? 차라리 누군가 지적했듯이 이건 '사회적 대재난(social catastrophe)'이라고 해야 될 겁니다.[4] 그러니까 몇 사람의 잘못이라기보다는 사회 전반의 조직과 운영방식이 모자라고 그릇된 탓이라는 거지요. 지난번에도 얘기했지만 뒤늦게 근대화하면서 이른바 '압축 성장'과 '졸속 변화'로 상징할 수 있는, 서둘러 경제 성장하고 바쁘게 민주화 하고 그러면서 여기저기 구멍이 생기고 그 바람에 동티가 날 수밖에 없는 상황에서

---

4 아주 오래전 옛 동독의 반체제 인사인 Havemann이 당시 사회처럼 그럴싸한 이념을 앞세우고 정작 사람들 삶터를 제대로 살피고 매만져 만들지 못하고 그릇된 조직과 운영방식으로 엉망이 된 삶터에서 일어난 재난들을 일컬어 쓴 개념이다. Havemann(1982). Morgen: Industriegesellschaft am Scheideweg. Franfurt am Main: Fischer.

일어난 것이니까요.

또 일단 그 바탕에 깔린 기본적인 원인과 배경에 대한 성찰도 게을리 해서는 안 되지 싶어요. 그 왜 한병철 선생이라고, 독일에서 활동하는 한국 철학자가 이름께나 있는 신문에 "침몰한 세월호는 우리 모두다"라는 제목으로 글을 실었어요. 잘 알다시피 유럽이나 이런 데서 언론이 잘 나가는 한국에서 이런 일 일어나면 좀 비아냥거리고 하거든요. 그 내용이 뭐냐 하면, "이 사건은 한국만의 일이 아니라 결국 오늘날 횡행하는 신자유주의의 상징이다"라고 그 근본 원인과 문제를 꼼꼼하게 짚어준 것이에요. 이른바 신자유주의로 상징되는 '규제 완화'니, '물신 숭배'니, '사유화'니 '비정규직 문제'니 하는 모순들이 집약된 사건이라는 거지요. 일단 이런 일들이 일어날 수밖에 없는 일종의 시대적 배경에 대해 앞뒤를 잘 짚어주는 내용이에요. 이런 즉각적인 반론과 논리뿐 아니라 다양한 냉철한 분석이나 철저한 성찰은 앞으로도 더 깊게, 그리고 너르게 해야 할 일입니다만.

"침몰하는 것은 세월호 뿐 아니다"

한병철은 독일에서 활동하는 철학자로서 '피로사회', '투명사회' 등의 책을 통해 오늘날 신자유주의가 날뛰는 세상에서 사는 삶의 고단함, 사람의 비루함을 예리한 글 솜씨로 적나라하게 따지고 밝혀 유럽뿐 아니라 지구촌에 이름을 널리 알렸다. 세월호 사건이 일어난 4월 26일 〈프랑크푸르터 알게마이네 차이퉁(Frankfurter Allgemeine Zeitung: FAZ)〉에 "침몰한 배는 우리 모두다"라는 제목으로 글을 싣고 그 사건의 앞뒤를 헤아렸다. 그 내용을 요약하면 이렇다:

> "살인자는 애초 선장이 아닌 신자유주의"이며 "단지 승무원의 부주의나 비전문성 또는 한국의 국가적 특색에서 원인을 찾아야 하는 사고"가 결코 아니라, "오늘날 우리 사회에 대한 하나의 메타포로 해석할 수 있다". 먼저 신자유주의의 가장 큰 문제로서 규제완화 등을 통해 사회의 제반 위험성을 높이는 것을 들 수 있다. "오직 이윤만을 추구하는 기업정책은 사고위험을 심각하게 증대시"킬 수밖에 없는데, 결국 "비용을 낮추고 효율적으로 운영한다는, 이러한 신자유주의 교리는 인명과 인간적 존엄을 비용으로 요구하"기 때문이다. 그밖에 국가기관의 사유화를 통한 민영화, 이를테면 "비용 절감을 위한 구조조치 민영화"의 위험성을 지적했다. 마지막으로 비정규직 문제인데, 그런 불안정하고 비인간적인 노동조건에서는 "어떤 의무, (...) 강한 구속과 책임감을 또한 가질 수 없"어 오로지 살아남기 위해 "스스로를 구하"는 행태를 보이게 된다. 그러니 "살인자는 애초 선장이 아니라 신자유주의 제도"라고 못 박아 말할 수 있다. 그밖에 그 수습과정에 나타난 졸속, 관행 문제도 이런 공공심의 괴멸은 "단지 제도적인 강요에 예속시키는 신자유주의, 세칭 대안 없는 사회의 증상"이며 결코 한국만의 일은 아니라고 강조했다. 이제 "오늘날의 사회 자체는 생존의 사회"로 "모두는 자신의 생존에 버둥거려야 한다"면서, "흔들리는 공공심 또는 점증하는 이기주의는 지속될 것"이므로 근본적인 성찰을 제안했다(http://blog.naver. com/PostView.nhn?blogId=heedongaaa&logNo=120212481260).

그 밖의 읽을거리도 잘 챙겨보자.

* 한병철(2012). 피로사회. 서울: 문학과지성사.
* 한병철(2014). 투명사회. 서울: 문학과지성사.

"따로와 끼리
–남성 중심 세상 망가뜨리기"(허걱!)

쌤은 여기에 덧붙여서 우리 주제와 연관해서 이런 얘기 하고 싶어요. 왜 늘 주장하는 게 그거잖아요. 신자유주의니 천민자본주의니 하는 세상을 조직하고 운영하는 원리, 바로 그것을 만들고 이끌어 온 추상적이고 목적 지향적이고 인과논리적만 따지는 남성 중심적 사고방식, 곧 이성 중심이며 서구 중심적 생각의 틀을 제대로 짚어보고 돌아보자는 얘기 말이에요. 그니까 자본주의 생겨나면서 사람을 사람답게 하는 '이성(reason)'이라는 특성을 포괄적으로 파악하지 않고 써먹고 바꿔먹을 수 있는 '도구적 이성'으로만 줄이고 벼려서 산업이라는 체제를 만든 유럽, 곧 서양에서 오늘날과 같은 경제, 사회, 문화체제를 남성들 중심으로 만들면서 시작된 '현대'라는 틀 자체에 문제가 있다는 거지요. 여성을 포함한 자연 생태계를 활용한다는 미명 아래 약탈하고, 백인 남성 중심의 과학과 기술을 절대 진리로 내세우면서 다른 사람들 소외시키고 지배와 권력관계로 망가뜨린 원리가 그것이지요. 게다가 신자유주의 등장하면서 그나마 그 아귀다툼 고삐 좀 죄고 사람 생각하고 대접하려는 애씀마저 성장이나 발전에 걸림돌이 된다고 밀어내고 치워버리고 하다가 이 모양 이 꼴이 된 거란 말이에요. 자본주의 자체도 '가부장적 전제'에서 출발했다고들 비판하곤 하는데, 이게 이 땅에서는 오랜 '가부장적 잔재'

와 맞물리면서 사실 엉망진창인 상황을 낳은 거예요. 남성 어른들끼리 마구잡이로 강 파헤치고, 높은 건물 짓고 떵떵거리는 데 정신 팔려 정작 사람한테는 신경조차 쓰지 않는 그 오래된 못된 버릇 말이에요. 요컨대 이번 사건도 이런 맥락에서 좀 더 크게 깊이 이해할 필요가 있어요. 너무 낡은 '거대담론'이라고 손사래 칠 수도 있지만 문제의 근본에 대한 생각과 성찰은 중요해요. 왜 쌤이 늘 강조하지 않던가요, 문제는 그 자체로 제대로 파악해야만 해결 시작이라고 말이죠.

남성 중심 '따로 끼리' 조직과 운영방식의 비롯

사람은 그 처음 생김으로 보면 그야말로 하잘 것 없는 존재다. 다른 짐승들에 견주어 오래도록 보살피고 돌봐주어야 사람다운 꼴이 되는데다, 요즘은 그나마도 제 앞가림하려면 부지하세월이다. 그래서 사람은 '갈대'처럼 나약하고 보잘 것 없는 존재지만, 누구 말대로 '생각하는 갈대'라는 특성으로 만물의 영장이 되었다. 그 생각의 핵심이 다름 아닌 '이성'이며 그래서 그 영어 단어가 '이유, 까닭'을 뜻하는 'reason'인 것이다. 이성이야말로 사람을 사람답게 하는 까닭이기 때문이다. 본디 이성은 칸트(Kant)가 일찍이 얘기했듯이 '순수이성', '실천이성', '판단력' 이렇게 종합적이고 포괄적인 능력이다. 그것을 깨닫고 또 그 힘으로 봉건체제를 부수고 열리고 고른 사회인 현대체제를 가져온 사상이 곧 계몽사상이다. 그런데 자본주의 산업화 과정에서 그 이성을 줄이고 일그러뜨려 이른바 '도구적 이성'이라는 써먹고 바꿔먹을 수 있는 지적인 능력만 강조하게 되었다.

그런데 이런 과정에서 산업화 초기에 비롯된 가부장적 전제, 곧 자연과학의 발달로 세상의 이치를 깨닫게 된 인간, 특히 모든 권력과 금력을 가진 서양의 남성 어른들은 그 힘으로 자연을 정복하고 약탈하고 또 지배하듯이 제국주의로 치달으며 여성, 다른 인종 등마저 그런 정복, 약탈, 지배의 대상으로 삼은 것이다. 이것을 자본주의 및 산업화의 '가부장적 전제'라고 한다. 그 자본주의 및 산업화를 뒤늦게 시작해 더욱 열심히 힘겹게 따라잡기 시작한 한국 사회 같은 후발 산업 국가들은 특히 오래된 전통인 가부장적 잔재에 힘입어 남성 중심적 국민 총동원 체제, 여성들의 노동력과 감정을 대상화하는 조직, 그러면서도 그 열매를 남성들이 독점하는 방식을 택한 것이다. 이를 가부장적 전제와 잔재의 교묘한 조합이라고 한다.

* 정유성(2001). 따로와 끼리. 서울: 책세상.
* 시바, V.(2000). 자연과 지식의 약탈자들. 서울: 당대.

암튼 이번 사건을 계기로 무언가 달라져야죠. 지금 이대로는 누구도 행복하지도, 아니 제대로 살아갈 수도 없다는, 말 그대로 백척간두에 선 듯 위기의식 가져야 하고요. 그래서 위기는 위험한 순간이지만 절호의 기회기도 하다는 거잖아요. 물론 그 변화는 자본주의니 신자유주의니 하는 어찌 보면 오늘날 사회의 조직과 운영방식, 아니 게임의 법칙 자체를 바꾸려는 큰 소리, 허황된 주장만으로 가져올 수는 없어요. 큰 맥락에 대한 이해와 분석은 필요하지만. '전 지구적으로 생각하되, 각자 선 자리에서 일하라'는 말처럼 그 변화의 실천은 가장 가까운 삶의 자리에서부터에요. 이를테면 그 살벌하고 삼엄한 게임의 법칙에서 조금씩이라도 벗어나서 보살핌과 돌봄의 원리로 세상을 다 바꿀 수는 없더라도 우리 주변의 삶이라도 조금씩 다르게 만들어보자는 거지요. 그 자세한 이야기는 뒤에서 하겠지만요.

큰 불행 중이지만 아주 조금 다행인 것은 물론 뭐 워낙 큰 사건이라 그런지 사람들이 그 동안 알게 모르게 걱정하고 맺혔던 게 터져서 그런지 일단 공감대는 형성되는 거 같더라고요. 그것이 분노든, 슬픔이든, 좌절이든 아무튼 느낌을 나누고 또 이어가는 것이 시작된 듯해요. 특히 뉴스 보면 40대, 50대 남성들이 아마 아버지 입장에서 느낌도 드러내고 서로 공감하고 하는 것 같은데 말이죠. 문제는 이걸 어떻게 잘 살리고 또 눅여서 제대로 된 연대, 그리고 앞날까지 이어가는 보루로 만들 수 있느냐, 이거지요. 그렇지 않고 예전처럼 바쁘게 살다가 잊게 되고, 또 그런 일 겪고, 제발 그러지 않기를 바랄 뿐이에요. 막무가내 개발 논리에 맞서는 '지속 가능한 개발'이라는 말이 있잖아요. 진짜 '지속 가능한 공감대'가 만들어져야 할 것 같아요. 그야말로 지금, 여기 우리가 느끼는 분노, 좌절, 슬픔, 이런 게 절대로 사그라지지 않고 누룩처럼 더 큰 느낌, 더 열린 생각, 더 탄탄한 행동으로 자라고 자리 잡도록. 암튼 정말 가까운 사람들, 일하는 일터에서라도 지속 가능한 무엇이라도 만들면 좋지 않을까 하는 생각을 했어요. 여러분들은 어때요?

... 그러기엔 그냥 아직까지는 슬픔?... 시간이 지나도 제대로 밝혀지지 않은 전말 때문에 더 분노하게 돼요...

개인적인 차이는 있겠지만 비슷하게 슬픔의 단계와 분노의 단계와 심지어 좌절, 절망의 단계로까지 가게 되는 거겠지요. 그러니 그 느낌의 흐름을 제대로 잘 짚고 또 어디론가 속절없이 스러지지 않게 잘 지켜주는 게 중요해요. 그래야 그 느낌에서 생각으로, 결국 행동으로 이어갈 수 있거든요. 아무튼 다시 한 번 강조하지만 이번 일을 통해서 무언가 변화의 계기가 마련되기를 간절히 바랄 뿐이에요. 사회적으로나 또는 주변 가까운 사람들 끼리나 말이에요. 그러니 '절대로 가만히들 있지 말라!' *(... 넵!!!)*

세상은 또 어지럽게 달라지고...
–"문명전환과 삶의 틀 변화"(GENESIS 헐!)

자, 이렇게 이번 사건에서도 보듯이 인간의 삶은 결코 사회 전반의 틀과 얼개에서 자유롭지 않아요. 지금 우리가 다루고 있는 남성이라는 주제 또한 마찬가지지요. 이 역시 어떤 보편적 특성과 더불어 한국 사회 고유의 특수성 또한 가지게 마련이니까요. 일단 오늘은 그 일반적 그리고 특수한 배경들에 대해 얘기해 볼까요?

지금 우리는 일종의 문명 전환기에 살고 있어요. 흔히 농업혁명 이후에 산업혁명 그 다음에 지식정보혁명이 일어나고 있다고 하는데 그건 사람들 모여 사는 삶의 틀부터 사람들 사이 관계망 또 삶의 양상, 마음과 속내에 이르기까지 송두리째 바뀌는 시기라는 말이지요. 한국 사회야말로 바로 그런 급변하는 상황에 처해 있어요. 지구화된 세상에서 전 지구적으로 진행되는 이런 문명전환에, 특히 해외시장 의존도가 높은 한국 사회가 여기서 자유로울 수 없는 것이야 당연하다고 하겠고요. 한 가지 보기를 들면 지금 외국에서 제일 잘나가는 한국산 자동차 모델 중 '제네시스(genesis)'란 게 있지요? 그게 성서 창세기를 이르기도 하지만 고대 그리스말로 '창생(蒼生)', '새로운 세상의 도래'라는 뜻이에요.[5] 참, 상징적이지요? *(와! ...)* 그렇게

---

5 우리에게는 자동차 차종으로 익숙하지만, 일찍이 Castells가 새로운 밀레니엄을

큰 포부로 열심히 발전이랍시고 죽을힘을 다해 달려왔는데, 정작 문제는 바로 지난번 얘기한 대로 한국 사회가 압축적인 성장과 졸속한 변화를 겪었다는 데 있어요. 식민지 지배 벗어나자마자 내전 치르면서 폐허가 된 상태에서 뒤늦게 시작한 산업화부터 정보화까지 모든 변화가 너무 서둘러, 흔히 얘기하는 '인텐시브 코스'로 진행된 것부터 그렇지요. 그러다 보니 그에 따라 바뀌어야 할 부분 또는 꼭 맞춤할 필요까지는 없겠지만 어느 정도는 부응해야 할 다양한 삶의 자리들, 함께 사는 삶의 터전이 뒤틀리고 흐트러졌잖아요? 뭐 인간관계 같은 것이 그렇고, 가족 문화가 그렇고, 개인의 성장 과정도 그렇고 말이죠. 이걸 한마디로 하면 '비동시적인 것의 동시성'[6]이라고 할 수 있을 정도지요. 그니까 전근대적인 부분, 현대성, 포스트 모던한 부분 등 도저히 동시에 나타날 수 없는 상황이 동시에 벌어지는 형국이지요. 이를테면 최첨단 IT산업을 자랑하면서 정작 그걸 만드는 재벌회사는 거의 봉건적 가족 지배구조에다 노조마저 인정하지 않고 그러면서 산업시대 효율경영 내세우는 것이 그렇지요. *(휴우~~)*

무엇보다 사회 전반으로 보면 민주화 물결이 거세지면서 이런 저런 법과 제도의 측면에 또는 가장 기본적인 시민사회의 틀 같은

맞으면서 벌어지고 있는 문명전환의 너비와 폭을 가늠하면서 사용한 용어이다. Castells, M.(2000). End of millenium. 2nd ed. Malden: Blackwell.

6 본디 독일 철학자 Bloch가 나치즘의 대두에 대한 시대적 모순을 다룬 개념이거니와 한마디로 전근대적인 것, 현대성, 그리고 포스트 모던한 현상이나 문제가 동시에 나타나 혼란과 이중성, 다중성을 빚어내는 상태를 뜻한다. 유성쌤의 여러 책과 논문에 자주 사용되는 용어기도 하다. 정유성(2001). 사람살려, 교육살려! 서울: 한울.

게 갖추어지기는 했어요. 그런데 그 변화에 따른 혼란이 일어나고 갈등도 심해지다 보니 갑작스레 역풍 불듯이 더 졸속하고, 천박한 신자유주의식 토건국가 재건으로 쏠려버린 거지요. 악(惡)개발로 강물은 썩어가고 부패와 비리가 판을 치고 가뜩이나 살기 팍팍한데 양극화로 사람들 사이는 더 벌어지고 말이에요. 뭐 이런 문제점들을 일일이 따지다간 한도 끝도 없겠지만요. 그 동안 소홀해왔지만 지금 이념적이라기보다는 가장 가까운 사람들 사이의 관계에서 흐트러지고 뒤틀어지는 꼴이 두드러지게 드러나는 데가 바로 세대 갈등 문제하고 젠더 문제라고 볼 수 있다는 거지요. 그 두 가지가 엇걸려서 가장 흉한 모습으로 불거지는 게 곧 남성 문제고요. 해서 우리가 남성들의 청년 담론, 또는 청년 담론 중에 남자 청년 담론을 얘기하고자 이 자리에 모인 거잖아요.

남성 중심 '악개발'과 '단속사회'

한국 사회는 식민지시기를 거쳐 이데올로기 대립으로 두 동강이 난 채 한국전쟁이라는 끔직한 내전을 겪고서야 비로소 산업화니 경제발전 등을 뒤늦게 시작해 서둘러 압축성장해 왔다. 오로지 물질적 성장만 바라고 앞 뒤고 옆이고 돌아보지 않고 숨이 턱에 차도록 냅다 뛰어온 덕에 남들보다 빨리, 그리고 크게 경제를 키웠지만 그 자체가 따지고 보면 자연 생태계를 돌아보지 않은 난개발, 사람대접이나 생각을 제대로 하지 않은 막개발, 게다가 권위주의 정권이 이어지며 국민 총동원 체제로 몰아 부친 '악개발(mal-development)'이었다. 그 결과 겉모습은 그럴싸한 현대사회 사치와 풍요를 띄지만 조금만 들여다보면 엉성하기 짝이 없고 삶터 곳곳에 동티투성이고 사람 사이 관계는 흐트러졌고 한 사람 한 사람 개인의 줏대는 흔들리고 속내는 엉망이다. 민주화를 했다지만 여전히 봉건적인 잔재가 뚜렷하고 문화적으로는 천박하고 개인 주관은 부실하고 사람 사이는 아직도 폭력적이다. 이를 가장 잘 표현한 용어가 '소통의 단절'이다. 곧 사람 사이, 사람 스스로와 관계에서 서로 인정하고 대접하며 생각하고 다가가고 만나고 사귀고 하면서 튼실한 주관 갖추고, 민주시민으로 성숙해 가지 못하는 점이 그렇다. 일찍이 조한혜정(1998)이 지적한 이 문제성을 최근 그 제자인 엄기호(2014)는 '단속사회'라고 더 밀고 나갔다. 소통의 방식이 그야말로 '움직임들(mobilities)'로 가득한 개인 휴대통신, 사회적 소통망(SNS)으로 달라졌으되 끊임없는 접속 가능성은 접속 강박으로, 그리고 이를 통한 더 큰 감시와 처벌의 가능성으로 인간의 의식과 감성마저 단속 당하는 상황이 그것이다.

* 엄기호(2014). 단속사회. 서울: 문학과지성사.
* 정유성(2001). 따로와 끼리. 서울: 책세상.
* 조한혜정(1998). 성찰적 근대성과 페미니즘. 서울: 문학과지성사.

... 근데 쌤, 아직도 그 연관성을 잘 모르겠어요... 그런 문명의 발달 과정과 남성문제와 우리네 남성 청년 문제랑...

그런데 젊은 것(?!)들은...

—"차별에 찬성합니다???"(대~박!!)

그러면 남성문제 이전에 청년문제 이야기 잠깐 해볼까요? 일단 지금 떠들썩한 청년 담론들의 문제점들을 몇 가지 지적하고 그 중에서도 왜 남성 청년들이 문제인가에 대한 얘기로 가 볼 거예요. 그 전에 여러분들 모두 아는 요즘 청년 담론의 선두주자라고 할 수 있는 오찬호 쌤 얘기를 한 번 기억해 봅시다.

찌질함의 극치: "우리는 차별에 찬성합니다"에서 "진격의 대학교"까지

처음 시작은 이랬다. 지방 어느 대학에서 강의하던 오찬호는 당시 현안이었던 'KTX 여승무원' 문제를 토론거리로 던졌다. 그랬더니 놀랍게도 거의 대부분 학생들이 말 그대로 "날로 먹으려고 하면 안 되지요"라는 식으로 고개를 강하게 저었단다. "우리들은 그나마 정규직 취업, 공무원 시험 위해서 목숨 걸고 공부하고 청춘을 다 바치는데 어떤 식으로든 떼를 써서 비정규직에서 정규직으로 손쉽게 가려고 들면 안 된다"는 논리였다. 그래서 그는 청년들이 제들 처한 상황을 개인주의적으로 해석하고 극복하려고 기를 쓰는 그 바탕에 깔린 '박탈감과 상대적 비교우위'같은 심리를 '우리는 차별에 찬성합니다' 라는 자극적인 제목으로 문제 삼고 논의하여 큰 반향을 일으켰다.

이와 관련하여 최근 여기저기서 '지균충', '지잡대' 같은 양식과 상식을 가진 사람이면 다 혀를 찰 만한 법석들이 인터넷에서 벌어지고 있는 현실을 볼 때 이는 결코 과장이나 기우가 아니라는 것이다. 조금 다른 맥락이지만 이제 사회적 문제로 대두하고 있는 '일베' 현상이야 소외된 소수가 인터넷의 익명성 뒤에 숨어 제 한풀이 하려니 넘길 수 있지만 이른바 멀쩡한 대학생들이 제들끼리 가르고 나누고 밀어내고 구박하고 짓밟고 하는 짓거리는 아주 심각하기 때문이다.

게다가 대학은 대학대로 제 길을 찾지 못하고 오로지 '취업'이라는 목표를 향해 진격하는 괴물이 되어 간다. 이미 캠퍼스는 '컴패니'가 되어, 되다만 벤처회사를 흉내 내고 물화된 효용과 효율을 앞세우며 천박한 대중성마저 지향하는 대학에서 청년들은 지금까지 보도듣도 못한 비교육적이고 반교육적인 평가체제, 영어강의, 교수 집단문화 등에 치어 '공허함'에 시달리며 또한 시름에 겹다.

* 오찬호(2013). 우리는 차별에 찬성합니다. 고양: 개마고원.
* 오찬호(2015). 진격의 대학교. 파주: 문학동네.

청년 담론이랍시고 나름 분석하고 연구해 본 입장에서 쌤은 뭐 이런 생각이 들어요. 청년 세대, 특히 지금 20대가 막다른 골목에 몰려있는 것은 인정해요. 또 다른 이들도 그동안 이들이 막다른 골목에 몰리게 된 여러 가지 이유도 다양하게 분석하고 설명하고 했지요. 이를테면 급작스런 성장이라든가, 또는 뭐 교육의 확대라든가, 대학생들의 과잉 포화상태라든가, 경제적인 정체 문제라든가 다 엇물리고 하다 보니까 이렇게 되었다는 거지요. 근데 문제는 오찬호 선생도 지적했고 쌤도 안타깝게 생각하는 건 바로 그 상황에 대한 청년들의 반응이에요. 그 정도 심각한 위기에 처해있으면 위기감이 생기게 마련이죠. 근데 지금 청년들을 보면 막다른 골목에 몰린 상황에 대한 처절함, 비장함 같은 게 잘 보이질 않아요. 오히려 찌질함이 더 뚜렷하지요. 그 왜 오찬호 선생 책 제목대로 "우리는 차별에 찬성합니다" 따위의 태도가 대표적이죠. 상대적 박탈감을 상대적 억압으로 위계화해서 극복하려드는 본새, 알량한 자기 위안과 비루한 자존감에 빠져드는 매무새 이런 것들 말이에요.

그나마 교육 기회 균등이 법과 제도로 보장되고 또 실제로 실현되어 여학생들 대학입학 비율이 오히려 남학생을 앞지르잖아요. 아직 많은 제한도 있고 불이익도 있지만 특히 비교적 학점이나 스펙 등에서 앞선 여학우들이 강력한 경쟁자가 된 거예요. 특히 국가고시나 대기업 등 좋은 자리를 놓고 더 그렇지요. 그니까 이중적인 태도로 갈 수밖에요. 한편으로는 연애가 모든 것을 지배하는 대학 사회에서 한편으로 내 동료고 친구고 애인이지만 다른 한편 취업에서는 나의 가장 강력한 경쟁자 이렇게 말이죠. 제대로 존재를 추스르지 못하고 정체성 세우지 못해 미성숙한 남성들 찌질함이 결정적으로 드러나는 부분이 아닌가 싶어서 그 얘기를 해보려는 거예요. 어쨌든 대체로는 두 가지 요인이 작용을 했겠지요? 여러 차례 얘기했던 구조적 모순 내지는 특히 한국 사회 특유의 그 동안 소홀히 했던 세대 간 갈등 문제도 있지만 그 밖에 다양한 여러 가지 사회적 문제들이 이른바 외부적 요인일 테지요. 또 다른 요인은 이런 모순을 감당하지 못하거나 문제시하지 않거나 이런저런 곁가지로 호도하거나 또는 나만은 살아남을 수 있다는 알량한 자기중심적 개인의 문제 또는 주체들의 문제이겠고요. 그러니까 그 구조적 모순과 주관적 대응의 모자람도 함께 얘기 삼아야 한다는 거지요. 일단 세대 문제, 청년 문제로 집중해서 얘기한 다음에 남성 문제로 자연스럽게 넘어가도록 할까요?

—"막다른 골목에 몰린 세대!"(ㅜㅜ)

이미 빗대어 말한 적 있지만 청년세대는 막다른 골목에 몰린 셈이지요. 거기 몰린 여러분들 정말 기막히고 화도 나겠지요. 뭣보다 어른들이 "우린 연탄재 날리는 좁다랗고 결국 막다른 골목에서 자랐지만 그래도 너희들은 넓은 도로 주변에 아파트라든가 조금만 벗어나도 그럴싸한 편의점과 패밀리 레스토랑이며 카페들도 있는 골목에 몰리지 않았냐"고 비아냥대니까요. 그니까 상대적으로 풍요를 처음 맛 본 세대, 그니까 굶주림을 맛보지 못한 세대에 대한 질투 섞어 "너희가 나약해서 그런 거 아니냐"고 질책하기 일쑤잖아요. 정말 짜증나게! 거듭 말하지만 그건 상대적인 거지요. 막다른 골목은 아무리 환경이 조금 나아보여도 출구 없는, 비상구 없는 건 마찬가지니까. 특히 취업라든가 이런 앞날의 삶과 관련된 상황이 그렇잖아요. 그럼 이거는 어때요? 취업이 또 다른 입시 경쟁의 재판인가, 또는 그것의 연결인가 아니면 분명 연관성은 서로 있겠지요? 특히 학벌사회 위계화 된 학력을 내면화하는 문제가 그래요. 취업상황도 대학서열에 따라 달라지겠지요? 그니까 취업이라는 경쟁과 입시 경쟁의 게임의 법칙이 되풀이 되는 셈이지요?

… 네, 구조적으로 같은 거 같아요… 같이 가는 게 아니고 누군가 제치고, 눌러야 산다는 점에서…

하기는 청년 담론에서 쟁점이 되는 것이 그 이전 세대, 기성세대, 너희들의 부모 세대 또는 내 세대에는 크게 달랐냐 하는 거잖아요? 그런 게임의 법칙은 그때나 지금이나 달라지진 않았어요, 상대적인 차이지. 근데 유독 지금 청년들이 아파하고 힘들어 하는 이유는 뭘까요?

… 그때는 일단 문이 좀 더 넓지 않았나요?…

그렇다고 할 수도 있죠. 대학입학 비율도 높지 않았고 급격한 경제성장 시대니 취업문도 넓은 편이었으니까요. 하지만 그건 전반적 상황일 뿐이고. 개개인으로 보면 하다못해 그 많은 사람들이 대학은 꿈도 못 꾸고 지금 대학생들 입장에서 보면 형편없는 직업 택할 수밖에 없었고 그게 부모 세대의 고충이었을 텐데 그들이 그럼에도 불구하고 우는 소리 않고 잘 견뎠던 이유는 뭘까 하는 거예요. 또는 잘 견디는 것처럼 보였던 거든지요, 속으로는 곪았겠지만. 성장 환경의 차이인가요? 그들은 어려운 시대를 살았기 때문에 조금이라도 더 나은 삶을 위해서는 모든 것을 포기할 줄 알았고 여러분들은 그보다는 나은 환경에서 자라서 그런 어려움이나 막다른 골목이나 상황 자체가 못 견디는 것처럼 보이는 걸까요?

> ... 그나마 불평이나 분노도 표현하기 어렵던 때여서인가요?... 그러면서 우리더러는 참을성 없다, 호강에 겨워서 그런다, 이러는 건 또 아니죠!...

—"계발(/개~발)에서 힐링까지"(ㅆㅂ)

현상으로서의 청년 문제야 사회적, 구조적인 모순으로 인해서 어쩔 수 없이 불거진 것이고, 사실은 더 큰 문제 중에 하나는 그 문제를 바라보는 그 시각, 또는 그에 대해 이야기하는 방식, 담론들 그 중에서도 실제 당사자인 20대 청년들의 반응 뭐 이런 것들 아니겠어요? 그동안 청년 담론의 시작이라고 일컬어졌던 '자기계발' 유행부터 '88만원 세대' 논쟁 그리고 지금의 '힐링' 열풍까지 쌤 입장에서 짚어보면 어때요. 뭣보다 청년들을 그들 시각에서 봐주지 않고 대상화하고 수단화했다는 측면, 그 다음에 여전히 기성세대의 입장에서 예단하거나 유형화하는 측면이 문제지요. 또 쏟아져 나온 여러 가지 값싼 위로나 싸구려 처방들, 그 왜 '아프니까 청춘이다' 따위의 얄팍한 진단과 손쉬운 치료로 흘러버린 청년 담론이 넘쳐나면서 청년들 특성 일부만 부각시켜서 그것이 전체 청년의 모든 특성인 양 부풀리고 각자 노력하면 된다는 개인중심 자기계발 전략을 부추겼던 것도 문제였고요. 모든 유행을 타는 담론의 문제점이기도 하지만요. 특히 '힐링' 열풍쯤 되면 한심하다는 생각마저 들어요. 죄다 아프기만 하고 그걸 그렇게 살랑살랑 위로하면 다 낫는 건가요? 좀 심하게 말하면 눈 앞가림하는 마약 같아요, 그 놈의 '힐링'이라는 게! 문제의 본질은 흐리고 그저 겉으로 드러난 상처만 호호 불어주는. 물론 이건 매스컴이나 출판시장에서 부추겨서 나온 것만은 아니에요. 어른들 자체의 문제에요. 지금 이 땅은 인간에 대한 시각이나 인간에 대한 태도가 정말 보살핌과 돌봄이 부실하고 또는 부재하는 사회가 아닌가요? 사실 어른들 대부분 자기 자식들 빼고는 자라나는 세대에 대해서 정말 몰인정하고 무관심해요. 그래서 공감하기보다는 예단하고 낙인찍고, 그래서 저들은 저러니까 저래야 한다는 훈계 내지는 어찌 보면 어른들 자기변명 같은 거 쉽게 내뱉는 거지요. 이런 사회적인 모순을 만들어 낸 자신들 잘못은 뉘우치지 않고 오히려 빌붙거나 눈 앞가림하면서 '나는 바담 풍하지만 너는 바람 풍해라' 하는 꼴이랄까요. 그걸 못 견뎌하고 실제로 그동안 쌓인 모순에 문명전환기의 새로운 문제가 엎친 데 덮친 청년들에게 도움은 고사하고 공감하고 같이 고민하기는커녕 청년들 스스로 나약함이나 이기적임을 탓하고 말이죠.[7]

... 맞아요! 정말 그래요! ... 짜증나요!...

그런가 하면 또 청년들은 청년들 대로 그런 어른들에 치이고 경쟁논리라는 게임의 법칙에 휘둘려 자기계발이라는 '악개발/막개발/난개발'에 열중하지요. 한동안 그 왜 '미친 스펙'이라는 말까지 나왔잖아요? 누가 뭐래도 꾸준히 자기계발하면 성공할 수 있다며 마치 만병통치약인 양 그 시장이 엄청 커졌잖아요? 물론 상업화된 도서 시장이라든가, 산업화된 교육 시장에서 그런 것을 부추겼겠지만 정말 해도 너무 했어요. 쌤뿐 아니라 많은 비판적 청년 담론에서 지적했듯이 정말 아무 도움 되지 않는 사교육 맹신, 자격증 맹종만 낳았

7 일단 이것은 아마 처음으로 풍요 속에 나고 자라 어른 세대보다 비교하기도 어렵게 많은 것을 갖고, 또 누리고 태어난 청년세대가 전혀 다른 인종으로 그 부모세대와 부딪치는 세대갈등과 오로지 무한경쟁에서 살아남기만 배우고 익힌 교육의 폐해가 맞물리면서 불거진 사회 병리현상이다. 그렇지만 정작 청년 담론에서 이를 제대로 짚고 되짚지 않는다면 흔히 말하는 청년들 탓하기, 불쌍히 여기기에서부터 위로와 치유대상으로 싸잡아 수단화하는 유행 또한 그에 못지않은 병치레다. 정유성(2010). "명왕성에서 온 아이들". 서강대학교 국제인문학부편. 인문세미나. 서울: 서강대학교 출판부.

잖아요. 그때 쌤이 마침 본부 일하면서 취업도 담당했는데 벌써 기업 측에서는 스펙 안 보겠다, 그보다 스토리가 중요하다 뭐 이러고 나오는데도 말이에요. 그러면서도 아직도 기업에서 다른 뾰족한 방법 없으니 학벌, 학점, 스펙 일단 기본 자료로 쓰고 있다지만 암튼 이건 시대착오적인 짓이거든요. 특히 가장 큰 문제는 자기계발이라는 일종의 마취제로 개인들은 내가 실패하거나 경쟁에서 밀려나면 자기계발의 부족으로 돌리고 그래서 더 자기계발에 투자하게 되고 하는 악순환, 그니까 개미지옥 같은 데 청년들이 빠져버렸단 점이에요.

자기계발의 문제점이야 길게 얘기하지 않아도 되겠지요? 그리고 청년문제를 좀 더 글로벌하게 그리고 상대적으로 보자는 뜻에서 굳이 남의 예를 들자면 88만원 세대와 같은 논의는 꼭 우리에게만 있는 것이 아니에요. 유럽 쪽에서는 1,000유로 세대라고 하지요. 물론 1,000유로는 88만원 보다 좀 많아서 한국 돈으로 130만 원 정도 되는데 그 물가 수준이나 집값 이런 거 비교해보면 오히려 여기보다 힘든 상황이지요. 거긴 대개 청년들이 열여덟, 열아홉이면 집에서 독립해서 나가서 혼자 살게 되고 학비도 보조받지 않고 나름대로 일과 공부를 병행하니까요. 물론 학비가 우리와 비교하면 거의 없는 거나 다름없는 데도 있지만 그래도 집값 내고 뭐 하고 하다 보면 빠듯한 생활을 하게 되는데 그 논의가 나온 지 10년이 넘었어요.[8] 세계 경제침체로 우리도 겪은 IMF 위기니 금융위기니 이런 어려움에

8 A. 인코르바이아 / A. 리마싸(2006). 1000 유로 세대. 서울: 예담.

서 어느 나라든 지금도 크게 벗어나지 못하고 있잖아요. 그런 와중에 대부분 산업 국가들, 특히 우리가 그동안 모델로 삼는 많은 나라들 경제 성장률이 3%가 넘는 경우가 거의 없잖아요. 그니까 당연히 일자리가 정체되고 고령화는 어느 사회나 급격히 진행되다 보니까 청년들은 기회를 점점 박탈당하고 말이죠. 또 우리만큼 교육 기회가 폭발적으로 는 건 아니지만 그 쪽도 70년대, 80년대 교육 민주화, 평등정책을 통해서 대학 교육의 대중화 특히 가난한 사람들에게 대학 교육 기회를 열어주는 노력을 기울였어요. 그런 노력에다 경제적 안정이 이어지다 보니 대학 교육에 대한 수요가 크게 늘었지요. 그래서 취업의 어려움이 생겨나고 특히 신자유주의 물결 거세지면서 경쟁 논리는 점점 더 치열해지고 하다보니까 청년 세대들이 취약 계층, 약자집단으로 몰리고 머물 수밖에 없게 된 것은 일반적인 현상이에요. 얼마 전 미국의 청년세대 문제에 대한 좋은 책이 하나 나왔는데 오죽하면 그 제목이 "1회용 청소년(We're not disposable Youth)"겠어요?

'일회용 청년: 잔혹의 시대, 야만의 현실(미국 청년들의 운명)'

미국은 "사회복지를 노골적으로 파괴하고 공교육 예산을 삭감하고 있으며, 청년을 위한 고용 창출을 좌절시키고 필수적인 복지 제도를 제거하고", "특히 주변적인 계급과 인종일수록 청년들은 사회보장에서 배제"되는 현실이다. 다름 아닌 미국의 유명한 교육학자며 청소년 이론가인 지루가 파악한 미국 청년들의 상황이다. 그의 말을 더 들어보자.

> "대신에 오늘날 청년들은 대부분 시장의 언어를 통해 육성되고 있으며, 보수화된 미디어 정치가 그들을 포위하고 있다. 이 때문에 현재의 청년들은 – 1960년대 선배들과 달리 – 특유의 감각과 비전을 장착한 독립적 세대로 뭉치지 못한다. 고삐 풀린 시장이 주도하는 사회는 청년의 정체성을 소비자로 조직하고, 그들의 모든 자율적 공간을 말소하고 있다. 따라서 그들은 시장이 선호하는 가치와 욕망, 욕구를 벗어나 자신을 돌아볼 기회를 상실한다. 반대로 청년들이 직면하고 있는 현실, 즉 새로운 사회적 경제적 조건은 그들에 대한 태도 자체를 변화시켰다. 우리 사회는 청년들의 물질적 필요와 정신적 욕구를 무시하며, 대다수 어른은 청년 문제를 국가적 관심사로 간주하지 않는다(9). (...) 결국에 수많은 젊은이, 특히 가난하고 소외된 청춘이 일회용으로 전락하거나 적어도 잉여(excess)처럼 취급된다(11).(...) 그러나 자유시장 근본주의(free market fundamentalism)은 카지노 자본주의와 같은 말이다. 카지노 자본주의는 인간의 고통을 대량으로 양산하고 있으며 세대를 불문하고 고난을 가중하고 있다. 오늘날 젊은이는 계급적 인종적 억압은 물론이고, 전혀 새로운 고통과도 싸우고 있다. 그들은 학교의 군사화, 사회문제의 범죄화를 대면하고 있다. 그들은 과도한 등록금, 가중되는 채무, 높은 수준의 실업과 맞서고 있다. (...) 청년들이 직면하고 있는 문제는 순전히 경제적인 문제가 아니다. 그것은 또한 문화적 사회적 교육적인 문제이다. 한마디로 '청년들에 대한 전쟁'이 전개되고 있다"(17).

* H. 지루(2015). 일회용 청년: 누가 그들을 쓰레기로 만드는가. 서울: 킹콩북.

또 이웃나라 일본만 해도 그래요. 오랜 불황 때문에 생겨난 다양한 그 '~족'들 기억하죠? 암튼 지금, 여기 지구촌 곳곳에서 청년들은 비슷한 상황에서 고통 받고 있다, 이렇게 볼 수 있어요. 물론 우리네 사정은 워낙 급격한 변화를 하다보니까 미처 이런저런 정황이라든가 내 안을 돌아보지 못 하고 어느 순간 막다른 골목에 몰리다 보니 무척 당황스럽고 너무 한심하다는 생각이 들 수밖에 없는 지경이지요. 뭐 주변은 화려하고 근사하지만 어른들 세대보단 비좁은 골목길로 몰린 건 사실이지요. 또 막다르기는 마찬가지라는 겁니다. 그런데서 오는 좌절감, 절망감, 박탈감 같은 거는 충분히 이해를 하고. 또 그런 상황에 처하게 된 것은 어른들 내지는 사회 전반의 지금까지의 흔히 '발전'이라는 미명 아래 저질러진 그 여러 가지 잘못들과 모순들의 귀결이라고 밖에는 설명할 수 없겠지요. 근데 문제는 청년들 얘기로 돌아가서 그렇다고 한들 저런 도저히 어째 볼 수 없는 게임의 법칙이기는 하지만, 경쟁 중심의 논리라든가, 그것도 특히 무한 경쟁 내지는 제로섬 게임이 끊임없이 되풀이되잖아요. 누군가는 이겨야 하고 누군가는 져야 하고 말이죠. 그런데 쌤 주장은 학교 교육이나 마찬가지로 패자부활전 없는, 한 번 경쟁에서 밀리면 끊임없이 나락으로 추락하고 마는 이런 게임의 법칙에 순종하거나 어쩔 수 없다는 인정 아래 살아 온 청년들이 막다른 골목에 몰려서도 보이는 반응이 너무 찌질하다는 거지요. '안녕들 하십니까' 같은 한 번씩 솟구치는 반발이나 대안 모색의 노력을 제외하고는 말이에요. 철저히 각개격파 당해서 자기계발 통해서 상대적인 보완 내지는 보상을 받으려 한다든가 또는 자기 처지를 한탄한 나머지 그런 경쟁에서 밀린 가장 구석 자리에 조금이라도 가능한 공간이라도 선점해서 안주하려고 한다든가, 이런 수동적이고 패배주의적이고 이런 모습들이 찌질하다는 심한 말을 써서 비난할 수밖에 없다는 거지요. 여러분 생각은 어때요?

> ... 대체로 수긍해요, 근데 화가 나요!... 너무 경쟁이나 이런 것이 일상화 되니까 안 찌질하려도 안 찌질할 수가 없는 것 같고 자기 얘기를 하고 싶어도 자기 언어를 좀 뺏겼다는 느낌도 받고...

> 어디에, 누구에게? 그리고 어떤 반응들을 주로 보이는가요?

> 그냥 기존 어른들 담론에 휩싸여가지고 예를 들면 경쟁이면 경쟁대로 그거를 피하는 거면 피하는 거대로 저항이면 저항대로... 찌질할 수밖에 없는 것이 사회에서 두려움을 심어주니까... 한탄? 어른들에 대한 반감? 아니면 스스로 찌질함에 대한 분통?... 스스로 불쌍하게 여기기도 하고... 근데 거기에 남녀 차이도 있는 것 같아요. 남자 애들은 군대라는 것이 있으니까 일단 군대 갔다 와서 생각해보자 라는 것이 있는데... 아무튼 그 불확실성과 불안감...

–"불안, 그 죽음에 이르는 병..."(ㄷㄷㄷ)

결국은 모두가 불안하다는 데서 출발하는 거군요. 그 불안감은 도대체 어디서 오고, 또 과연 근거가 있는가, 그리고 '죽음에 이르는 병'이라고 이를 만큼 치명적인가요? 당장 지금 처한 상황만 봐도 그 불안함은 이해가기는 해요. 뭔가 다 가진 것 같지만 아무 것도 가지지 못한 것 같은 박탈감, 취업을 비롯해서 조금이라도 나아질 것 같지 않은 앞날에 대한 불안감, 지금 당장 조금이라도 뒤처지거나 뒤지면 나락으로 떨어질 것 같은 위기감? 뭐 이런 것들이 다 뒤섞여서 지금, 여기 살아가는 청년들을 압박하지요. 그렇다고 자라면서 받아온 교육이든, 사회화 과정이든 이런 문제에 마주해서 뭘 어떻게 해야 할지, 준비나 채비는커녕 한 번도 그런 상황을 제대로 연습조차 해보지 않았으니까요. 이렇게 되면 부모세대가 가졌던 그 한심한 '피난민 근성'에 기대볼 수밖에 없게 되는 거죠. 그 왜 하도 난리를 많이 겪다보니 어떻게든 피붙이라도, 가족이라도, 아니 나 혼자라도 살아남아야겠다고 도망칠 궁리하거나 라면이라도 사재기 해놓으려는 비겁하고 허접하기 짝이 없는 모습 말이에요. 그것처럼 스펙이라도 쌓아놓고 비교우위 따져서 쟤들보다는 내가 좀 낫겠지 자기 위안 삼고, 어떻게든 연봉 높은 데서 밥벌이 수단 확보할지 골몰하고. 쌤이 좋아하는 어느 영화 제목, 아 또 노래제목도 있지, 그거처럼 말이죠. '불안은 영혼을 잠식한다'는데, 그러니 청년들의 영혼은 비루하고 생각은 남루하고 하는 짓은 찌질할 수밖에 없는 거죠. 그런가 하면 '죽음에 이르는 병'이라는 용어는 덴마크 철학자인 키에르케고르(Kierkegaard)의 책 제목인데 원래 '절망'에 대해서 다룬 거지요.[9] 쌤

9 뜬금없지만 불안보다는 제대로 절망하는 매무새와 그만큼의 깊은 성찰이 꼭 필요하다 생각되어 사족처럼 이 어렵디 어려운 철학의 고전을 들먹인다. S. 키에르케고르(2007). 불안의 개념: 죽음에 이르는 병. 월드북. 서울: 동서문화사.

얘기는 뭐냐 하면 제대로 절망조차 하지 못하고 어정쩡하게 좌절 근처에서 어슬렁거리고 그러다간 값싼 위안이나 아님 적당한 타협에 안주하고, 그러면서 또 더 불안해하고. 쌤은 이런 점이 가장 불안하고 불만이에요. 그래서 사회적인 문제는 고사하고 제 문제에 대해서 심각하게 물었으면 좋겠어요, 한 번 진지하게. '나는 과연 안녕한가' 하고 말이에요!

–"안녕들 하십니까?"

아무튼 청년들은, 또 세상은 '안녕들 하십니까'라고 거듭 눈 똑바로 뜨고 물을 때가 온 거지요. 오늘은 이렇게 지금 여기 세상 그리고 우리네 청년 담론 일반에 대해서 얘기했는데 이걸 바탕으로 또 이어가 봅시다. 마침 안녕들 하시냐고 물었던 젊은 청년들의 이야기 몇 가지 들어보고 가는 것도 괜찮을 것 같아요. 특히 뭐 그와 관련된 정치적인 주장 말고도 제들 삶에 대한 답답함과 불안함, 불편함, 결국 안녕하지 못한 상황에 대해 절감하는 내용들이 아주 절절해요.

"안녕들 하십니까?"

"'안녕들 하시냐기에....'

안녕들 하시냐기에 올 한 해 내 삶을 돌아봤어요. 지긋한 사계절을 말이죠. 봄에는 학점을 땄어요. 공부를 한 적은 없고 학점을 땄죠. 상대평가는 상대를 고꾸라뜨려야 이기는 제도예요.(...) 여름에는 토익공부를 했어요. (...) 이번에도 900점을 못 넘으면 저는 사람 취급을 받을 수가 없어요. (...) 가을 바람이 불 때 나는 편지를 쓰지 않고 자기소개서를 썼어요. 자기 속여서 쓰는 자기소개서에 진짜 '나'는 없어요. 그리고 겨울, 첫 눈이 내리기 한 주 전에 면접을 봤어요. (...) 우리네 삶이 처음부터 그런 것은 아닐 텐데...(136-137).

'경쟁을 강요하는 사회'

우리는 마치, 요람에서 무덤까지 '경쟁' 하나만을 위해 사는 것 같아요. 경쟁에서 밀려난다면? 심하면 내 한 몸의 생존을 걱정해야 할 수도 있죠? (...) 경쟁에서 밀려난 사람들은 분명 안녕하지 못하겠죠? 그러면 경쟁에서 이기고 올라가는 사람들은 안녕하다고 말할 수 있을까요? 그렇게 올라가서는 또 다른 경쟁에 내몰리며, 언제고 경쟁에서 밀려날까 스스로를 채찍질해야 하는 삶, 그걸 안녕하다고 말할 수 있을까요?(17).

'성공한 삶이란 무엇인가요?'

안녕들 하십니까? 저는 대학교 타이틀이면 괜찮은 줄 알았습니다. 내 앞에 나타난 사회현실은 달랐습니다. 저를 스펙과 취업의 문으로 등 떠밀었습니다. 모든 사람들이 묻습니다. 취업은 어디로 할 거냐고, 스펙은 준비해놨냐고, 남들이 알아주는 직장에 들어가서 좋은 사람 만나 결혼하라고. 하지만 저는 제 자신에게 물어보지 못했습니다. 이 길이 내가 가고 싶은 길이 맞느냐고, 이대로 가도 괜찮겠냐고? 이전에 살던 삶과 지금의 삶 그리고 앞으로의 삶에서 어디쯤 와 있내고, 그래서 저 자신에게 미안해졌습니다(230).

'안녕하냐는 물음에 부끄러움을 내놓습니다.'

안녕하냐는 물음에 제 부끄러움을 내놓습니다. 나의 '안녕'을 피하면서 비겁하게 위선을 부렸던 지난 나날들과 그마저도 만족하지 못했던 날들의 부끄러움, 우리의 '안녕'을 이야기하는 것에 위축되어 내 곁에 있는 사람에게 더 힘이 되지 못한 부끄러움. 나의 부채감 때문에 '안녕하지 못한' 대학생들을 흘기며 따뜻한 '안녕'조차 묻지 못하고 위로가 되지 못했던 기만의 날들의 부끄러움을 내놓습니다(183)."

* 안녕하지 못한 사람들 편(2014). 안녕들 하십니까? 파주: 오월의 봄.

셋, 돌아보니:

싸고도는 환경, 덜떨어진 아이

– 가족과 교육 및 사회화 과정
(남자로 자라기, 남자 만들기...)

그렇다면 도대체 왜 청년들, 특히 남성 청년들이 이토록 찌질할까? 앞서 구조적 맥락을 살펴보았으니 이번엔 이들이 자라나는 환경에 대해서 이야기 나누어보았다. 아무래도 개인의 성장과정이 궁금하고 해서 그리 일반적이지는 않은 두 남학우와 함께 젠더 담론에서 오랜 화두인 '남성/여성은 태어나는가, 길러지는가' 하는 물음을 던지고 남성으로서의 속성, 특성의 본질과 이른바 '젠더화(engendering)'를 통해'성차별 고정관념'으로 길러지고 그것을 내면화하는 과정을 살펴보았다. 결국 남성은 역사적, 사회문화적 구성물이면서 가족, 또래집단에 의해 강화되는 일종의 제조되는 과정의 결과라는 데 어렵지 않게 의견 모아졌다. 어쨌든 세대와 배경을 달리하는 남성 셋이서 제들 존재성을 한 번 돌아보면서 그 꼴과 매무새, 속내를 짚어보고 들여다보는 이야기다.

남자 만들기(하나): 가족
–남성은 태어나는가, 길러지는가?

유성쌤: 자, 그럼 오늘은 가족, 교육, 사회화 과정에서 남자 이야기, 이른바 남자 되기에 대해 이야기 해보자. 일단 가장 흔해 빠진 질문부터 해볼까? 젠더 담론에서 가장 많이 나오는 게 여성은 태어나는가, 길러지는가 이런 질문이잖아. 그럼 남자는?

ㅅㅈ: 길러지지 않을까요?

유성쌤: 응. 그거는 뭐 유명한 자연이냐, 문화냐 또는 환경이냐, 유전이냐 그 얘기잖아. 흔히 여성들은 성역할이라는 걸 태어날 때부터 가지고 태어났다기보다 길러진다, 주입된 것이다, 학습된 것이다 또는 강요된다는 것이라고 문제 삼았잖아. 비슷하게 남자의 경우는 어떨까 하고 시작해 볼 수 있지. ㅅㅈ는 길러지는 측면이 더 많다고 했고 넌 어때?

ㅁㅅ: 저도 길러지는 것 같아요.

유성쌤: 어떤 측면이 두드러지는가, 각자 남자로서 자신의 어린 시절을 돌아볼 때?

ㅁㅅ: 저희는 삼형제거든요. 아빠까지 하면 엄마만 가족에서 여성이에요. 어릴 때부터 봐보면 엄마만 집안일하고 아빠는 직장 갔다 와서 쉬고만 있고. 어렸을 때부터 저는 그게 잘못된 것 같다고 인식을 했거든요. 매일 엄마만 일하고 있고. 근데 커서 보니까 의식적으로 잘못 되었다는 걸 알면서도 무의식적으로 제가 아빠처럼 행동하고 있더라고요.

유성쌤: 너도 아버지를 통해 남성성을 내면화했다는 거지. 그니까 성역할에 대한 또는 거기서 비롯되는 분담, 분업에 대해 당연하다고 생각하게 되었다는 것이지?

ㅁㅅ: 네. 그니까 잘못되었다고 의식은 하는데 무의식적으로 아빠처럼 행동하고 있어요.

유성쌤: 어느 때부터 그런 의식이 시작이 됐어? 어, 이건 아닌데, 하고?

ㅁㅅ: 엄마가 갱년기가 왔을 때 그때 자신이 많이 힘든 거를 표현하셨어요. 그때 이제 이러면 안 되겠구나 하고 많이 느꼈죠. 근데 아빠는 변하지 않으니까 저라도 변해야지 생각했는데 몸이 안 따라주더라고요.

유성쌤: ㅅㅈ는?

ㅅㅈ: 저는 생각나는 게 남자는 울면 안 되고 강해야 하고 뭐 이런 강요가 생각나요. 저는 어릴 때 되게 많이 울었는데 지금은 감정

이 많이 무뎌진 것 같아요. 저는 눈물도 많고 감정적인 사람이었는데 아빠가 그럴 때마다 되게 혼냈어요. 근데 나중에 알고 보니까 아빠도 굉장히 눈물이 많았더라고요.

유성쌤: *(웃음)* 특히 아버지 세대는 뭐 감정 표현을 잘 하고 눈물 많은 남자는 거의 왕따 당하거나 그랬거든. 지난번에 일반적인 문명 전환기의 상황, 한국 사회의 여러 가지 문제점들을 얘기해 보았을 때 남성들, 아니 남성 중심적 사회의 조직과 운영방식이 원인이다 뭐 이렇게 시작했잖아? 이제 그 배경과 원인을 그 남성 존재 자체에서부터 찾아보자는 거지. 그러니까 남성이라는 종(種)에 대해서 따로 떼어서 생각할 필요가 있다는 거지. 그동안 여성학이라고 해서, 지금은 그 말은 쓰지 않고 '젠더 연구(gender studies)'라고 하지만, 차별 받고 관심 받지 못하고 배제됐고 억압받던 여성들에 대해 많이 얘기를 했지. '여성은 하늘의 절반'이라고 하는데, 그 나머지 절반은 남성일 거 아냐. 그런데 그 남성에 대해서는 따로 이야기 삼지 않는다는 거지. 그도 그럴 것이 얼마 전까지는 남성들을 따로 이야기 삼을 필요가 없었어요. 남성이 당연히 인류, 인간의 대표였으니까. 모든 주체, 모든 주인, 모든 주류들이 모두 남성들이었기 때문에 남성들을 따로 떼서 이 존재는 어떤 존재인지 문제 삼을 필요가 없었단 말이지.

보기를 들어보자. 한국말에는 명사에 대한 남성형, 여성형이 따로 있지는 않지만 독일어나 불어로 가면 따로 있어요. 그래서 어떤 직업명 내지는 지위에 대한 이름들이 남성형으로만 있었지. 이를테면 지금 독일 수상이 여성이잖아. 그 또한 예외가 아니어서 '여성 수상(die Kanzlerin)'이라고 해. 대부분의 직업이 남성 중심이어서 여성

형을 따로 만들게 된 거야. 우리도 예전에는 '여류 작가'라는 말을 썼잖아. 요즘은 여성을 비하하는 표현이라고 잘 쓰지 않지만 말이야. 작가는 그냥 작가일 뿐이니까. 굳이 여류 작가, 여류 시인라고 부를 이유가 없는데 그렇게 불렀어요. 일단 수가 적었고 그 다음에 그들은 마치 독특한 문화 세계를 가지고 있는 것처럼 그렇게 구별 내지 차별을 했단 말이지. 일종의 주류로부터의 배제라고 할 수 있지. 이렇듯 남성들은 일단 자기 성찰은커녕 자기 존재에 대해 생각할 필요조차 없었고 그럴 계기도 없었어요. 현대로 들어서서 여성들이 사회 활동도 같이 하고 이런 모든 영역에서 이런저런 일들 나눠하다 보니까 그럼 우리들은 이렇게 스스로를 규정당해 왔는데 그리고 거기서 벗어나려고 애쓰는 중인데 너네는 도대체 뭐냐는 물음을 던지기 시작한 거지. 그런 물음에 마주하면서 쌤이 주장했듯이 여성해방만 되면 그 나머지 반쪽 남성은 어떻게 할 거냐, 저 쪽만 해방이 된다고 해서 문제가 해결되는 것은 아니다, 그러니 '우리도 뭔가 잘못되고, 잘못하고 있지 않나?' 하는 생각들, 그래서 바꾸지 않는다면 정말 평등하고 조화로운 질서를 지향하는 미래지향적인 삶은 불가능하지 않을까 하는 고민들을 하게 된 거지. 그래서 스스로를 돌아보는 이야기를 시작한 거고. 그 첫 문제제기로 그 유명한 질문인 '여성은 태어나는가, 길러지는가?'를 남성들에게 적용해 보자는 거지.

뭐 결론부터 말하자면 남성은 여성보다 더더욱 길러진다는 것이 답이에요. 지금 얘기했던 울면 안 된다는 강요라든가 엄마는 집안일 대부분하고 아빠는 그렇지 않고 하는 것부터 말이지. 근데 문제는 여성들은 이러이러한 몫이 규정되어 있다고 했잖아. 집안일 한다든가, 아이 낳는다든가, 보살피고 돌본다든가. 근데 넌 그렇게 표현했지. '아빠는 아무 일도 안 해요!' 그럼 남성은 뭐하는 거냐고. 물론 바깥에 나가면 돈 벌고 정치하고 술 먹고 하는 등등의 일이 있겠지만 인간적인 의미에서 그 역할, 존재의 내용이 무어냐는 거지. 그래서 누군가는 남성성 자체를 '인공물' 이라고 지적해요.[10] 짐짓 만들어낸 가공품이라는 뜻이지. 속이 꽉 채워진 무엇이 아니라 여성 아닌 무엇? 또는 지금까지 너무 자명한 것으로 여기다보니까 굳이 규정하지 않아도 되는 것? 그러다 보니 실제로 어떤 정체성의 위기라든가 아니면 내면의 공허함을 느낄 때 정작 내 안에 차 있는 남성성 또는 남자로서의 존재감 이런 것들의 내용이 부실하기 짝이 없는 거지, 마치 가건물처럼! 너희들 거푸집이라는 거 알아? 호미나 곡괭이 이런 같은 물건 여럿 만들 때 그 틀이 거푸집이야. 틀에 맞추어 꼭 같은 물건 자꾸 찍어내는 건데, 남성성이라는 게 바로 이런 거푸집이지. 그것도 엉성한! 정교하고 똑 떨어지는 틀이 아닐수록 억지로 막무가내로 그 틀에 맞추어 마구잡이로 찍어내게 마련이지. 이게 남성성이라는 엉성한 거푸집이야. 여기 찍어내는 과정이 이른바 '성(차)별 사회화 과정'이야. 그 억지와 막무가내가 성별 고정관념이고. 어린 시절을 한 번 돌아봐. 흔히들 그런 편견 갖고 있잖아. 남자아이들은 당연히 자동차 좋아하고 파란색 좋아하고 남자 애들은 험하고

---

10 이와 관련해서 바뎅테(Badinter)같은 사람은 "남성다움이란 순식간에 주어지는 것이 아니라, 그것은 만들어지는 것"이며 심지어 "'제조된다'라고"까지 할 수 있으며, 따라서 남성은 "일종의 '인공물'"이라고까지 잘라 말한다. 바뎅테, E.(1993). XY 남성의 본질에 대하여. 서울: 민맥. 23.

벌차고 이래야 마땅하고, 여자 아이들은 얌전하고 분홍색 좋아하고 소꿉놀이 좋아하고. 어떻게 생각해? 정말 그럴까? 성역할의 이분법. 많은 어른들이 그렇게 확고하게 믿고 있고 하다못해 누구 친척이 애기 낳아서 선물할 때도 그거부터 물어보잖아. 딸이냐, 아들이냐? 그래서 그 성별에 맞는 선물 사가려고 하잖아. 누가 딸 낳았다고 하는데 파란색 자동차 사가면 안 맞는다고 생각하잖아.

ㅅㅈ: 병원에서도 파란 포대기, 분홍 포대기...

유성쌤: 그러니까! 아무튼 각자 자신의 경험 이야기 좀 해봐.

ㅁㅅ: 저는 어렸을 때부터 인형을 좋아했어요. 근데 남자 애라고 로봇을 좋아하고 그런 건 아닌 것 같아요. 저는 인형 좋아했고 초등학교 때까지 인형 안고 자고 그랬거든요.

유성쌤: 그런데 집에서 허용했어? 아버지가 뭐라 안 하셨어?

ㅁㅅ: 네. 집에서는 별로 안 그랬어요. 근데 중학교 들어가면서부터 망설이게 된 것이 주변 애들이 놀리니까요. 그리고 저희 어머니가 과외 하면서 애들한테 우리 둘째는 아직도 인형 안고 잔다고 하니까 애들이 막 비웃는 게 들리더라고요. 그때부터 부끄러워지기 시작하면서 인형 멀리하고...

유성쌤: 대체로 아들만 여럿인 집이나 그렇게 되면 한 명쯤은 딸처럼 생각하는 부모들의 마음이 있어서 그런 것들이 허용된 것일 거

야. 웬만한 집에선 어려웠을 걸? 금지시키기나 그랬을 텐데. ㅅㅈ 경험 어때?

ㅅㅈ: 저는 장난감 욕심이 그리 많지는 않았는데 어릴 때 얘기 들어보면 차 같은 거 좋아했다고 그러는데... 그리고 뭐 인형은 여동생도 별로 좋아하지 않아서요.

유성쌤: 지금 두 사람 예를 봐도 그게 그야말로 '성역할 고정관념'이라고 하는 여자 아이들은 이렇고 남자아이들은 이렇고 하는 게 얼마나 확고한지 드러나는 거고. 두 사람만 봐도 전형적인데 개인차가 더 크다는 거예요. 그니까 남자아이들끼리 사이에도 여자 아이들 사이에도 굉장히 다양하잖아. 마치 혈액형이 다양하고 그렇듯이. 그런 걸 남자아이들은 다 이렇다, 여자 아이들은 다 그렇다고 싸잡아서 고정관념에 따라 유형화 하고 거기에 끼워 맞추려 하고 말이지. 특히 한국 사회가 그런데 그 특성에 대한 부분은 조금 이따 얘기하도록 하자.

옷, 취향, 장난감, 색깔 그런 것들을 남녀로 딱 가르고. 어려서부터 구분하잖아. 예전에 교육 논쟁에서도 많이 나왔는데 유치원쯤 가면 유치원 교사들이 이미 성 역할 고정관념 갖고 아이들 대해 준단 말이야. 여자 애들은 예쁘다고 칭찬해주고 남자 애들은 용감하고 씩씩하다고 칭찬해주면서 자꾸 그 쪽으로 모는 거지. 그렇지 않은 좀 섬세하고 예민한 성격을 가진 남자아이들이라든가 좀 활달하고 진취적인 여자 아이들은 그런 데 치이고 깎이게 되지. 자신을 감추거나 숨기거나 내면으로 자꾸 상처를 받거나 하는 거지. 뭐 남자

애들의 경우는 대표적으로 자꾸 울지 말라고 윽박지르잖아, 남자답지 못하다고! 쌤이 그래서 늘 얘기하잖아? 아니 남자 애들 울지 말라고 하면 감정 표현을 어떻게 하라는 거야? 그니까 억울하거나 분하거나 화나거나 기쁘거나 슬프거나 할 때 흘리는 게 눈물인데 그런 것을 원천봉쇄 해버리면 그런 다양한 감정을 느끼기 어렵게 된단 말이야. 흔히 말하는 EQ 발달은 애초부터 저지당하거나 억압당할 수밖에 없고. 오죽하면 그런 것을 두고 '감정의 거세'라고까지 하겠어? 근데 문제는 여러분들 세대로 오면 어찌 보면 아주 엄격하고 강건한 분리, 고정관념 같은 것이 많이 흐려지는데 오히려 은연중에 은근하게 작용하는 것 같기도 해. 사실 그게 더 무섭지 않아?

집에서 우리 어머니, 아버지는 안 그런데 그 주변의 편견이랄까, 주위에서 한두 마디 던지는 강요랄까, 그런 것 말이야. ㅁㅅ이가 얘기했던 대로 아이들이 그런다든가, 주변에서 그런다든가. 아예 집안에서 대놓고 너 이거 하지 말라고 하면 '엄마 그렇지만 나는 이거 꼭 하고 싶어! 몰래라도 할게' 이럴 수 있는데 말이야. 뭐 집에서는 하나나 둘 뿐인 아이들을 좀 더 너그럽게 취향에 맞게 키워주고 싶을 테고 또 세상 달라지는 걸 부모들도 알 테니까. 그런데 집안에서도 할머니, 할아버지라든가 집안 어른 같으면 또 다른 편견, 억압을 슬몃 들이밀고. 또 아직 일반적인 담론으로 가면 여전히 아주 고전적이면서 억압적인 것으로 가게 되는 거지. 이런 부분이 특히 한국사회 같으면 남자아이들 자라는 데 상당히 억압적인 작용을 하고 고정관념을 일찍부터 내면화시키는 구실을 하지.

―누구 닮아서? 어떻게, 왜?

유성쌤: 뭐 아주 고전적인 이론이지만 그 얘기는 하지 않을 수 없는데, 초도로우(Chodorow)라는 대표적인 성차별 또는 성별 사회화 과정을 이론화 한 사람이 이렇게 주장해요. 현대사회 와서도 여전히 아이를 보살피고 돌보는 몫은 엄마한테만 주어지잖아. 그 바람에 정작 남자, 여자로 다른 아이들이 자라나면서 제가 속한 성에 대한 정체성을 얻고 만드는 데 문제가 생긴다는 거지. 이를테면 여자아이들은 그 본보기, 모델이 늘 곁에 있는데 남자아이들은 그렇지 않으니까. 그 결과 남자아이들의 정체성은 모호하고 엉성해서 앞서 얘기한 대로 부실하다는 얘기야.

남성되기

여자 아이들은 어려서 성장해나가면서 성 정체성을 갖는 데 어머니가 늘 그 자리에 함께한다. 특히 예전뿐 아니라 현대사회 들어서 핵가족이 되었어도 어머니가 주로 아이들 보살피고 돌보는 일은 지속되어 왔다. '정체성(identity)'이란 누구와 '동일시(identify)'해서 그 결과로 생겨나므로 여자 아이들은 늘 함께하는 어머니와 쉽게 동일시할 수 있어 여성이라는 정체성을 쉽게 얻게 된다. 하지만 남자아이들의 경우는 아버지와 동일시하고 싶어도 그 대상이 희미하거나 없기 일쑤다. 산업 사회나 최근까지도 특히 한국 사회 같은 경우 아버지의 부재 현상이 심하기 때문이다. 혹독한 경쟁 사회의 산업 인력으로 종일 일하다 보니 아버지는 부재하거나 출장 중이어서 동일시할 대상이 없는 상황이다. 그래서 막연히 스스로 남성이라는 것을 알게, 또는 생물적으로 깨닫게 되면 대상이 없는, 동일시할 기준 없이 모호한, 추상적인 동일시를 하게 된다. 초도로우(Chodorow)는 여기 주목하여 여성들이 '인격적 동일시(personal identification)'를 한다면 남성들의 경우 '위치적 동일시(positional identification)'를 한다고 유형화한다. 인격적이란 말은 상호교류가 있다는 뜻이다. 살갑게 느끼고 다투기도 하면서 교감하고 교류한다는 것이다. 그런데 남성들은 정작 대상이 없으니 그저 그 자리가 아마 아버지 자리고 남성의 위치인 모양이다, 하고 엉성한 동일시를 할 수밖에 없다. 그러니 어머니가 하지 않은 것, 아버지 그림자 같은 것 등 그 내용이 훨씬 공허하고 추상적일 수밖에 없다. 이렇게 서로 다른 동일시 과정에서 여자 아이들은 비교적 정서적이고 상호교류라든가 남에 대한 배려라든가 등등이 처음부터 익숙하게 훈련이 되고 몸에 배는 반면, 남자아이들은 대신에 단순하고 무식한 논리에 빠진다든가 인과적인 논리에 빠진다든가 또는 남성성의 추상성을 채우기 위한 외부에서 주어지는 막무가내 요구를 어쩔 수 없이 받아들이게 되면서 틀에 박힌 정형화된 남성성을 내면화한다.

* 초도로우, N.(2008). 모성의 재생산. 서울: 심리과학연구소.
* 정유성(2001). 따로와 끼리. 서울: 책세상.
* 조한혜정(1998). 성찰적 근대성과 페미니즘. 서울: 문학과지성사.

이 주장은 물론 나중에 너무 도식적이다, 더 큰 사회관계나 문화적 다양성을 두루 보지 못했다, 뭐 이런 비판들은 많았지만 그 나름 기본적인 남성 만들기 관련해서 한 번쯤 생각해 볼 가치는 있다고 봐야겠지.

그럼 한국 사회 특유의 남성 사회화에 대해 이야기해 보자. 대표적인 게, 불행히도 이 사람은 이른 나이에 세상을 떴는데, 노래하는 전인권과 이름이 같은 정치학자란다. 자신의 어린 시절을 돌아보면서 그럴싸한 개념을 하나 제시했어요. '동굴 속의 황제'라고. 아마 여러분들 부모 세대쯤 되는 사람이니까 어른세대의 전형적인 아들 노릇, 몫, 구실을 얘기했을 거야. TV에서 봤던 그 왜 '귀남이'라든가, 그런 상황을 동굴 속의 황제라고 표현한 거예요. 그니까 지나친 편애와 모든 관심과 이런 것들을 한 몸에 받다가 거기에 치여서 제대로 된 인격은 성숙하지 못 하고 그러나 이런저런 대접을 받아서 남자로서 성공 내지는 자기 자리를 찾게 된 전형적인 덜 성숙한 인격으로서의 남성에 대한 반성을 얘기하고 있는 책인데, 꼭 읽어볼만 해.

남자의 탄생

정치학자인 전인권은 벌써 10년쯤 전에 〈남자의 탄생〉이라는 책에서 그 부제처럼 "한 아이의 유년기를 통해 보는 한국 남자의 정체성 형성 과정"을 자신의 경험을 통해 진솔하게 드러냈다. 그는 '페르소나'라는 개념을 도입하여 유난히 부모 자식 간에 그런 가면 같은 노릇이 유난한 한국 사회에서 어쩔 수 없이 '몸과 마음의 거리'가 멀 수밖에 없는 성장과정을 돌아본다. 아버지, 어머니라는 따로 떨어진 공간 속에서 특히 아들로 자라면서 '동굴의 황제'로 커가는 모습을 진지하면서도 적나라하게 드러낸다. 특히 그 중에서도 어머니와, 그리고 아버지와 관계라는 이중적이고 모순적인 관계망에서 어떻게 한국의 한 남자가 탄생하고 길러지는가를 꼼꼼하게 따져본다. 무엇보다 '소통'보다는 '권위'로 맺어지는 아버지와의 관계가 그렇다. 아울러 형제나 남매관계라는 또 다른 관계망은 말할 것도 없고 이어서 '비천한 아이들'이라고 표현한 또래집단 속에서 어떻게 남자로 길러지는가 또한 잊지 않는다. 결국 그는 아버지로부터의 분리, 또는 '아버지 살해'라는 상징적 독립만이 기존의 남성성에 매몰되지 않고 성숙한 인간으로 거듭나는 길임을 내보인다.

* 전인권(2003). 남자의 탄생. 서울: 푸른숲.
* 정유성(2001). 따로와 끼리. 서울: 책세상.

유성쌤: 아무튼 이런 전통적인 남자로 길러지는 데 가장 핵심이 되는 게 '남아 선호 사상' 내지, '아들 편애'일 텐데, 너희들은 어린 시절을 보면 편애라는 부분은 어땠어? ㅅㅈ 넌 많이잖아.

ㅅㅈ: 부모님은 잘 모르겠는데 할머니가 이북 분이신데, 제가 혼자 밥 먹어도 여동생한테 치우라고 하고. 동생은 원래 그런 거 또 잘

치우거든요. 저 혼자 밥 먹어도 동생한테 설거지 시키고 그리고 제가 밥 안 먹고 밥시간 놓쳐서 들어오면 동생한테 밥 차리라고 하고. 그래서 오히려 제가 성질나서 하지 말라고 하고 내가 알아서 먹겠다고 소리지르고 덩달아 동생도 성질 내고…

유성쌤: ㅁㅅ이 경우는?

ㅁㅅ: 형제들 사이에는 할머니가 확실히 형을 첫째라고 되게 좋아했어요. 예를 들어서 초코바 같은 거를 줄 때도 저랑 동생은 안 주고 형한테 몰래 챙겨준다든지. 외가 쪽으로 가면 누나들이 일을 다 했어요. 누구 손님 오고 상 차리고 치우고 설거지 하는 거 다요. 남자 동생이 있고 저희 형제들도 남자들이고. 그런데 저희들은 다 쉬는데 누나들은 이모 도와서 일 하고…

유성쌤: 그니까 전통적인 사회 또는 여러분들의 부모 세대만큼은 어떤 눈에 보이는 편애나 또는 동굴 속의 황제라고 일렀듯이 남아 선호사상이라든가 이런 것이 두드러지지는 않으나 여전히 잠재적으로 또는 상대적으로 남아있다는 것은 뭐 당연한 얘기고. 게다가 대부분은 의식을 다 못 하잖아. 그냥 당연한 것으로 여기고 자라오잖아. 그치? 나중에 커서야 비로소 아, 그게 좀 그랬나 하는 거고. 아무튼 할머니 얘기도 나왔지만 어머니의 문제도 커요, 결국 아들들 그렇게 키우는 건 어머니거든. 가부장적인 질서를 지켜내고 이어가는 몫을 하는 게 어머니기도 하니까. 남아 선호사상에 앞장서는 것도 어머니고 이렇잖아. 그렇다고 여성들을 비난할 수 없는 게 워낙

남존여비 사상이 팽배했고 그 다음에 잘 아는 대로 삼종지도라는 게 엄연했기 때문에, 당연한 거잖아. 조선시대 생각해봐. 여성을 아예 공적 영역에 나서질 못하게 했으니 내 남편, 내 아들. 특히 내 남편과 내 아들이 성공하면 내가 정경부인 되거나 정1품 뭐 종3품 내명부 첩지를 얻고 대접받았잖아. 그니까 당연히 남아 선호사상, 그리고 공적 영역에서 소외된 여성들은 모든 것을 다 바쳐서 자기 남편에게나 아들들에게 최선을 다 할 수밖에 없는 것이지. 딸들은 시집가면 그만이니까, 남의 사람이 되니까. 그래서 여전히 그런 차별과 남아 선호사상 같은 것들을 그게 현실이든 아니면 이데올로기든 여성들이 앞장서서 지키고 이어온 것은 사실이야.

남자 만들기(둘): 매스컴, 대중문화, 또래문화

—베끼기, 따라 하기, 묻어가기...

유성쌤: 그런데 정작 여성들의 지위가 향상되고 또 엄마들이 일하기 시작하면 가부장 질서는 당연히 깨질 수밖에 없는데 여전히 은연 중 내면화 된 것이 이런저런 생활이나 의식에 드러난다는 거잖아? 어떤 경우에는 아버지의 몫보다는 오히려 또래 집단이나 매스컴의 역할이 더 크다 이런 주장도 나와요. 이를테면 디즈니 만화에

나타나는 가부장성 뭐 디즈니 만화에 나타나는 여성 차별 이런 거는 여러 번 지적되고 있거든? 기억해 봐. 멋진 만화에 여주인공들은 성적인 대상화나 이런 스타일이 많잖아. 신데렐라니 이런 거는 말할 것도 없고 근래에 나오는 만화들도 그렇고. 또 남성들의 모험을 다룬 만화도 많잖아. 사자 나오는 만화영화 그거 뭐야. '라이온 킹' 같은 거 전형적인 가부장적 사회잖아. 뭐 그런 것부터 해서 은연중에 이제 매스컴의 영향을 많이 받고 또 아직도 대놓고 언어들을 보면 여성비하적인 발언이나 이런 것들이 공공연하잖아. 뭐 이런 것들. 매스컴 얘기를 해볼까? 어려서 만화 영화 뭐 봤어? 너희 때는 만화영화가 뭐 유행했니?

ㅅㅈ: 그냥 로봇 나오는 거. 그런 것들. 그리고 초등학교 고학년쯤 됐을 때는 포켓몬스터?

ㅁㅅ, ㅈㅅ: 포켓몬스터… 뭐 그 비슷한 것들이요. 디지몬 뭐 그런 거요. 그리고 남자들도 '세일러 문', '천사소녀 네티' 뭐 그런 거 봐요. 그거 말고 '선 가드', 로봇 나오는 거랑 축구 만화 뭐 있었는데. 아, '슛돌이', '피구왕 통키', '쥬라기 월드컵' 그런 것들?

유성쌤: 근데 그때 초등학교 4, 5학년 정도까지는 남자 애나 여자 애나 큰 차이 없이 그런 만화를 같이 봤단 말이지?

ㅅㅈ: 근데 '세일러 문'은 진짜 많이 봤어요. '천사소녀 네티' 이런 것도 많이 보고…

유성쌤: 매스컴은 은연중에 전달되는 거니까 뭐 대놓고 남자 애들이 좋아하는 거, 여자 애들이 좋아하는 걸로 크게 갈리지 않았을 거고 우리 때는 그게 어렸을 때부터 갈렸거든? 남자 애들도 좋아하는 만화는 공상 과학만화, 스포츠 뭐 싸우는 만화 그런 거고. 여자 애들은 순정 만화 이런 걸로 가고 이렇게. 어쨌든, 그럼 어려서 놀았던 기억은? 너희만 해도 어려서 논 기억이 없지? 학원만 다녔지?

ㅁㅅ: 아니에요. 저는 논 기억이 많아요. 운동장. 맨날 축구했던 것 같아요. 딱지치고 놀았구요.

ㅅㅈ: 저는 동네. 동네에서 그냥 저는 동생이랑 동생 친구들이랑 제 친구들이랑 이렇게 두 살 터울이라 막 놀았어요.

유성쌤: 뭐하고 놀았어?

ㅅㅈ: 그냥 뛰어 다니고 술래잡기 하고.

유성쌤: 그때 여자 애들과 남자 애들의 놀이가 다르잖아?

ㅅㅈ: 일단은 남자 애들끼리 놀아요. 남녀 같이 안 놀고. 여자 애들은 뭐 하고 놀았는지 모르겠는데...

유성쌤: 우리 어렸을 때는 여자 애들은 고무줄에 공기놀이하고 남자 애들은 싸움 놀이하고 자치기하고 딱지치기, 구슬치기 이렇게 구분이 됐었지.

ㅅㅈ: 남자 애들은 대개 축구, 뛰어다니고 그런 거, 여자 애들은 제 기억에는 교실에서 수다 떨고 그거밖에 안 하던 것 같던데.

유성쌤: 그 또래집단의 압력이 성역할을 내면화하는데 그것이 굉장히 작용한단 말이지. 그러면서 놀이로 구분을 하고 그러는데. 우리 그 얘기부터 해보자. 너희 세대부터는 드디어 컴퓨터가 등장한단 말이야. 컴퓨터 게임과 관련된 이야기를 해보자고. 어떤 사람들은 그런 얘기까지 해요. 남자아이들이 점점 더 폭력적이 되고 남자아이들이 공부도 잘 못 하고 점점 더 띨띨해지는 게 컴퓨터 게임에 빠져서 그렇다고. 약간의 영향력은 있겠지. 예컨대 컴퓨터 게임의 대부분이 대단히 폭력적이고 대단히 성취 지향적이고 그런 거잖아. 경쟁 중심이고. 근데 여자 아이들은 컴퓨터 게임에 그렇게 빠지진 않잖아. 대체로. 어땠어?

ㅅㅈ, ㅁㅅ: 그냥 주변에서 다 안 하니까 여자 아이들은 안 하는 것 같은데 하는 애들은 또 하고.

유성쌤: 구분이 돼 버리지? 근데 그게 어느 때부터 나타나나? 어느 때부터 게임에 빠지기 시작하는가?

ㅅㅈ: 저는 일단 제가 초등학교 고학년 쯤 됐을 때 스타크래프트가 나오면서 그때 PC방이 조금씩 퍼지기 시작했는데.. 그때부터 저는 스타크래프트 오리지날부터 부르드워, 워크래프트 같이 유행하는 게임들은 거의 다 해 봤어요.

ㅁㅅ: 저는 초등학교 때는 오히려 그런 거 안 했는데 중학교 입학하자마자 애들이 다 학교 끝나고 PC방 같이 몰려가고 하니까…

유성쌤: 그게 일종의 전형적인 남성 청소년들의 집단 문화거든! 특히 우리나라에서 PC방 몰려가서 게임하고 거기서 서로 유대도 강화하고 서로 압력도 좀 넣고 뭐 남자 애가 왜 그러냐는 둥. 그때 느꼈던 또는 기억나는 그니까 남성성이라는 또래로부터 오는 압력 같은 거는 뭐가 있었나. 게임 못 하면 되게 찌질인가?

ㅁㅅ: 아니요. 저는 되게 못했는데 그냥 계속 같이 하고… 그리고 저 중학교 때는 특히 디아블로 많이 해 가지고. 그거는 캐릭터 하나 키우는 거여서 그냥 다른 애들이 '저렙(낮은 레벨)' 캐릭터 있으면 같이 깨면서 키워 주고 그런 것도 있고 아이템도 같이 공유하고 그런 게 있어서 별로 잘 하고 못 하고는 크게 중요하지 않았던 것 같아요.

유성쌤: 그럼 꼭 게임이 아니어도 특히 남성 또래 집단이 형성되면서부터 그 쪽에서 받았던 압력 같은 거 그니까 네가 집에서나 혼자 생각했을 때 별로 상관없다고 생각했는데 그들의 주장이나 압력 같은 게 느껴졌던 거는 뭐가 있을까? 남자는 이래야 한다든가.

ㅅㅈ: 저는 제가 되게 그러고 다녔던 것 같아요 그냥. 저는 여자 애들 하고도 잘 지내고 그랬는데 그때도 막 와 그러면서 그런 거 있잖아요. 몰려다니고. 폭력 이런 거 싸움박질 하고. 저는 싸움도 되게 못 하는데 그래도 싸울 일이 있으면 무조건 선빵을 때렸어요. 왜냐

면 먼저 맞으면 반격을 할 새 없이 그냥 맞으니까 그래서 먼저 때려서 몇 대라도 더 때려서 나중에 맞을 거면 그때 맞자. 저는 초등학교 때부터 그랬어요.

유성쌤: ㅁㅅ이는 별로 싸웠을 것 같지 않은데?

ㅁㅅ: 네. 저는 한 번도 주먹다짐을 하고 그러지는 않았는데 확실히 PC방 가고 학교 끝나고 축구를 하고 그러지 않으면 일단 소외되고 얘기가 안 통하니까 애들이랑 얘기를 나누고 친하게 지내기 위해서 그렇게 했던 것 같아요. 그니까 PC방을 정말 가고 싶어서 가는 게 아니라 애들 다 가는데 나만 빠지면 얘기에 낄 수 없으니까 같이 PC방 가고 학교 끝나고 축구하고 그랬던 것 같아요.

유성쌤: 일종의 집단 문화이지. 남성이라는 집단을 형성하기 시작하는 초기 경험 같은 것인데. 그래서 나중에 어른이 되어서도 헤어나오지 못하고 있는 거 아니겠어? 그건 그렇고 너희들은 학교 폭력이 그리 심하지 않은 때였나? 학교 폭력은 늘 있어 왔으니까. 그 경험은 어때?

ㅅㅈ: 학교 폭력은 항상 있죠.

유성쌤: 아님 왕따 현상 같은 거. 남녀가 양상이 다르게 나타나나?

ㅅㅈ: 진짜 지 혼자 나쁜 짓해서 왕따 당하는 경우도 있고. 그냥 보면 괜찮은데 일방적으로 당하는 경우는 없고 그냥 지가 막 애들한

테 나쁘게 하다가 오히려 역공맞고 그런 경우가 많았던 것 같아요.

ㅁㅅ: 고등학교 때 진짜 심한 학교 폭력이 있었어요. 선생님들도 알고 학생들도 알고 그랬는데 그냥 넘어갔거든요. 저한테는 그게 되게 충격이었어요. 왕따를 당하는 애가 별로 잘못을 하거나 그런 것 같지는 않은데 그냥 이유 없이 걔를 때리고 걔 가방 같은 거 창문 밖으로 던지고.

유성쌤: 전형적인 집단 따돌림의 폭력이었구나? 근데 그 경우도 물론 왕따나 학교 폭력도 여자 아이들 사이에서도 일어나기는 하는데 전형적으로 남자아이들 사이에서 더 많이 빈번하게 일어나는 걸로 밝혀지고 있어요. 물론 그 이유야 여러 가지가 있겠지. 이를테면 한참 자유롭게 뛰어 놀 나이에 특히 입시에 묶여서 그래서 스트레스도 받고 점점 더 아이들은 하나나 둘뿐이어서 집에서 과보호 받고 자라는데 거기에 함께 어울려서 그야말로 티격태격하면서 지내는데 익숙하지도 않고 그래서 더 많아진다고 하는데. 어쨌든 여전히 한 중 · 고등학교까지는 전형적인 남성 중심의 문화는 잘 겪지 못했다는 건가?

ㅅㅈ: 아. 그런 거 있는 것 같아요. 원래 담배 피고 좀 노는 친구가 있었는데, 자기네랑 안 논다고 옛날 노는 패거리 애들이 열이 받은 거예요. 다 화장실로 따라 오라고. 걔네한테는 쪽수도 안 되고 그러니까 막 맞고. 근데 저는 안 맞았어요. 왜냐면 다른 애들을 때리다가 쉬는 시간이 끝나가지고. *(웃음)* 그런 적도 있고 생각해보니까 좀

많은 것 같은데. 초등학교 때는 그건 어릴 때니까 막 이유 없이 친구가 저를 괴롭히고 공책 찢고 그러니까 막 엉겨 붙어서 싸우고 그러고. 근데 그거를 별 일 아니라고 생각하는 것 같아요. 고등학교 때도 애들이랑 장난치고 그러는 게 주먹질, 팔 같은 데 막 때리고. 평소에 친한 친구가 좀 헛소리하고 그러면 막 미쳤냐고 하면서 때리고.

유성쌤: 그러면 사춘기 경험에 대해 얘기해보자. 언제 내가 남자구나 이런 걸 느꼈어?

ㅅㅈ: 대체로 쭉 그냥 그렇게 생각했던 것 같은데.

유성쌤: 어릴 때부터? 또는 주변에서 또는 친구들이나 아니면 반에서 갑자기 남자 같은 느낌을 받기 시작한 거는 언제부터야?

ㅅㅈ: 고등학교 때 남자반 되면서...

유성쌤: 짐승끼리 모아 놓으니까 갑자기 내가 짐승이구나 하고 느껴진 거야?*(웃음)*

ㅁㅅ: 네. 그때 굉장히 친한 애가 있었는데 그래서 둘이서 같이 붙어 다녔거든요. 다른 남자 애들이 점심시간이나 쉬는 시간에 그냥 반에서 애들끼리 놀 때도 저희 둘은 나가서 산책하고 그랬었어요. 근데 그런 거에 대해서 같은 반 남자 애들이 막 놀리더라고요. 막 너희 게이냐고. 막 그런 놀림과 모욕을 당하면서 일부러 제가 친한 친구랑 같이 다니는 거를 끊고 다시 반에 돌아와서 애들이랑 다 같이 놀고.

유성쌤: 집단에 묻히기 시작했다는 말이지?

ㅁㅅ: 네. 안 그러면 되게 모욕적으로 놀려요. 그리고 남자반에 들어가다 보니까 확실히 한 반에 남녀 같이 있을 때보다 언행 이런 게 더 거칠어지고. 근데 그거에 대해서 속으로 상처도 많이 받았는데 또 상처 받은 거 티내면 애들이 찌질하다고 생각을 하니까 또 티도 못 내고. 애들이 다 남자반 되면서 저도 그렇고 확실히 거칠어지고 그랬던 것 같아요.

유성쌤: 남자임을 더 드러내고 과시한단 말이지? ㅅㅈ는?

ㅅㅈ: 저는 쭉 그랬던 것 같아요. 언어 쓰는 것도 중학교 때부터 다들 저를 비롯해서 다들 욕 많이 쓰고.

ㅁㅅ: 근데 남성적으로 살 수밖에 없는 게 반 분위기가 너무 무서워요. 남자반이 완전 폭력적인 게 다른 아이들이랑 다르게 살려고 하면 바로 폭력 행사하고. 폭력 행사 수준이 의자 막 집어던지고 피가 줄줄 흐르고…

유성쌤: 그니까 그게 집단성인데 전형적으로 한국 사회에서 굉장히 강조되는 부분이지. 개인보다는 패거리에 묻히는, 특히 남성들이 더 강조하는 그런 측면이 있고. 너희들은 또 굉장히 대중문화라든가 그런 데에 거의 빠져서 자라 온 세대에 속하는데 그때 남녀 간의 차이가 있었나? 노래라든가, 영화라든가 등등에 대한 취향 같은 거.

ㅅㅈ: 노래는 저희는 아이돌. 초등학교 때 HOT, 젝스키스가 나오고 서태지가 은퇴했기 때문에. 여자 아이들은 남자아이돌, 남자아이들은 여자 아이돌 좋아하고. 근데 그때는 대체로 여자든 남자든 아이돌을 좋아했던 것 같아요. 아니면 노래방 되게 많이 갔어요. 중학교 때. 여자애들하고 남자애들하고 모여서 노래방 가서 막 노래부르고.

유성쌤: 너희들이야말로 이른바 아이돌 세대인데, 그 얘기 좀 해봐.

ㅅㅈ: 아이돌이야 오래되었지만 저 때는 아이돌이 좀 다르게 나오니까 남자아이들이 여자 아이돌을 성적 대상화를 적나라하게 하면서...

유성쌤: 거의 군대구만.

ㅅㅈ: 근데 물론 섹시하게 안 나와도 성적 대상화는 다 했어요.

유성쌤: 그렇겠지. 자, 그건 그렇고. 한국 사회는 여전히 겉보기에도 분명히 굉장히 남성 중심의 사회잖아? 그리고 그런 게 여전히 크게 성찰되지 않는 부분이 있어서 더더욱 그 잔재가 강하다고 볼 수 있고. 특히 학교는 게다가 이제 경쟁, 입시 등등의 억압적인 측면이 많기 때문에. 아 그 얘기도 좀 해보지. 학교에서 주는 남성이라는 틀 같은 거? 그런 건 없는가? 생활지도나 이런 데서? 그건 오히려 인격에 대한 제한이겠지? 두발규제는 안 당해봤니?

ㅅㅈ: 아 네. 많이 깎였어요. 저는 머리 일부러 예쁘게 기르려고 기른 게 아니라 깎기 귀찮아서 그냥 다녔는데… 사실 머리 깎을 시간도 주말 빼면 없는데 주말에 머리 깎으러 가기 귀찮고 그러니까. 근데 막 굉장히 잔인하게 깎아요. 구레나룻 기른 애는 한 쪽 구레나룻만 깎는다거나. 저는 그냥 길러가지고 숱도 많고 해서 덥수룩하니까 가로로 막 이렇게 깎이고. 가운데 미는 애들도 있고. 바리캉으로 하면 예쁘게 밀면 되니까 막 가위로 잘라요. 머리 깎을 시간 없다고 하면 쉬는 시간에 학교 안 이발소 가서 깎으라고 하고 근데 그거는 싫잖아요. 다 미용실 가고 싶지. 근데 그거는 남성성이랑 별로 상관없는 것 같아요. 왜냐면 공학도 비슷하게 그러니까.

ㅁㅅ: 저는 그때 한창 학생인권조례 막 그래가지고 선생님들이 눈치를 봐서 그런지 심하게 규제 받지는 않았어요.

ㅅㅈ: 저는 중학교 때도 여자애들도 두발 단속하고 자르고…

유성쌤: 아 그거야. 지금은 획일성에 대한 강조 같은 거 얘기하는 거지. 교복 입었니? 교복에 대한 반발은 없었니?

ㅁㅅ: 리폼해서 입죠. 애들 다 바지 줄이고. 교복 위에 뭐 입고.

ㅅㅈ: 저는 고3 때는 학교 갈 때 교복을 안 입다시피 했어요. 다 떨어져서 비슷한 색 면바지 입고 특히 겨울에는 안에 티 입고 마이 안 입고 위에 코트 입고. 코트는 규정상 허용되니까.

유성쌤: 교사들의 태도는 기억나는 거 뭐가 있어? 남성성과 관

련해서. 지나치게 터프함을 강조하는 선생님이 있었다든가.

ㅅㅈ: 아무래도 학생부 선생님들이 남자애들을 여자애들보다 더 많이 팼죠. 남자애들에 대해서는 더 막 대하는 게 있었어요. 고등학교 때는 그렇게 생활지도, 두발이나 복장 말고는 빡세게 안 해가지고… 중학교 때는 상관없이 여자도 무자비하게 팼어요. 조례시간에 무릎 꿇게 하고 선생이 구둣발로 여자애 머리를 찬다든가.

유성쌤: 그거는 학교 폭력 최악의 상황이네.

ㅁㅅ: 나이 드신 여자 선생님들이 남자 애들을 못 믿어했어요. 여자반에서 절도 사건이 일어났는데 옆에 남자반 애들한테 막 추궁하고 그러는 거예요. 그때부터 남자 애들이 화나 가지고. 결국 여자 선배가 훔친 게 밝혀졌는데. 그때부터 남자애들이 여자애들보고 '김치년' 그러면서…

유성쌤: 그니까 또 다른 편견의 희생이지만 그 희생을 좀 더 강한 공격성이나 폭력으로 되갚은 경우가 되겠지. 그래 이제 원래 하려고 했던 이야기로 가자. 그래서 우리가 19살쯤 돼서 대학에 들어왔단 말이야. 특히 우리 주제인 남성성 또는 남자아이들의 이야기로 볼 때 대학이라는 게 고등학교와 크게 다르던가? 대학에 들어와서 아 이런 거는 여전히 고등학교와 비슷하다든가 또는 남성 문제 또는 남성성 중심으로 볼 때 눈에 띄는 점은 뭐가 있을까? 물론 연애도 시작할 거고 술 문화도 시작할 거고. 다양한, 고등학교 때는 허용되지 않은, 했긴 했겠지만 공식적으로 허용되지 않은 그런 것들이 일상생

활에 들어오게 되니까 이런저런 양상이 드러나게 될 텐데. 주로 어느 때 남자들이 몰려다녀?

ㅁㅅ: PC방 갈 때. 공강 시간에 PC방 갈 때 남자아이들 몰려다니고…

유성쌤: 신입생 때 이야기를 해보자. 고등학교 때까지는 대학가서 다 하라고 미루잖아. 근데 정작 대학에 오면 뭐가 새로운 건가 또는 대학에서의 남성 사회화는 어떤 건가를 짚어보자는 거지.

ㅅㅈ: PC방 갈 때 또는 당구장 갈 때 그런 데 갈 때나 밥 먹을 때? 술 먹을 때… 아, 음담패설 할 때! 담배 피는 데서 하거나 아니면 저는 1학년 때 기숙사 살아서 기숙사 애들끼리 모여서 하거나…

유성쌤: 그래도 이제는 남녀가 함께 생활하고 그런 게 전제되어 있으니까 아무래도 조심도 하고 그러겠지?

ㅅㅈ: 이제는 아 이거는 잘못된 거구나 이런 것도 알고. 예전에 했던 걸 좀 부끄러워하기도 하고.

ㅁㅅ: 되게 조심을 많이 하는 것 같아요. 그리고 결정적으로 연애를 다 머릿속에 생각하고 있기 때문에 여자들이 주변에 있고 그러면 다 행동을 조심스럽게 하고 자기가 고등학교 때처럼 하면 여자애들이 싫어한다는 거를 알기 때문에 일부러 안 그러다가 이제 남자들끼리 모이면 그런 것들이 드러나고.

유성쌤: 그게 대개 언제까지?

ㅅㅈ: 계속 가다가 1학년 때까진 그러다가 3학기 때 군대 가기 전쯤 되면 자포자기 한 것 같은 심정이 됐는지 좀 바뀌어요. 2학기 때는 되게 노력을 많이 하는 것 같고 숨기는 것 같은데 3학기 때는 부질없다는 생각이 많이 들어서…

유성쌤: 이제는 다시 남성들의 세계로 들어가야 하니까*(웃음)*

ㅅㅈ: 네. 그때는 연애하는 애들 제외하고는 여자애들하고 잘 만나는 것 같지도 않고 되게 혼자 다니는 애들이 많아지는 것 같아요.

ㅁㅅ: 저희는 1학기 지나면 가식적으로 그러지는 않는 것 같아요. 왜냐면 여자애들하고도 좀 친해지고 편해지고 그러니까. 그게 좀 그러다 2학년쯤 돼서 새내기 받고 1년 같이 살아보고 그러면 친해지고. 남자애들끼리 다닌다, 여자애들끼리 다닌다, 아니면 여자애들 의도적으로 따라 다닌다 그런 느낌이 아니고 그냥 우리 과 친구 같이 다닌다, 이런 느낌?

남자 만들기(셋): 군사문화
–병정놀이부터 남자놀이까지

유성쌤: 아무래도 이쯤에서 군대 문제를 포함하기는 해야 될 것 같지? 군대 문제만 잠깐 더 얘기를 해보도록 하자. ㅁㅅ이야 아직 겪어보지는 않았고 너도 제대로 잘 겪었다고 할 수 없지만 그래도 일반적인 일단 군대 갔다 온 복학생 얘기를 한 번 해보자. 군대 갔다 와서 돌아와 보니 상황이 어떻게 다르던가?

ㅅㅈ: 일단 되게 적응이 힘들었던 것 같아요. 저는 전역하고 바로 계절 학기부터 다녔는데 막 그렇게 모르는 사람들하고 만나서 수업 듣고 하는 게 조모임 하는 것도 되게 불편하더라고요.

유성쌤: 일단 낯선 집단이라는 것 때문에 그런가? 남성, 여성의 차이는 없고? 군대는 남성들만 가니까.

ㅅㅈ: 그건 딱히... 근데 복학했을 때 친한 여자애들이 많이 안 남아있었으니까. 같이 복학한 남자애들 하고 같이 다니면서 우리 이제 아저씨야, 늙었어, 그러니 우리 이제 열심히 살아야 해 그러면서 물러설 곳이 없어졌다는...

유성쌤: 물론 군대 경험이라는 것이 한국 사회에서는 비단 군대

라는 틀 안에서 뿐 아니라 사회 전반에 적용되고 또 활용되기도 하지. 이를테면 조직문화도 남성 중심적이면서 폭력적이고 상명하복이 엄연하고 뭐 이렇잖아. 게다가 매스컴에서 공공연하게 이런 거 보여주고 칭송하고 그리워하고 말이야. 뭐냐, 아직도 TV에서 가끔씩 나오는 병영체험 프로그램 같은 거. 나는 끔찍하던데.

ㅅㅈ: 근데 그거 너무 맨날 그런 것만 보여주잖아요. 훈련하고. 그렇게 훈련만 하는 부대가 어디 있나 싶을 정도로 걔네는 가는 곳마다 훈련만 해요. 굉장히 강군의 이미지랑 그냥 좋은 예능거리 뽑으려고 과장하고 그런 거.

유성쌤: 그게 일종의 전통적인 고전적인 남자다움의 신화 그리고 그것을 계속 강조하기 위한 거지. 또 우리는 잘 알다시피 대단히 폐쇄적인 자민족 중심주의, 이런 게 강하잖아. 뭐 조국과 민족을 위해, 이런 말들이 아직도 난무하고. 게다가 방송에서는 외국인 넣어놓고 그래서 사실 희화화 하는 건데. 이런 측면에서 남성 집단으로서의 군대 문제는 온갖 얘기가 있으니까 그거까지 뭐 길게 얘기할 필요가 없겠지. 또 개인의 경험이 크게 그 집단의 경험과 다르지 않을 거고 말이지. 또 거기서 겪는 개인이 집단에 의해서 압살되고 그야말로 제복 입은 한 물건으로 취급받고 하는 일 등에 대해서는 뭐 새삼 얘기할 필요조차 없다는 거지. 그런데 내가 알고 싶은 거는 젊은 세대에게 군대는 무엇인가, 뭐 이런 것부터 시작해서 경험한 사람은 갔다 온 다음에 자기 생활에 어떤 변화가 있는지, 가기 전에는 어떤 불안감이 있는지 이런 거야.

ㅅㅈ: 갔다 온 직후에 굉장히 의욕과 자의식, 자존감 같은 것이 굉장히 높아져요. 그래 내가 이제 복학도 했고 군대도 갔다 왔고 이제 열심히 살아야지 그러면서.

유성쌤: 그야말로 대한민국 남성으로서 시민권을 얻은 거야?

ㅅㅈ: 네. 근데 그냥 뭔가 이제 물러설 군대라는 구멍도 없고 부담도 되고…

유성쌤: 한편 시민권이지만 다른 한편으로는 도망갈 마지막 도피처가 없어진 거지?

ㅅㅈ: 근데 다니다 보면 아 이게 의욕과 마음가짐만 가지고는 안되고 또 대학 새내기 들어온 것 같은 느낌도 좀 나고 그러면서 그게 좀 꺾이기 시작하면서 한 번은 바닥을 치는 것 같아요. 누구든 전역을 하고. 그게 외로워서 그렇든 사람이 없어서 그렇든 다양한 이유가 있겠지만 한 번 바닥을 치면서 좀 더 자기 생각을 그때부터 다시 또 막연한 의욕 그런 게 아니고 아 나는 뭐하고 살아야 할까, 어떤 게 좋을까, 이러면서 탐색도 하고.

유성쌤: 물론 예전에는 대한민국의 군대라는 게 그야말로 사람을 거의 한 번 뒤틀어놨다가 놓아주는 과정이었어요. 쌤도 지내다보면 가까웠던 학생들이 군대 가고 나서는 한동안 편지도 하고 그러다가 한동안 뜸했다가 전역하고 복학해서 인사를 오면 애가 달라져 있는 거야. 그니까 ㅁㅅ이처럼 좀 부드러웠던 애들이 씩씩해졌다든지

아니면 굉장히 마초로 변해있다든지. 물론 그로부터 1년이 지나면 다시 제 자리로 돌아오긴 하는데 그래도 상흔 같은 것이 남는다는 거지. 그런 존재가 입은 상처 같은 게 보였는데 그래도 요즘은 그나마 조금 덜 해진 건 맞는 것 같아.

ㅅㅈ: 그래도 군대물이라고 흔히 군대물, '짬내'가 안 빠지긴 하죠.

유성쌤: 하다못해 너는 일반적인 근무는 안 했다고 쳐도 훈련과정은 겪었을 테니까 그 경우에 느꼈던 남성으로서의 비애감 또는 남성성이라는 것에 대한 회의, 혐오 이런 것들은 없었나?

ㅅㅈ: 엄청 힘들었는데 근데 다 같은 남자 애들끼리 있으니까 오히려 더 편하고 나이도 제각각이지만 동기니까 그냥 약간 '으쌰으쌰' 하는... 아 맞다 훈련소에서 음담패설 굉장히 많이 해요. 우리끼리 할 애기가 없으니까...

유성쌤: 그치. 공통적인 관심사라는 게 없을 거 아니야. 학문적인 얘기를 하겠어, 정치적인 얘기를 하겠어, 뭐 연예인 얘기 아니면? 거기서 쉽게 음담패설로 가겠지? 남성성과 군대 관련해서 더 할 얘기는 없나?

ㅅㅈ: 군대 남성성 그런 거 생각나는 거 있는데 어느 날 갑자기 다른 소대 조교가 들어오더니 얼차려 시키면서 "하나에 나는! 둘에 여자다!" 이러라고 했어요. 그런데 하나 하고 둘 하니까 다들 자존심

있으니까 안 일어나는 거죠. 언제까지 하고 있나 보자 이러면서 둘 둘 그러는데 아무도 안 일어나고 넘어지면 넘어졌지 계속 버티고 있는 거예요.

유성쌤: 그니까 뭐 우리가 흔히 얘기하는 고정관념적인 또는 상투적인 남성성을 끝까지 밀고 나가는 데가 군대 아니겠어? 그걸 그렇게 길러주기도 하고 말이야.

ㅅㅈ: 지금 생각해보니까 완전 여자를 반대 개념으로 쳐서 군대에서 여자는 나쁜 행동의 대표적인 사례 이렇게 돼 버리니까...

유성쌤: 그 얘기를 마무리로 하지. 누군가는 '대한민국은 군대다' 라고 심각한 문제를 제기하기도 했지만, 사회 전반의 군사주의. 그 다음에 특히 병역 문제와 관련해서 잘못 걸리면 추풍낙엽이잖아. 대통령 후보도 아들이 그러면 떨어지는 거고 잘 나가던 연예인도 날아가는 거고 뭐 이렇잖아. 하다못해 시비를 걸어도 '자격을 갖춘 사람' 만 할 수 있는 구조잖아. 장애인이나 여성이 시비 걸면 바로 손가락질 당하고 그러잖아. 군대와 관련된 찌질한 피해의식 같은 거지, 여성들에 대한. 저것들은 군대도 안 가면서 등등의. 또는 뭐 특히 병역 관련해서 가산점 그것만 나오면 인터넷에서 난리가 나잖아. 그런 거에 대한 생각은 어때? 너희들 생각도 그렇고 주변의 일반적인 생각이라든가.

"대한민국은 군대다"

이렇게 어찌 보면 도발적이고 용감한 제목의 책을 쓴 권인숙은 80년대 그 유명한 부천서 성고문 사건의 당사자로 그 뼈아픈 경험을 딛고 여성학자로 성장한 사람이다. 그는 군사문화, 군사주의가 심지어 운동권에도 뿌리 깊을 정도로 한국 사회 모든 이의 의식, 무의식을 지배하는 문제를 지적하고 분석한다. 대학뿐 아니라 사회 전반에 만연한 위계질서, 폭력성 같은 것들의 최종 원인이며, 그 강화기제로서의 군대라는 문제의식에서 분석하고 있다. 한국의 남성문제의 핵심인 이 주제를 이 책처럼 잘 다룬 책은 없다.

* 권인숙(2005). 대한민국은 군대다. 서울: 청년사.

ㅅㅈ: 저는 개인적인 생각으로는 군 가산점은 굉장히 정책 자체가 비겁하다고 생각하거든요. 군대를 갈 거면 어차피 가는 거 그리고 가산점은 공무원이나 그런 거 준비해야만 쓸모가 있는 건데 결국엔 군필자 내부에서도 그런 거를 준비하는 사람 안 준비하는 사람 또 나누는 거고 그리고 별로 자기는 가산점 받을 생각 없어도 남자들은 군 가산점 얘기 나오면 열을 내잖아요. 괜한 피해의식 조장해 가지고 굉장히 나쁜 정책이라고 생각하고. 가산점 줄 바에야 병역문화를 개선하든가 월급이라도 올려주든가 실효성 있는 보상을 줘야 한다고 생각해요.

유성쌤: 그니까 그런 군대라는 것에 대한 일반적 남성들 의식 같은 거를 얘기하자는 말이야. 이를테면 ㅁㅅ이가 자기는 공익을 가야 하기 때문에 군대 문제는 감히 꺼내지도 못 한다는 그런 담론, 분위

기에 대해서 이야기 해보자는 거지.

ㅁㅅ: 군대를 경험해 본 사람들은 그게 되게 힘들고 비합리적이고 나쁘다는 거를 아는데, 그러면 그거를 없애자고 그러는 게 정상적일 거 같은데. 왜 안 간 사람들이나 그런 사람들을 표적삼아 공격을 하고 군 가산점제 도입하자고 하는지 모르겠어요. 상식적으로 군대를 없애면 좋겠지만 그게 당장은 안 되잖아요. 너무 막강한 상대인데 분노는 거기 바로 대고 분출 안 되고, 그니까 다른 데로, 약한 사람들을 우회적으로 목표삼아 공격을 하고 그러는 것 같아요. '일·베'도 다 그런 거 같은데… 안에는 분노가 차있고 그 분노 표출하고 싶은데 그 적이 보이지 않거나 너무 막강하니까 약한 사람들을 대상으로 공격하고 말이죠.

유성쌤: 그거야 말로 비굴이나 비겁의 극치 아닌가?

ㅅㅈ: 제 친구는 음악 전공하고 호른을 부는데 군악대를 너무 가고 싶었대요. 근데 키가 너무 작아서 국방부까지 가서 군악대 가고 싶다고 했는데, 안 돼서 결국 공익을 갔어요. 그거 가지고 애들이 놀리는 거예요. 저번에 술 마시면서 친구가 그런 속사정을 이야기하는데 슬프더라고요.

유성쌤: 남성들끼리 일종의 남성성의 급을 나눈단 말이야. 그래서 뭐 어디 현역 중에서 살벌한 부대 갔다 오면 굉장히 남성다운 걸로 쳐주고 아직도 뭐 해병대 가는 애들이 제일 용감한 남성으로 취급받고 그렇잖아? 그래서 연예병사 제도도 없앴잖아. 여전히 대한

민국에서는 남성 문화의 가장 찌질한 사례 내지는 어찌 보면 거꾸로 용맹함이 아니라 용맹함으로 가장한 비굴과 비겁의 극치를 보이는 게 군사 문화로 보여 지는 거지. ㅁㅅ이가 잘 지적했듯이 여전히 그에 대해서 지적했다가는 반민족분자 내지는 이적분자 내지는 이렇게 몰릴 위험이 있으니까 정말 찌질하게 옆에 약자를 팔꿈치로 치는 거지. 그러면서 분노를 삭이고 말야. 적확한 표현이고 갑자기 비감이 드네!

ㅅㅈ: 근데 '군대 자부심' 같은 거 부리는 애들 보면 보통 괜찮은 학교, 괜찮은 집안 그런 걸 갖고 있는 사람들은 절대 군대 가지고 자기 자랑하지 않거든요. 아무리 빡센 데 갔다 와도. 해병대든 뭐든 오히려 그거를 드러내고 해병 그러면서 빨간 모자 쓰면서 오히려 그런 거 좋아하고 되게 그런 문화를 괜찮다고 생각하는 친구들도 그거를 자기 자랑처럼 다른 데 가서 이야기 하지 않아요. 그냥 자기 안에서 생각을 하지. 근데 정말 아무것도 없는 사람들은 그거를 통해 우월감을 갖고 싶어 하고...

유성쌤: 네가 지적하는 부분은 계층의 문제라든가 또는 지역의 문제라든가 등등과 연결해서 열등감에 대한 피해의식을 보상받기 위해서 오히려 더 강조하는 측면이 있다는 그런 거지.

ㅅㅈ: 심지어 그런 것도 없는 사람들은 그래도 난 편하게라도 군대 갔다 왔다. 여자랑 구분 짓고. 결국에는 갖고 있는 게 없을수록 계속 찌질해질 수밖에 없지 않나 그런 생각이 들었어요.

유성쌤: 그러게. 일종의 남성성이란 거를 앞세운 찌질함의 악순환 같은 거지. 그것의 분화 내지는 뭐 차별화 같은 것이고. 상당히 좋은 결론이기도 하면서 사회를 걱정하는 입장에서는 참담한 결과이기도 한데 말이야. 자, 오늘은 뭐 그 정도로. 이를테면 남자로 태어나서 남자로 커가는 과정에서 특히 한국 사회에서 겪게 되는 몇 가지 중요한 지점들을 짚어봤어요. 이번엔 그럼 지금, 여기 남자로 살아가는 일에 대해 얘기해보도록 합시다.

넷, 짯짯이 짚어보니:

남성성이란 무엇인가?

– 남성 존재 구성 및 정체성의 허구 (남자로 살아가기, 살아남기)

이번엔 그렇게 남성으로 자란, 아니 만들어진 존재가 남성으로 살아가기, 아니 살아남기 위해 어떤 생각, 느낌 그리고 행동들을 짐짓, 억지로, 막무가내로 갖고 지니며 해야 하는지 알아보기로 한다. 무엇보다 어른세대에 비해 비교적 덜 강압적이고 획일적인 청년 남성들이 그러나 아직 강고한 가부장적, 남성 중심적 사회로 들어서는 시기에 어떤 어려움, 힘듦을 겪는지 주로 얘기해 본 것이다. 역시 두 명의 남학우들과 내밀한(?!) 좌담 형태로 풀어보았다.

지금, 여기 남자들이란…

-남자로 살아가는 꼴(획일성)

유성쌤: 지금, 여기 세상은 온통 문명전환이랄지, 지식정보혁명이 될지 어쨌든 그래서 사람들 삶의 꼴을 송두리째 바꿔 놓는 그런 시대에요. 그 가장 큰 변화 중 하나가 젠더 담론이 아닐까 싶은데 말이야. 인류 역사상 최초로, 하다못해 가부장적 잔재가 제법 남아 있다는 한국 사회에서마저도 여성들에게 교육 기회 균등만큼은 확보된 일이 그렇지. 여러 번 얘기했지만 통계로 봐도 여성들의 대학 입학 진학률이 남성들의 대학 입학 진학률을 앞설 정도로 흔히 얘기하는 물리적인 교육 기회 균등은 실현된 거잖아? 그렇다면 당연한 결론인데 교육 기회를 얻은 여성들이 바깥일 함께 하게 되는 거지. 그러다 보면 취업에서 남성들의 독점적 지위가 약화되겠지, 아직은 무너졌다고 할 수는 없지만 말이야. 이런 변화가 지금 한국 사회에도 뚜렷하고 거기에 특히 젠더 담론이 등장하게 됨에 따라 남성들이 점점 더 예전처럼 살기는 어려워졌다고 볼 수 있다는 거지. 또는 남성들이 그렇게 느끼는 거지. 취업에 관한 얘기는 지난번에 했으니까 자세히 더 할 건 없고 일단 여성과 남성이 함께 살아가는 것이 집안에서나 또는 대학에서나 또는 직장에서 일반화된 상황인데 여전히 이런 변화를 인지하지 못한 남성들의 문제는 뭐가 있을까? 이렇게

달라진 세상에 남녀가 어울려 산다는 것에 아직 익숙하지 못한 남성들의 부족함? 우리 주제로 간다면 찌질함 이런 게 뭐가 있을까? 일단 학교 주변에서 둘러보면? 섹션 활동이나 동아리 활동에서는 그런 걸 찾아볼 수 없나? 이를테면 이제는 여성, 남성이 평등해야 한다는 것 정도는 기본적으로는 인식하고 있지는 않겠어? 근데 아직도 기본적인 일종의 '페미니즘 코스프레'도 안 하고 막무가내로 사는 마초가 보이는가, 주변에?

ㅁㅅ: 아, 그런 친구 하나 있어요. 뭐 평소에 '남자는 사랑해야 하는 존재고, 여자는 사랑받는 존재라고 생각한다'고 주장하는 친구요. 기본적으로 남자가 여자보다 위에 있다고 생각하는 것 같아요. 특히 여자 친구랑 같이 다니는 거 보면 그냥 자기가 위에 있다는 걸 좀 보이고 싶어 하는 것 같아요.

유성쌤: 주변의 반응은 어때?

ㅁㅅ: 같은 반이 아니어서 저는 잘 모르겠는데… 근데 저번에 누구한테 물어봤을 때 호불호가 굉장히 갈린다고 하더라고요. 아무튼 굉장히 마초라고 소문이 났거든요. 그래서 여자애들이 굉장히 싫어하더라고요. 뭐 어떤 점이 싫은 건지는 자세히는 모르겠지만요.

유성쌤: 일단 뭐 여학생들 사이에는 마초라면 경계하고 그런 분위기겠지? ㅅㅈ은 어때?

ㅅㅈ: 저희는 딱히 그런 경우는 없는 것 같은데… 은근 여자애들

발언권도 세고..

유성쌤: 그러니까 대학 사회는 이른바 공적 활동, 연애를 제외한 나머지 활동에서 마초라든가 또는 남성 우월주의 같은 것들이 적어도 용인되지 않는 분위기까지는 갔단 말이지?

ㅅㅈ: 그런가? 여자들이 오히려 마초적으로 할 때도 있고... 우리 스스로 얘기하듯이 성격이 그렇게 평탄한 애들이 활동하는 것이 아니어서 그냥 선배들이 뭐라 얘기해도 듣는 게 아니라 아니면 막 싸우고 뛰쳐나가고 그런 경우도 많고, 내가 오빤데, 내가 선밴데 이런 얘기를 하면 여자들도 가만 안 있고...

유성쌤: 일단 권위주의 같은 거는 통하지 않는 분위기라는 거지? 근데 듣자니까 어느 대학 학생회부터 학생회장까지 대단히 마초적이어서 문제가 많다는데 그런 얘기는 못 들었어? 아, 특히 뭐 성소수자 이야기. 그 얘기는 어떤 얘기였어?

ㅅㅈ: 저도 전해들은 거긴 한데... 성소수자 협의회 같은 거를 만들려고 준비를 하고 발제를 했는데 자기는 성소수자가 사회적 약자라고 생각하지 않는다고... 사회적, 윤리적으로도 용납이 안 되고 상식적인 것도 아니고, 공익에 반하는 것 같다고...

유성쌤: 왜 그런 사례들을 얘기하라고 그랬냐면 같은 시대에 살면서 영 다른 별에서 온 것 같은... 쌤이 즐겨 쓰는 표현대로 '비동시적인 것의 동시성'이랄까? 대학에서 일부가 아무리 앞서간다고 해도

어찌 보면 대단히 보수적이고 마초적인 부분이 남아있는 거야. 당연히 사회화 과정이 그랬으니까. 그래서 어떤 때는 안에서 충돌을 일으킬 수 있다는 거지. 여기 모인 우리들도 워낙 가부장적이고 보수적인 분위기에서 자랐으니까 굉장히 애써서 그걸 의식하고 고치려고 들고 했잖아. 쌤 개인적으로도 그동안 겪은 변화나 드러나 보이는 나아진 부분들은 굉장히 애써서 만들어내고 체득한 것이어서 더 소중하고 이런 게 있어요. 그런데 여러분들 같은 경우는 사실 평등이라는 건 어느 정도 전제가 되어 있단 말이야. 기회는 균등해야 한다든지 뭐 차별적 행동은 안 된달지, 기본적인 합의나 이런 게 전제되어 있는데 여전히 남아있는, 은연중 드러나는 부분들이 상당히 묘하게 얽혀서 그런 반응들을 보일 때가 있다는 느낌을 얘기하다 보면 강하게 받아요. 이를테면 젠더관련 수업에서 토론하다 보면 남학우들 아주 멀쩡해. 근데 수업 끝나고 지들끼리 가면서 시끄럽게 떠들고 욕하고 여성비하적인 발언 일삼고 말이야. 그런 꼴을 보면 이것도 아직도 멀었다 싶은 생각도 들고. 특히 이들 사이, 그리고 그 안에 불균형 또는 부정합 같은 것이 많이 보인다는 거지. 그런 예로는 또 어떤 게 있을까?

ㅅㅈ: 남자들끼리 있으면 좀... 그냥 평소에는 안 그래도 일부러 농담 같은 것도 좀 세게 하고. 좀 센 척하고. 음담패설 같은 것도 진하게 하고... 그냥 평범하게 여자애들이랑도 음담패설 같은 것도 하는데 그럴 때는 좀 정제된 단어로 야한 얘기를 하고 그러는데, 남자끼리는 좀 더 여성 비하하는 단어를 쓴다거나 그런 성향이 있었던 것 같아요.

-남자로 살아가는 모습들(다양성)

유성쌤: 그래, 수업 시간에 멀쩡히 토론하다가 나가서 얘기하는 걸 보면 쟤들이 그런 얘기를 하던 애들이 맞나 그런 생각이 들 정도로 극단적인 이중성을 보이는 경우도 있단다. 근데 별로 의식을 안 하는 것 같아. 이럴 때는 이렇게, 저럴 때는 저렇게 해서 뭔가 좀 줏대를 갖추고 잘 정리된 성 정체성 내지는 인간관계에 대한 나름대로의 잣대 이런 게 아직 없는 게 아닌가, 아님 형성과정에서 오는 혼란인가 궁금해서 물어보는 거였어. 물론 남성 연구에서도 그런 얘기를 많이 하지. 남성성이란 것 자체가 아주 고정되어 있는 것이 아니고 그래서 '남성성들(masculinities)'이라는 개념을 쓴다는 말은 했었고. 그래서 그 중에 다양한 남성성들이 공존하는데 특히 코넬(Connell) 같은 사람의 주장은 그런 남성성들 중에 우위를 점하고 있는 한 시대의 그야말로 권력과 헤게모니를 쥐고 있는 '헤게모니 남성성(hegemonial masculinity)'라는 말을 하거든?

“남성성들(Masculities)” 그리고 ‘헤게모니 남성성(hegemonial masculinity)’

남성연구의 대표적인 인물인 오스트레일리아의 코넬(Connell)은 남성성이란 역사적, 사회적 맥락에 따라 구성되어 “다양한 형태로 존재하기 마련”(11)이라면서 “사회적 실천의 구조로서의 젠더”(117)에 따른 남성성의 사회적 조직화 방식을 다음과 같이 4가지 기제들로 설명한다.

그 첫 번째로는 ‘주도권(hegemony)’이다. 지배집단인 남성들 사이에서도 대표적인 남성성, 또는 남성 중심 문화, 남성지배 문화담론이 늘 일정하고 꼭 같은 유형으로 나타나는 것은 아니다. 시대와 사회적인 배경에 따라 이것은 늘 변화하되, 그 원칙은 지배를 위한 주도권의 장악과 이를 다양한 형태의 폭력행사를 통해서 지키고, 또 강화하는 것이다. 그 두 번째는 '지배-복종'관계다. 주도권을 장악한 남성집단은 그렇지 못한 남성집단을 지배-복종관계로 소외시키고 폭력을 가한다. 이성애 중심의 남성집단이 동성애 남성집단에 가하는 폭력이 그 대표적인 모습이다. 세 번째로는 '공모, 또는 패거리 짓기(complicity)’다. 주도적인 남성지배 문화담론은 남성집단에 속하는 남성들 대부분을 공범으로 삼아 주류에 편승하도록 유도하고 이를 패거리 짓기를 통해 보상하거나 처벌한다. 마지막 네 번째가 바로 ‘주변화(marginaization)’와 ‘권위화(authorization)’다. 남성 지배집단은 남성집단 속의 다양한 남성들을 범주로 나누고 그 범주로 분할통치하여 어떤 집단은 주변화하고 다른 집단은 권위화하여 그 지배와 권력을 공고히 한다. 이를테면 인종과 성적 성향을 서로 가르고 나누다가, 분할통치하는 경우가 그렇다. 이렇게 남성집단 안의 지배권력 관계를 통한 억압과 폭력은 다양한 유형으로 조직되고 나타나는 것이다(123-136).

결과적으로 오늘날 이런 과정을 거쳐 가장 주도권을 쥐게 된, 대표적인 남성성은 다름 아닌 ‘초국적 비즈니스 남성성(transnational business masculinity)’이거니와 그 내용은 여전히 남성지배적이지만 오늘날 지구화 시대 변화를 강하게 의식하여 “스트레스가 많고 격렬한 노동과정은 경영자들 사이의 네트워크를 창조하면서 서로 감시하게 만들어 젠더 보수주의를 지향하게” 만들고, “부유하지만 불안을 떨칠 수도 없기 때문에 (...) 자신의 삶을 일종의 기업처럼 다루고, 자산은 물론 몸과 감정도 의식적으로 ‘경영’하는 경향을” 보이는 등이다(22).

* 코넬, R.W.(2013). 남성성/들. 서울: 이매진.

그럼 일단 다양성 얘기를 해보지. 보기에 남성 이러면 어떤 유형이 있고 그 중에 뭐가 우위를 점하고 있는 것 같니? 일단 주변의 친구들은 유형이 어때? 흔히 우리가 남성다움이라고 했을 때 다양한 것들이 있잖아. 그 중에 어떤 것이 눈에 띄는가? 아니면 뭐 그냥 남자애들 모양이 어때?

ㅅㅈ: 되게 단순하다? 단순한 게 있죠.

유성쌤: 그거는 일반적이고. 일반적으로 남자애들이 여자애들에 비해서 단순한 편이지? 그리고 단순하다는 거는 별 생각이 없다, 개념 없이 산다, 이런 건가?

ㅅㅈ: 네. 그런 것도 있고. 단순한 척 하는 것도 있는 것 같아요, 일부러.

유성쌤: 복잡한 것을 피하기 위해서?

ㅅㅈ: 네. 나중에 개인적으로 얘기해 보고 그러면 생각이 아예 없이 막 사는 친구들은 별로 없는데, 막상 그런 문제 얘기하면 '인생 뭐 있냐고' 그러면서 애써 쿨한 척 하고.

유성쌤: 그건 웬 허세 내지는 과장일까? 여전히 남성들은 그런 복잡 미묘한 것을 드러내서는 안 된다는 것이 있어서 그런가, 아니면 남에게 약하게 보이기 싫어서 그런가?

ㅅㅈ: 저 같은 경우는 굳이 자기 얘기 주절주절 늘어놓는 것이

물어보지도 않았는데 그런 얘기를 해야 하나? 내 생각을 다 보여줘야 하나? 그런 것도 있는 것 같고.

유성쌤: 다른 친구들은?

ㅅㅈ: 근데 그런 거 진짜 있는 것 같아요. 자기 아픈 얘기나 그런 얘기를 물어보지 않으면 굳이 꺼내려고 하지 않는 것 같아요. 저는 그런 얘기를 잘 하는 편인데... 그래서 한 번은 친구랑 얘기하다 물어봤어요. 너무 저만 얘기하는 것 같아서 친구한테 너는 고민 없냐고 물어봤는데 그 친구는 자기는 뭐 그냥 그런 얘기, 자기 얘기 잘 안 한다고 하더라고요. 그냥 자기는 들어주고 그런다고.

유성쌤: 그런 거는 어디서 오는 걸까?

ㅅㅈ: 어렸을 때부터 남자애들끼리 놀 때 거칠게 놀고 그런 게 있었으니까.

지금, 여기 청년 남성들의 속성

—단순, 유약, 무능, 공격성

유성쌤: 그니까 피상적이고 외부적이라는 거지? 활동도 그렇지만 주로 사회화 과정에서도 흔히 얘기하듯이 쌤이 그런 얘기 한 거

기억나니? 여성들에게는 자연스럽게 '엠파티(empathy)' 그니까 감정이입 능력, 공감 능력 같은 게 많은 반면에, 그러니까 서로 이야기를 하거나 느낌을 나누거나 하는 데 익숙한 반면에 남성들은 오히려 그런 걸 억제 당하다보니까 '아파티(apathy)'로 간다는 거, 정반대지. 단순하고 심지어 논리정연하다든지 논리 위주라는 거지. 감성적이지 않고. 이런 것들이 여전히 자라나오는 과정에서 그렇게 키워진다는 거는 인정하는 거야? 남자애들에게는 그런 게 강조되고?

ㅅㅈ: 네. 그런 것도 있을 것 같고 친구들이나 모르는 사이에서 자기 약한 모습 보이지 않는 것은 자기가 약하니까 약한 모습을 못 보이는 것 같기도 해요. 저도 옛날보다 지금 제 얘기를 잘 할 수 있는 게...

유성쌤: 나름대로의 너 내면의 자신감이야? 나름대로 정리도 되어 있고? 근데 사실 진짜로 어렵고 힘들 때 나눈다는 것 자체가 얼마나 큰 나름대로의 치유인데 말이지. 묘한 태도 아니야? 남자들이 갖고 있는?

ㅅㅈ: 근데 어렸을 때부터 그런 거 안 되다 보니까. 내가 얘기를 해줘도 듣는 사람이 공감을 해줄지도 모르겠고, 듣는 사람도 얘기를 들으면서 낯서니까 공감을 해주고 싶어도 공감하지 못 하는 것도 있는 것 같아요. 내가 굳이 얘기를 해서 듣는 사람에게 부담을 줄 필요가 있나 싶고... 그런데 그런 얘기 하다보면 술 한 잔 하자고...

유성쌤: 술의 힘을 빌어야 한단 말이지. 아까 단순하다는 것을 얘기하다가 여기까지 번졌는데. 또 다른 특성은 뭐가 있을까? 다 단

순하지는 않을 거 아니야. 그렇지 않은 남자아이들의 유형, 특성 같은 거는 뭐야? 유약하다는 생각은 안 해? 특히 과거에 비해서. 어른들은 그런 지적을 많이 하는데. 뭘 못 견뎌하고 불편한 걸 못 참아하고. 그런 지적들을 어른들이 많이 하잖아. 저것들이 고생 모르고 자라서 유약하다는 둥… 반박할 얘기 없어?

ㅅㅈ: 근데 불편한 거를 못 견뎌하는 거는 좋은 거 아닌가요? 저는 괜찮은 것 같은데. 아니 내가 힘들고 불편하면 당연히 투정이나 불만을 표출해야지 나아진다고 생각해요.

유성쌤: 그렇지. 상황을 타개하려면 그런 걸 자기가 느끼고 극복하려 들어야 하니까.

ㅁㅅ: 그런데 다르게 보면 조금이라도 힘든 거 있으면 안 하려하고 남한테 미루고 그런 게 있는 것 같아요. 저희 집은 삼형제니까 그런 게 보이거든요. 형이나 동생은 빨래나 설거지나 뭐 집안일 있으면 절대 안 하려하고 저한테 미루거나 엄마 있으면 엄마가 하겠지 하고 방에 들어가거나.

유성쌤: 뭐 그것도 결국 훈련의 결과인데 그래서 쌤이 늘 하는 얘기가 남자아이일수록 어려서부터 집안 살림이나 이런 게 익숙하도록 그게 몸에 붙어야 한다는 거잖아. 당연히 내가 하는 일처럼. 그걸 훈련 시킬 필요가 있다는 거지. 더 큰 문제는 역시 그것도 교육의 문제인데, 고3 때까지 그저 공부만 잘하면 제일이라고 해서 모든 거 면제해주고, 고3 때 심지어 참고서 들여다보고 있으면 밥 떠서 입

에다 넣어주고 양말 신겨주는 엄마가 있다고 하니까! 실제로 그렇대요, 쌤 학부모 단체에 있을 때 제보를 들어보면. 뭐 남녀 할 거 없이 다 그래. 그래서 쌤이 늘 지적하잖아. 대학교 1학년 들어온 애들 보면 정말 생활 무능력자들 투성이라고.

ㅅㅈ: 확실히 군대 갔다 오면 전보다 좀 나아지는 것 같아요.

유성쌤: 그나마 자기 앞가림 정도는 한다는 거지. 또 와서 하숙이나 자취를 좀 해보면 혼자서 앞가림을 하고 살아야 하니까 밥을 해먹어야 하고 옷이라도 빨아 입어야 하니까. 그러다가도 결혼하고 나면 나 몰라라 하는 게 보통이지. 아무튼 이것도 훈련의 결과일 텐데 여전히 남자아이들이 여자 아이들보다는 그런 데 익숙하지 않다는 거지. 물론 여자애들도 교육의 결과로 지금 제대로 할 줄 아는 경우 거의 없어요. 그러니 결혼하면 법석이 나지, 이리 뛰고 저리 뛰고. 그런데 문제는 불편함을 정작 느껴야 할 때 느끼는 게 아니고 자신의 일신상의, 안락을 위한 그런 불편함에 대해서는 아무래도 문제가 있는 거지? 정작 정치 상황이 불편하다든가, 대학 내의 이런 분위기가 불편하다든가 이런 게 아니라 자신의 안락과 관련된 것에 못견뎌한다는 것은 맞는 얘기일 거고. 또 아까 단순함은 감정이입 능력 등등과 관련된 거고 말이야. 불편함은 그런 과정이라면 폭력성이나 공격성은 어때? 공격성 정도로 얘기해볼까? 아무래도 남자애들이 더 공격적인가?

ㅅㅈ: 그런 면에서 요새는 오히려 유약하다는 지적이 맞는 것 같

아요. 저는 되게 공격적인데, 저랑 생각이 다르거나 그러면 얘기하고 확인 받고 얘기하다가 아니면 인정하고 그런 게 있는데... 다른 애들을 보면 그러지 않는 것 같고... 그리고 폭력성을 보면 그리 없는 것 같아요.

유성쌤: 물론 지금 얘기하는 공격성은 그런 뭔가에 도전하는 또는 뭔가에 나서는 그런 것이 아니라 남을 해하는 그런 식의 공격성을 얘기하는 거지.

ㅅㅈ: 네에. 그런 건 몰라도 경쟁심 이런 거 있잖아요, 승부욕이라든가 그런 정도? 놀 때도 때리고 이런 공격성 자체는 별로 없는 것 같아요. 근데 속으로는 막 있는 것 같고... 그래서 인터넷이나 이런 데서 찌질하게 폭력적이 되는 것 같고... 오히려 그거를 좀 긍정적으로 안에서 내면화해서 잘 표출하면 순화가 될 텐데 그 자체를 표출조차 못 하니까 문제가 되는 것 같아요.

본보기 없는 사회
—겉치레, 따라쟁이...

유성쌤: 다시 남성들의 유형으로 돌아가 보자. 정 유형화하기 어려우면 TV에 나오는 드라마의 주인공들의 특성으로 봐도 대단히 다

양한 남성성들이 지금 공존하지? 그런 예를 많이 들었잖아. 한동안은 근육질의 '터프 가이'가 유행하다가 '꽃미남'으로 갔다가… 물론 가장 좋기로는 꽃미남이 딱 벗었더니 울퉁불퉁한 근육까지 갖고 있다! *(웃음)* 그래서 연예인들 죽어난다잖아. 그런 근육 만들려면 하루 서너 시간씩 죽도록 석 달 정도 해야 돼요. 거기에 매달리는 거야. 잠시라도 쉬면 다 풀어지고. 굉장한 작업의 결과라고. 대신 좀 한심스럽지. 석 달 동안 하루에 서너 시간 동안 책 보거나 좀 더 생산적인 일을 했으면 훨씬 더 좋을 텐데 말이지. 쌤도 뭐 운동은 좋아하고 그런데 건강 유지를 위한 거지 몸 만들려고 그런 건 아니거든. 아 그 몸 이야기는 어때? 그런 거에 대한 선망 같은 것이 있나? 몸 좋은 남성들에 대한 선망 말이야. 여성들이 주로 선망하나?

ㅁㅅ, ㅅㅈ: 남자들도 선망하는 것 같은데. 여자애들은 오히려 이제는 별로 안 그런 거 같던데. 예전에는 모르겠는데 식스 팩 이런 거 징그럽다고 이런 애들도 많고… 그건 스타일인 것 같은데. 뭐 마른 근육을 좋아하는 사람도 있고…이성애 관점에서 봤을 때 남자가 어떤 여자 좋아하는 거랑 비슷한 것 같아요.

유성쌤: 거기 매달리는 이유는 뭘까? 그것도 나는 일종에 마초주의라고 보는데, 육체적인 우월감 이런 것을 드러내기 위해서 말이야.

ㅅㅈ: 저는 처음에 별 생각 없이 살 좀 빼고, 살을 더 안 빼더라도 체력 관리나 좀 하자 해서 했는데 하다 보니까 좀 욕심이 나기도

해요.

유성쌤: 그러다가 운동 중독 걸리는 사람도 많아. 참, 남성 성형 얘기도 나오고 남성들도 가꾸기에 매달린다는 얘기도 많던데? 쌤은 이런 건 그렇게 부정적으로 보지는 않아. 물론 거기에 지나치게 집착하다 보면 외모 지상주의나 이런 거에 빠질 수 있기는 하겠지만 말이야. 다이어트 하는 애들은 없니?

ㅁㅅ, ㅅㅈ: 있죠. 다이어트 하는 애들 많죠… 네. 저도.

유성쌤: 그거야 뭐 건강관리를 위해서 그러겠지만 아무튼 예전보다 외모에 더 신경 쓰게 되지? 그런 성향은 분명히 있단 말이지. 어쨌든 계속 남성성들 유형을 살펴보려는데 그 특성들만 늘어놓게 되네. 외모 쪽으로 그러는 유형도 있고 단순하면 단순하게 그냥 별 생각 없이 주어진 대로 자신의 삶을 그야말로 살아내는 유형들도 있을 테고 말이야. 질문을 다시 바꿔보지. 흔히 얘기하는 지금 잘 나가는 헤게모니 남성성은 뭘까? 주변에서 야 재 정말 괜찮다, 이러는 남성성은 뭐야? 취업의 성과야, 누가 뭐래도? 선망의 대상이긴 해? 대기업이나 이런 좋은 직장에 들어가면? 물론 계층마다 다르겠다만 주변에서 어때?

ㅅㅈ: 가끔 부러울 때도 있는 것 같아요. 부러울 때도 있는데 근데 뭐 나중에 저도 다 될 것 같아서 별로…

유성쌤: 그래서 앞서 얘기한 오늘날 헤게모니 남성성인 '초국적

비즈니스 남성성'이 우리에게도 마찬가지로 그렇게 받아들여지는가? 취업 잘 하고 사회적으로 성공하고 하는 등 자본주의 사회의 주어진 법칙에 가장 잘 적응하고 또 나름대로의 성공을 한 그런 남성성 말이야.

ㅅㅈ: 그런 거, 좀 당당한 사람. 일반 학생들도 그렇고 어디 꿀리는 거 없이 별로 구김 없이 밝고 당당하고 이런 사람들이 대체로 학교나 어디를 가도 선망의 대상이 되는 것 같은데…

유성쌤: 그들이 이른바 리더야? 그들이 헤게모니를 잡고 리드하기도 해?

ㅅㅈ: 네. 보통 당당하면 자연스럽게. 근데 그런 사람들이 결국에 생각해보면 돈 떼놓고 생각하지 못할 것 같아요. 돈이나 능력???

유성쌤: 외부적인 성공 조건으로 몇 가지를 갖춘 그런 유형이 지금의 헤게모니 남성성이라면 이런 얘기를 해보자. 젊은이들이 선망하는 본보기, 모델 이런 거는 남자 중에 뭐냐? 뭐 존경이라는 말은 요즘에 거의 안 쓰지만 말이야. 어떤 본보기가 있을까.

ㅅㅈ: 보통 그런 얘기하면 다들 자기 아버지 얘기 많이 하는데 아버지처럼 또는 아버지같이 사는데 더 잘 살고 싶다. 아니면 아버지 같이는 안 살고 싶다 그런 얘기 많이 하는 것 같아요.

유성쌤: 아니 예전에는 대부분 다 본보기가 있었단 말이야, 존경하는 사람들 중에. 이를테면 잘 알지도 못하면서 늘 첫 손가락 꼽히

던 링컨처럼 살고 싶다, 뭐 이런 것처럼. 근데 그런 본보기의 존재가 많이 흐려지긴 했어요. 일단 뭐 현존하는 인물들 중에 별로 존경할 만한 사람이 없기도 하지. 본보기가 될 만한 남성 어른이 좀처럼 없잖아?

ㅅㅈ: 그냥 멋있다, 라고 생각한 사람들은 되게 많았던 것 같은데. 아 저렇게 살아야지 이거는 잘 없는 것 같아요.

유성쌤: 재밌는, 뭐 좋은 현상이기도 하지. 그야말로 영웅이 나올 만한 시대가 아니기도 하고 역사를 만들거나 이런 시대가 아니라 다중의 시대랄지 이런 시대가 왔다는 반증이기도 하겠지. 하지만 다른 한편 그만큼 한국 사회에 본보기가 없다는 뜻이기도 해요. 주변 둘러봐야 너희가 야 저 사람 정말 괜찮다, 멋있다 하는 사람들이 잘 없지?

–아빠 바보? 아버지 없는 사회??

ㅅㅈ: 그래서 그런지 아빠 바보들이 정말 많은 것 같아요. 아니면 아예 좋은데 이해를 못 하다가 어느 날 이해가 되고 안타깝고 이런 얘기하는 친구들도 많고. 그렇게 놀고 술 먹고 하다가 이런 얘기

하면 눈물 글썽글썽 하면서 막 아빠 얘기하고.

유성쌤: 흐음, 일종의 부자관계의 회복긴가? 그니까 그 전에는 갈등과 대립이 심해서 거의 아버지처럼 살지 않겠다는 부류가 굉장히 많았어요. 물론 ㅅㅈ 주변 친구들이 예외일 수도 있는데. ㅁㅅ이는 어때? 그래 아버지 이야기를 해보자.

ㅁㅅ: 아버지요? 음… 친구들은 아버지처럼 살고 싶다는 얘기를 되게 많이 하긴 하는데… 저는 아버지가 제가 어렸을 때부터 나처럼 살지 말라는 이야기를 되게 많이 하셔가지고요. 제 아버지는 고등학교만 졸업하고 굉장히 힘들게 살아오시면서 교육열이 넘쳐서는 저희를 쥐 잡듯이 잡고 그런 게 많아서 되게 반감 같은 게 많았는데, 대학 와서 아버지를 보니까 뭔가 초라해 보이는 거예요.

유성쌤: 어느 순간 어깨 축 늘어진 아버지를 보면 그렇단 말이지. 또 이제 대학생 되고 그때쯤 군대 가기 전에 또는 군대 갔다 와서 그때가 제일 아버지가 측은해 보이고 그럴 테니까. 아버지보다 내가 키 크고 몸도 커지고 이러다 보면 그렇게 느낄 텐데, 그럼 두 사람 다에게 아버지처럼 살고 싶다 또는 그렇게 살고 싶지 않다고 했을 때의 그 아버지의 존재, 또는 속성은 뭐야? 직업적인 성공? 가정적인 측면? 뭐 어떤 것들이야? 대체로 이제 청년 세대의 미래상이랄지 등을 짐작해볼 수 있는 부분이지.

ㅅㅈ: 저는 무조건 아버지처럼 살겠다가 아니라 별로인 부분은 그렇게 살고 싶지 않다라고 생각하는데 아무튼 인간적으로 좀 멋있

는 사람이었던 것 같아요. 주변 사람들을 잘 품을 수 있는 사람? 저는 잘 안 되는 것 같아서. 은근 리더십 같은 것도 있는 것 같고...

유성쌤: 다른 친구들은 어떤 것 같아? 아버지를 모델로 또는 본보기로 삼는 것 같아?

ㅅㅈ: 일단 인간적이고 좋은 면을 많이 보니까. 그리고 자기한테도 그렇게 될 가능성이 있어 보여 그러지 않을까라는 생각을 해보긴 했는데. 마냥 좋아하고 우러러보고 그런 친구들은 없어요. 좋아는 하지만 비판적으로 좋아한달까... ㅁㅅ이 얘기한 것처럼, 갑자기 아버지랑 대립각 세우다가도 초라해 보이고 그 모습이 자기한테 있고 이런 거 발견하면서 아 나는 이렇게 발전시켜야지 아니면 이걸 이렇게 없애야지 그러면서. 제일 가까운데 있는, 제일 자주 보는 어른이니까 그런 것 같아요.

—개인화 시대, 개인 못(덜)된 남성

유성쌤: 마지막 화두 하나만 더 던져보자. 뭐 지금, 여기 우리 살고 있는 시대를 여러 가지 이름으로 부르잖아. 이름이 중요한 게 아니라 그 내용, 속성이 중요하지. 근데 오늘날 개인화된 사회라고들

하잖아? 요즈음 그 이후 변화를 일컬어 제 2차 개인화라는 말을 쓰기도 하지만. 잘 알다시피 프랑스 혁명을 통해 현대 사회가 시작되면서 더 이상 봉건적인 구질서, 그니까 촘촘한 네트워크의 한 부분으로 존재했던 인간이 드디어 개별화된 인간으로 거듭 나게 된 것이지, 더 이상 나눌 수 없는 마지막 개체로서 말이야. 그러다가 오늘날 더 심화된 형태로 진행하는 과정을 제 2차 개인화라고 부르는 거지. 직업 세계가 예전처럼 평생직장으로 비빌 언덕이 되어주지 못하고 핵가족이 더는 버팀목이 아니며 그밖에 끈끈한 연대 같은 게 많이 사라진 상황이잖아. 이걸 처음 당한 세대인 부모세대는 도저히 감당할 수 없는 혼란과 자가당착에 빠지게 되는 거야. 쌤이 40대 남성들 연구했을 때[11] 대부분 자신들이 '낀 세대'라면서 스스로 파편화되는 것은 보지 못하고 뒷 세대 개인주의만 한탄하더라고. 특히 군대식 위계에 빠져서 속된 말로 '까라면 까'면서 '안 되면 되게 하라'면서 죽어라 고생했는데 이젠 그런 건 통하지 않는다는 거지. 자라나는 세대는 물론이고 후배들에게도 여간 불만, 원망이 많은 게 아니에요. 하다못해 불현듯 회식하자면 "어, 저 약속 있는데 지금 갑자기 가자고 하면 어떡해요" 한다나? 자기들 때는 부장이 '야 오늘 회식이다' 하면 그냥 '예!' 하고 따라갔는데 말이지. 왜 너희들도 유명한 '미생'[12]이라는 TV 드라마에서 많이 봤잖아? 비정규직

---

11 정유성(2009). 40대 직장남성 인권의식 연구: 사회의 병리, 육체의 손상, 영혼의 노숙. 서울: 인권재단.

12 윤태호 작가의 웹툰을 원작으로 한 2014년의 드라마. 대기업 비정규직 청년의 삶과 회사원의 어려움을 담아 공전의 히트를 기록했다. '미생 열풍'은 한국의 혹독한 노

문제 말고도 회사인간들이 겪는 일상의 고통 이런 거 말이야. 그런 사연을 굉장히 불편해하면서 토로하더라고. 근데 그것도 인정 안 해 줄 수도 없고. 그렇잖아, 모든 게 바뀌었으니까. 자기는 중간에 껴서 죽겠다. 특히 자기 상사가 오늘 회식인데 애들 왜 안 오냐 그러면 자기가 중간에서 죽겠다는 거지. 그러면서 정작 가장 긴 노동시간에 몸은 함부로 굴리다가 가장 가까운 사람들에게서조차 멀어지는 자신의 개인화, 파편화는 알려고도 느끼려고도 않더라고.

아무튼 개인화는 양면성이 있는데 하나는 너무나 많은 부담이 개인들에게 주어지는 거지. 개인화 이전의 네트워크는 나를 끊임없이 불편하게 하는 것이 있어요. 하다못해 농촌 공동체에서 연애 한 번 해보려고 하면 너무 다들 빤히 아니까 몰래몰래 해야 한다거나 이런 등등의 불편함은 있었겠지. 다른 한편 이것은 위기의 순간 안전망이 되잖아. 하다못해 무슨 일 생기면 품앗이라도 해가며 도와주고 했던 것처럼 말이야. 그런 것들이 전부 해체 내지는 단절돼 버리고 마는 상황으로 갈 수밖에 없는 거야. 뿐만 아니고 또 2차 개인화는 물론 나중에 성과 사랑 얘기할 때도 나오겠지만 그 사랑이나 성에 사람들이 매달리게 한다는 거지. 그게 유일한 나의 구원으로 보이니까. 이런 면에서 개인으로서의 남성 청년들은 지금 얼마만큼 성숙한가, 또는 모습은 어떤가에 대해서 얘기해 보자는 거야. 줏대를 가지고 자기 정체성을 잘 갖춘 채 잘 살고 있나? 그렇지 않은 것 같다는 게 나의 우려이지 물론. 좀 남루해보이고 어떨 땐 비루해 보이

동조건에 대한 문제제기로 잠시 소비되기도 했다.

는 정체성 같은 것들이 보이는데. 제일 부족한 게 자기 성찰이지. 아까 단순하다는 얘기와 통하는데 늘 나나 또는 내 주변이나 또는 내가 속한 이런저런 것들에 대한 되돌아보고 짚어보는 게 부족하거나 아예 무지하거나 등등의 얘긴데. 개인으로서의 남성들. 뭐 여성과도 비교해도 괜찮고. 여자애들에 비해 좀 띨띨하지 않나? 찌질까진 아니어도. ㅁㅅ이는 왜 웃음을 머금어?

ㅁㅅ: 아니 쌤이 그렇게 얘기하시니까 애들한테 이 얘기 해주면 재밌겠다 싶어서요. '여자애들보다 남자애들이 띨띨하다고 생각하지 않아'? 그러면 되게 다 발끈할 것 같아서요.

유성쌤: 발끈해? 나는 그렇게 생각하는데?

ㅁㅅ: 네. 그렇게 얘기하면 남자애들은 아니라고 하면서 여자애들이야 자기 일은 여우같이 꼬박꼬박 챙겨하니까 그렇게도 보일 수도 있지만 아니라고 그러겠죠.

유성쌤: *(웃음)* 아니 여전히 불공정한 경쟁이니까 그런 건 상당 부분 감안해줘야 한다고 생각하는데? 학점 챙기고 좀 얄미울 정도로 그렇게 할 수밖에 없는 것이 여전히 여성들이 불이익을 당하는 부분이 많으니까 살아남기 위한 생존 전략 아닐까? 그걸 떠나서 나는 남성 청년들이 띨띨하다고 봐요, 상대적으로. 물론 개인차가 있고 그렇겠지만 집단으로 볼 때 남성 청년들 찌질함 이전에 띨띨함이 있다고 봐.

ㅅㅈ: 일단 자기 성찰 같은 거를 하려면 개인적으로 시간을 가지

고 그래야 하는데 일단 시간이 없을 뿐더러…

유성쌤: 왜 시간이 없니?

ㅅㅈ: 뭐 학교를 다니거나 그러면, 그거는 여자애들도 똑같겠지만요. 근데 결정적으로 그런 집단문화가 있잖아요, 어려서부터 익숙한… 대학 와서도 달라지는 것 같지는 않고. 일단 집단생활에서 벗어나서 자기 혼자만의 시간을 갖는 일을 되게 낯설어 하는 것 같아요. 저도 이제 고등학교 때 남자반 생활하다가 대학 와서 반 배정되고 그 반이란 집단에서 벗어나 뭔가 한다는 것에 대해서 되게 두려워했고요. 반면에 여자애들은 그런 걸 개의치 않아 하는 것 같아요. 그니까 혼자 다니는 애들은 혼자 다니고 그리고 꼭 반 안에만 있을 필요는 없다 생각해서 마음 맞는 몇 명끼리만 나와서 지들끼리 다니기도 하고.

유성쌤: 지금 집단성이라고 했는데 심하게 얘기하면 패거리 문화야. 샘은 유학 시절에도 그랬고 일찌감치 그런데 거리두기가 버릇이 되어 있는 편이야. 이를테면 영화 구경 같은 거는 자주 혼자 다니고 그랬지. 근데 어느 순간부터 좀 꺼리게 되긴 해. 평일에도 시간 나고 꼭 볼 영화 있고 하면 혼자 가서 영화를 보곤 했어. 대개 많이들 보는 영화는 아닐 경우가 많은데, 그러면 영화관에 대 여섯 커플 앉아 있다가 엄청 눈치를 줘. 저 아저씨 뭔가 백수인가, 그러면서 말이야. 여행도 혼자 다니기 좋아하거든. 지방 강의 가거나 하면 혼자서 하루 이틀 돌아다니 오곤 해. 여행이라는 거 자체가 사실은 나를

돌아보는 제일 좋은 기회잖아. 구경도 하고 술도 먹고 그렇게 즐기는 것도 있지만 혼자 걷고 그러면서 생각하는 게 많은데 혼자 여행 다니는 남자아이들 잘 없지?

ㅅㅈ: 제 주변 남자애들은 혼자 여행을 잘 안 가고 여행을 가도 엠티 같이 펜션 하나 빌려서 우르르 몰려가고 그런 거?

ㅁㅅ: 근데 음... 해외여행 가는 친구들은 대체로 혼자 가지 않나요?

ㅅㅈ: 네. 그런 거는 혼자 가죠. 국내여행으로 펜션 빌려서 가는 거는 우르르 몰려가죠. 같이 가는 게 재밌으니까. 근데 일반적으로 많이 해봤자 둘? 형제 둘이 간다거나 아니면 같이 가서 따로 돌아다니다가 잠깐 만난다거나. 여자애들은 계획 짜서 도란도란 가는 거 좋아하던 데... 제 주변 애들은 그래요. 여자 혼자 여행 가면 대단하다고 하고 남자애들은 혼자 가면 그냥 혼자 갔나 보다 하면서 실연했나, 무슨 사연인가 하고...

유성쌤: 아니 뭐 그건 경우마다 다를 텐데 대체로 지적되는 부분이 개인성에 대한 인식이 하다못해 또래 여자애들보다 덜 하다는 거지. 이제 혼자임이라는 것을 즐기기도 해야 하지만 혼자임이라는 것으로부터 출발하는 자기 성찰성이 모자란다는 얘기지. 결국은 그게 한국 남성 전반에 드러나는 문제점인데 정체성 내지는 자아 성숙도가 떨어지는 편이에요. 가장 큰 원인 및 결과가 바로 우리 얘기하던 집단에 매몰되는 성향이지. 늘 걱정하지만 가까운 친구들 그냥 비공

식적인 것은 괜찮은데 학연, 혈연, 지연이라든가 예컨대 동창 이런 거를 따진다거나. 지금도 이해도 안 되고 정말 탈피해야 할 것으로 생각하는 것 중 하나야. 이런 남성들의 한심한 패거리 근성 말이야! 집단성이라는 게 한편 인간은 사회적 동물이니까 어쩔 수 없다는 이야기는 할 수 있어도 그 집단성이 집단으로 끝나는 게 아니라 그 집단이 가지고 있는 권력 관계라든가 또는 타자에 대한 배제라든가 등등으로 보면 특히 한국 사회에서 그 병폐가 아주 심각하잖아. 문제는 어른들이 흔히 개인주의적이라고 흉보는 젊은 세대들도 여기서 결코 자유롭지 않다는 거지.

ㅅㅈ: 근데 저는 별로 동의가 안 되는 게 집단에서의 배제나 이런 집단에 좀 더 종속되고 싶어하고 이런 건 여자들이 좀 더 강하다고 생각을 많이 하거든요. 남자들은 반이라든지 패거리로 다니더라도 자기가 하나 빠져가지고 자기 할 거 한다 해서 도태되거나 걔가 나중에 다시 들어온다고 해도 뭐 배타하거나 그러지는 않거든요. 그 집단이란 게 남자애들에게는 포괄적이고 넓은 범위라면 여자애들은 되게 구체화된 편이어서 규모는 작지만 얘는 같이 노는 애, 얘는 좀 그래서 거리 두어야 할 애 뭐 이렇게 가르기도 하잖아요. 남자 애들이 겉으로 보기에는 생각 없이 우르르 몰려다니는 것 같은데 집단에 대한 인식이 그렇게 크지 않다고 생각하고. 자아성찰 같은 경우도 남자애들이 얘기를 안 해서 그렇지 앉아서 찬찬히 얘기해보면 큰 차이가 없는 것 같은데…

ㅁㅅ: 근데 여자애들은 그런 게 있는 것 같아요. 사회가 자신들

을 보호해주거나 자신들의 앞길을 보장해주지 않는다는 전제가 있어서 확실한 집단을 꾸리려고 하는 게 있는 것 같아요. 일종의 생존 전략 같은 거 아닐까요?

유성쌤: 제 앞가림 잘 하고 뭐 잘 챙기고 하는 경쟁에서 살아남으려는 개인적 행태가 모여서 나타나는 것이 그런 유형의 여성들 집단성이겠지. 그거는 일종의 커뮤니티 같은 거 아닐까? 방어적인 커뮤니티? 근데 지금 얘기하는 남성들 집단성은 몰려다니는 집단성을 얘기한 게 아니고 패거리, 그러면서 남을 배타하거나 남을 억누르거나 하는 패거리 근성을 얘기하는 거지.

ㅅㅈ: 그러니까 오히려 그런 게 별로 없는 것 같다는 거죠, 요즘 남자애들 집단성은...

유성쌤: 그건 다 개인차가 있고 그 다음에 ㅅㅈ의 반론처럼 아마 세대를 거치면서 뭐 약화되었거나 다른 형태로 나타나는 거겠지.

ㅅㅈ: 네. 옛날에는 그랬을 수 있을 것 같은데...

유성쌤: 옛날에는 그야말로 '조직의 쓴맛'이지. 아무튼 너희 세대는 그만큼 집단에 매몰되는 집단주의적인 패거리 근성은 덜 드러날 수도 있겠지. 개인화도 개인화지만 일단 그런 집단의 결속이 느슨해지는 경향도 있으니까. 하지만 여전히 튼실한 자아 정체성으로 줏대를 갖고 우뚝 선 개인이 성숙도가 부족하다 보니 작건 크건 알게 모르게 집단에 기대거나 숨거나 하는 모습은 많이 보이는 것 같아. 또

남자라는 이유만으로 특권을 누릴 때도 많으니까 남자라는 집단에 슬쩍 묻어가는 경우도 많고 말이지. 그런가 하면 남성 청년들이라든가 이런 운명공동체나 당장 벌어진 사태에 대해 대응하는 시민들로서의 공동체성이나 연대감은 좀처럼 보이지 않는 답답한 부분도 많다는 점을 지적하지 않을 수 없네. 바로 여기서 요새 많이 지적하는 '각자도생(各自圖生)'이라는 갑갑한 생존전략이 나오는 게 아닐까? 개인화라는 어째 볼 수 없는 흐름이, 특히 이 땅에서처럼 막무가내로 또 마구잡이로 흐르고 넘치다 보니 '각개격파(各個擊破)'를 당한 채 '나는 살아남을 수 있다'고 믿고 오로지 저만 살겠다고 발버둥치는... 그 얘기는 다음에 더 짯짯이 따져보기로 하고 오늘은 일단 이 정도로 마무리 하자. 수고들 하셨네!

다섯, 함께 살펴보니:

뒤바뀌는 세월, 지척대는 걸음

– 남성 청년들 생활세계, 취업, 미래전망 (부실한 생활세계, 불안한 의식세계)

셋이서 몇 차례 모이다가 우리들 스스로 그 구성이, 특히 ㅅㅈ나 ㅁㅅ이 그리 일반적인 남성 청년 동아리에 넣기 좀 다르고 벗어나 있다는 데 뜻을 같이하고 얘기를 더 다양하게 그리고 많이 들어보려고 했다. 마침 '남성문화연구'라는 수업을 하던 중 시간을 내서 여기 함께 하는 학우들과 열린 이야기판을 벌여보기로 했다. ㅅㅈ가 받아 적기도 하고 거들기로 하여 수업에 함께 한 남녀 고루 섞인 열다섯의 학우들과 청년들의 삶, 취업, 미래전망, 연애 등에 대해 이야기를 나누었다.

사는 이야기

—'너희들은 살아가니, 살아내니?

유성쌤: 여러분 안녕! 오늘 예고한 대로 다 같이 남성 청년 주제로 이야기 나눌 거예요. 먼저 같이 온 ㅅㅈ, ㅁㅅ 이에요. 며칠 전 청소년 관련 모임이 있었는데 주로 '일베' 얘기를 했어요. 진작부터 사회학자들이나 저를 포함한 청소년 문화 연구자, 교육학자들도 일베 쪽에 관심이 많거든요. 아무튼 거기 올라온 내용들을 보면 일단 그 주된 공격대상이 '친노' 내지는 '좌빨'들이잖아요. 그런데 따져보니 정치적인 거보다는 젠더 관련된 내용이 두 배가 넘는다고 해요. 뭐 잘 알겠지만 일베에 글을 도배하는 '일베충'이라고 흔히 부르는 집단은 흔히 생각하는 것처럼 어린, 미성숙한 남자아이들뿐만 아니라고 하죠. 그에 못지않게 경쟁사회에서 밀려나고 구박받는 나이 든 남성들이 익명성 방패막이 삼아 스트레스 풀고 편 만들고 한다는데요. 얼마 전 어느 신문기사에 이와 관련해서 '찌질 남들의 세계' 또는 '찌질 남들의 시대'라고 제목을 달았더군요. 나중에 자세한 말씀 드리겠지만 예전처럼 남성들이 모든 것 독차지하고 지배하면서 군림하는 시대 지나면서 하릴없이 '밀려난' 박탈감에 치이고 그랬죠. 동시에 여성들과 바깥일부터 많은 것을 나누게 되면서 많은 남성들이 세대나 계층 가릴 것 없이 위기감과 불안감에 시달리고 있죠. 위기감

이나 불안감은 또 여러분 20대 청년들 특유의 증상이기도 해요. 아주 힘들고 무척 어려운 상황에서 비롯된 이른바 '존재 불안감'에 시달리며 살고 있잖아요. 그래서 청년 담론에서도 이와 관련된 논의가 한창인 거죠. 오늘 여러분들과 나눠보고 싶은 얘기는 이런 거예요.

세상이 정말 예전과는 너무 달라졌어요. 우리 주제와 관련된 몇 가지 조짐만 봐도 그래요. 교육 기회균등에서 오히려 여성들이 앞서는 역전 현상이 벌어졌고 또 이제 공적 영역이라고 하는 직장 생활 등등에서도 여성과 남성이 함께 하는 것이 너무나 당연한 일이 되었죠. 따라서 가족문화나 연애방식까지도 많이 변했고요. 그런데 여성과 남성 사이 벌어지는 많은 문제점들은 여전하거나 또 '새로운 옛 모순, 오래된 새 모순'으로 엇걸리기도 해요. 언제나 그렇듯 이 모든 게 우리네 삶터의 문제고 그 안에 살아가는 사람의 문제지요. 그래서 오늘 이야기 시작하기 앞서 나, 너, 우리들 지금 여기 삶을 살아가는지, 살아내는지부터 생각해 보았으면 해요. 쌤이 굉장히 감명 깊게 본 그 왜 '안녕들 하십니까' 글 중에 1학년 여학우가 쓴 이런 내용이 있어요. 자기 고등학교 때 한 선생님이 늘 다그쳤대요. "너네는 도대체 살아가니, 또는 살아내니?" 근데 대학 와서도 이렇게 저렇게 휘둘려 살아오다 보니까 능동적으로 자기 스스로 삶의 어떤 주도권을 쥐고 살아갔다기보다는 늘 살아내기만 했던 것 같다, 이제는 뭔가 좀 살아가는 전환을 해야 할 때다, 이런 글을 손 글씨로 또박또박 써놓은 걸 읽다가 가슴이 뻐근하도록 감동을 받았어요. 요즘 청년들 한편 이렇게 똑 부러진 데가 있는가 하면 대부분 흔히 말하는 찌질하기 짝이 없는 구석도 많아요. 물론 그 찌질함은 대부분 여러분들이 처한 몹쓸 환경, 누군가는 '늪'과 '사막'이라고 표현했던 그런데서 오는 것은 두 말할 나위도 없지만요.[13]

이런 환경에서 청년세대가 대체 어떻게 살아가는지 그 얘기를 좀 해보자는 거예요. 그 중에서도 그동안 딱히 따로 문제삼지 않았던 남성 청년들을 중심으로 말이죠. 어렵게 생각하지 말고 그냥 쌤이 화두 던지면 여러분들 이야기하고 싶은 만큼, 이야기하고 싶은 사람마다 한두 마디씩 이런저런 질문이나 또는 의견들을 나누면 되겠지요. 그럼 얘기를 자극적으로 시작해볼까요? 정말 오늘날의 남성들, 특히 20대의 남성들이 전보다 찌질한가요? 스스로 찌질하다고 느끼나요? 아니면 나는 아닌데 애들은 좀 찌질한 거 같거나 그런가요, 어때요?

---

13 청년세대 처한 환경에 대해 온갖 말들, 이론들이 무성하지만 그야말로 아무럴 것도 내놓을 것도 없다는 '비교적 늙은 청춘'의 진단이 제법 와 닿는다. 그는 MB 정부 시절 청년들이 처한 생태환경을 '늪지'와 '사막'으로 상징한다. 일단 청년들은 자라고 또 사회로 들어서는 길목에서부터 학벌, 취업경쟁 및 (국가) 고시열풍, 저임금이라는 늪에서 허덕인다. 동시에 상업화된 대학에서, 조국과 민족이라는 낡은 깃발이 나부끼는 사회에서, 여전히 가부장주의와 연령주의가 날뛰는 직장에서 이른바 생활의 사막화를 통해 삭막한 삶을 살 수밖에 없다. 이토록 끔찍하게 파괴된, 마치 4대강으로 '아작'난 한반도처럼 망가진 생태계에서 인간으로서의 청년은 '멸종'되거나, 아님 '생태계 복원'을 통해 되살아나거나 그 갈림길에 서 있다. 상황은 이렇게 긴박한데 정작 청년세대와 어른세대는 이런 위기를 보거나, 느끼는 방식부터 극복하는 방안에 대한 사고체계까지 너무 다르고 또 서로를 소, 닭 보듯 한다. 서로가 서로를 또 자신들을 착각하고 어른세대는 '꼰대질'로, 청년세대는 '철부지 노릇'으로 맞부딪치는 중이다. 이런 상황은 몇 해가 지난 지금, 여기 비슷한 비유를 들자면 그나마 늪과 사막에서 살아남은 청춘들마저 거듭 밀려나는 이른바 '젠트리피케이션(gentrification)' 중일 만큼 더욱 악화되기만 한다. 정상근(2011). 나는 이 세상에 없는 청춘이다. 대한민국 청춘의 생태복원을 위한 보고서. 서울: 시대의 창.

ㄹ(여): 어… 예전에 비해서 막 찌질하다는 느낌은 아닌데 지금 계속해서 시대 상황이 바뀌면서 우리가 이야기할 수 있는 '찌질하다'라는 맥락이 예를 들면 다른 성(性)에 대해, 그니까 상대편 성을 비하한다거나 또는 그 분출이 역으로 간다거나 뭐 이러한 맥락들이 전부 다 시대상황에 기본적으로 반영된다는 생각이 들어서… 예전에는 너무나 보편적인 모습이 지금은 찌질해 보이기도 하고 모든 사람들이 그런 부분은 어느 정도 다 가지고 있지 않을까 라는 생각을 하고 있습니다.

유성쌤: 너무 정답 이야기해서 진도 빼기 힘들겠네. *(웃음)* 그래도 상대적이지만 해도 너무하다고 생각하는 사람은 없나요? 먼저 남성 생각들 들어봅시다. 여러분들 세대가 더 찌질한가요?

ㅁ(남): 저는 다른 사람들은 다 괜찮은 것 같은데 제가 스스로 좀 찌질하다고 생각하고 살고 있거든요. 근데 다른 사람들 보기에는 그렇지 않다고 하더라고요. 그니까 자신감을 가지면 괜찮은데 자신감을 넘어서서 뭔가 허세부리고 하면 그런 거를 좀 찌질하다고 생각하게 되는 것 같아요.

유성쌤: 여학우들 생각은 어때요? 대놓고 물어보자면, 남자애들이 찌질해요? 아니에요?

여학우들: 잘 모르겠는데요…

유성쌤: 잘 모르겠어요? 결코 그렇지 않다, 반론 제기할 사람 없

나요? 흔히 여러분들 세대, 특히 남성 청년들을 찌질하다고 매도하는 것에 대해서 반박할 사람?

ㅇ(남): 저는 '찌질하다'라는 말의 정의는 잘 모르겠지만, 현대 남성들이 찌질하다고 느껴지는 것은, 과거에 비해 남자들이 자신들 의무감에 대한 의심이 든 때문이 아닌가 싶습니다. 그니까 과거에는 데이트 할 때 남자가 돈을 내고 남자가 집안을 지키고 희생하고 이런 것들이 마땅하다고 여겨지는 사회여서 우리 아버지 세대들은 그런 거를 당연히 여기고 뭐 거기에 따른 여러 가지 권리도 가지고 있었죠. 현대 사회에 와서는 여자가 사회에 진출하고 그러면서 남자에게 비교할 대상이 생기지 않습니까, 여자라는? 그래서 얘는 나랑 같은 직장 동료인데 월급도 똑같이 받는데 내가 항상 밥을 산다, 이런 게 맞는 건가 하는 의심이 들면서 그것에 대해 불만을 드러내는 남자들도 나오게 되고... 그런 것들을 아마도 사람들이 찌질하다고 하는 것이 아닌가 싶어요.

유성쌤: 일종의 '피해의식' 같은 거?

ㅇ(남): 네.

ㅅㅈ(남): 확실히 옛날에는 남성, 여성을 이분법으로 나눴을 때 남성이 여성을 경쟁 대상으로도 여기지 않았잖아요. 왜냐면 정말 확연한 차별이 있었으니까. 근데 요새는 여러 사회 진출 통계 수치를 봐도 그렇고, 특히 여성 취업률 높아지고 그러기 때문에 그 말은 일리가 있는 것 같아요.

–취업, 그 치사하고 남루한 과제

유성쌤: 너무 일반적인 질문을 던져서 얘기가 풀리지 않는 것 같은데요. 그럼 찌질함이 드러나는 구체적인 상황으로 들어가 볼까요? 취업 문제부터 얘기해봅시다. 올해가 아마 최악의 상황인 것 같아요. 졸업생들보면 취업의 성과도 굉장히 낮고 뽑는 인원도 적은데다가 특히 여학우들이 굉장한 어려움을 겪고 있는 것으로 알고 있는데 말이요. 그러면서 은근한 여성 남성 사이 전선 같은 것마저 형성되는 듯해요. 그렇지만 객관적인 자료 또는 여러 분석 결과 내용을 보면 아직도 대학 입학만큼 취업이 여성남성에게 공정하고 공평하지 않아요. 여성취업이 늘다 보니 뭐 어떤 사람들, 당사자들에게는 굉장히 불이익을 당하는 것처럼 느껴질 만큼 달라지긴 했지만요. 이런 취업 경쟁에 뛰어들면서 생기는 복잡한 부분들. 지난번에 몇 가지 얘기했었는데 이를테면 ㅅㅈ의 얘기에 따르면 그래도 남자들은 은근 믿는 구석이 있다는 거지요. "우리는 그래도 남자니까 어떻게 되겠지!" 게다가 상대적으로 입학성적 높은 대학 졸업에다 남학생, 군필자쯤 되면 우린 그래도 좀 되겠지, 하는 마지막 믿는 구석 그런 게 있다는 거죠. 그러다가 그게 틀어졌을 때 오는 좌절이나 고통도 있겠지만 이게 찌질함이 드러나는 대목이겠지요. 아무튼 취업과 관

련된 불안에 대해서부터 얘기를 해봅시다. 사실은 기성세대가 여러분들 '찌질하다'라고 얘기하는 가장 큰 이유 중의 하나가 이제 취업에 대한 불안감 내지는 취업 때문에 모든 걸 버리고 매달리는 현상 같은 것들일 거예요.

이를테면 이 대학처럼 복수전공제를 운영하는 대학을 봅시다. 인문학이나 사회과학 전공하는 남학우들 상당히 찌질해졌어요. 물론 남학우들만 그런 건 아니지만요. 아무튼 하릴없이 경영학 쪽 기웃거리면서 제대로 대접도 못 받고 오로지 취업을 목표로 해서 구박은 구박대로 받고… 예전에는 당당했거든요, 인문학을 한다는 자존감, 그니까 내가 인간이나 사회의 본질과 관련된 공부를 한다는 걸 떳떳하게 내세우는 자신감 같은 거 말이죠. 이젠 그런 건 다 버리고 심지어 소속감도 이도저도 아닌, 이쪽은 대충하고 저쪽은 그나마도 잘 안 붙여주니까 더 빌붙고 하는 어정쩡한 정체성으로 대학생활 하는 모습이야말로 찌질함의 단적인 표현 아닐까요? 사회 전반으로 보면 전형적이고 상징적인 취업 지상주의, 경제 절대주의 이런 게 대학 안에서까지 날뛰는 꼴이 말이죠. 취업이라고 하는 객관적 사회 여건이 앞에 든 비유처럼 아무리 열악하고 늪처럼 빠진다 해도 그에 대한 대학인의 대응으로는 그야말로 존재와 정체성의 사막화만 같아서 굉장히 안타깝기도 하고 어떤 때는 안쓰럽기까지 한 측면이 있으니까요. 여러분 생각은 어때요? 아 참, 오해 없도록 짚고 넘어가야 할 게 있는데, 여기 경제나 경영 전공 학생들도 있지요? 내가 그런 전공 자체를 뭐 폄하하려는 건 절대 아니에요, 전공마다 특성은 있고 존중해야지만 너무 몰리고 쏠리는 게 걱정돼서요. 그 전공 선생님들도 힘들어 하거든요. 그리고 경영 복수전공하는 거야 뭐 여학우들도 마찬가지니까 말이에요. 아무튼 그 필요성은 인정합니다. 쌤은 인문학 공부로도 살아남을 수 있었지만 요즘은 어렵다는 것을 잘 알기 때문에.

뭐 댓바람에 취업 얘기하기가 무거우면 남녀 관계로 가볼까요? 연애나 섹슈얼리티 얘기는 나중에 여러분들과도 따로 한 번 다룰 거예요. 제일 민감하고 우리 주변에 가장 가깝게 다룰 수 있는 주제니까요. 찌질함이 가장 많이 드러나는 게 연애관계이잖아요. 예전처럼 흔히 얘기하는 남성 중심 연애도 제대로 못하면서 그렇다고 새로운, 이상적인 평등한 관계의 연애도 못하는 어중간함 뭐 이런 상태죠. 그런데서 오는 찌질함은 뭐가 있을까요? 이건 한마디씩 할 수 있을 것 같은데. 여학우들이 한 번 지적을 해보죠. 어떨 때 제일 찌질해 보이나요? 아니면 찌질하다 하면 이미 가치평가가 들어가 있으니까, 어떤 때 가장 불편한 가요?

ㅈ(남): 말이 잘 안 나오고 있는 게 어떤 면이나 부분에서 남성들이 찌질하다고 보는가에 대해 감이 안 와서 그런 것 같거든요. 그러니까 이런 사회적인 분위기가 확실히 있고 그 확대 재생산에 동조하는 여성들도 분명히 있잖아요. 그리고 앞서도 이미 그렇게 남성들이 사회적인 압박이나 이런 거 더 많이 받고 있는 부분, 아까 '의무'라고 표현하셨는데, 그렇게 사회에서 왜 남성만을 찌질하다고 포인트를 맞추고 이야기를 하고 있는지 좀 구체적이고 명확한 사례가 있을까요?

–남자, 그 참을 수 없는 존재의 찌질함…

유성쌤: 그니까 찌질하다고 지적할 때 가장 큰 배경은, 이를테면 세상도 그렇고 사회 상황도 달라졌고 하는 데서부터지요. 거듭 얘기하지만 교육 기회균등이라든가 또는 사회 공적 영역을 비롯해서 모든 것들을 남성과 여성이 나눠야 한다는 것은 이제 더는 되돌릴 수 없는 현실로 다가왔는데도 불구하고 여기에 적응 또는 대응하지 못하고 주저물러 앉아있는 쪼그린 매무새? 또는 '군 가산점' 주장같이 에둘러서라도 여전히 알량한 기득권 취하거나 지키려고 들거나 '일·베' 경우처럼 피해망상에서 온 과대망상, 과다한 공격성으로 여성 비하나 이런 것으로 자신의 위기를 모면하려는 본새? 그니까 '정상적'인 어떤 사회 변화에 따른 인간의 대응에서 벗어난, 모자란, 밑도는 등등의 '비정상적' 또는 '미성숙'한 자세나 태도를 찌질하다고 하는 거죠.

ㄹ(남): 근데 저희 세대가 남성, 여성이라고 나눌 수 있는 성차 또는 그 어떤 간극에 있어서 평등구조로 가는 가장 언덕 끝에 있다고 생각을 하는데요. 그래서 남성이든 여성이든 모두 찌질하다고 해야 할 부분도 있겠지만… 근데 남성에 대해서 이야기가 되는 부분은 쌤 말씀하신 것처럼 어떤 사이트에서 여성을 비하하고 있는 것 같은 이런 사회의 모습은 이미 여성의 권리는 부분적으로 신장이 되어

있고 이런 상황에서 그 괴리를 남성 스스로 인식하고 있지만 사실상 예전에 아버지 어머니 세대 때 당연시 여겼던 것들을 보고 자라온 잔재도 여전히 남아있기 때문에... 그니까 그런 거죠. 예컨대 데이트를 했을 때 더치페이를 하는 게 가장 좋은데, 남자가 어떻게 그럴 수 있냐고 말하는 남성들도 실제로 많거든요. 그런 것처럼 뭔가 사회 관습적으로 남아있던 것들을 내가 버리지 못한 상태로 있는데, 이건 좀 아닌 것 같고, 근데 이미 여성의 권리는 완전하지는 않지만 신장되었고 그러다 보니까 그 관계 안에서 고민하다가 다른 쪽으로 잘못 분출되고... 이런 데서 남성들이 더 찌질해 보이는 것이 아닌가 생각합니다.

유성쌤: 지금까지 쭉 설명했지만 그런 현상은 충분히 이해는 될 부분이기도 해요. 한국 사회 전반의 변화과정을 보면 말이죠. 급격한 산업화라든가 이런 것들이 졸속한 변화를 낳았고 그러다 보면 그 변화가 이런 과정을 오랫동안 고통스럽게 겪은 다른 사회에 비해서 너무 갑작스레 일어난 거여서 그에 대한 반응이 당연히 즉각적이고 또 극단적일 수 있지요. 또 실제로 그렇고요. 이런 측면은 설명은 가능한데 아무리 설명이 가능하다고 해도 문제가 해결되는 것은 아니라는 거지요. 왜냐면 아까 얘기했던 남성이라는 존재의 남루함 또는 비루함? 찌질함이라는 단어를 피하려 했더니 더 얘기가 복잡해지네요. 그렇다고 그런 것들이 결코 변명되는 것이 아니고 또 잘 설명했다고 고쳐지는 것이 아니라는 거죠. 자칫하면 자기변명으로 간다는 거죠. 우리는 이런 상황이니까 어쩔 수 없다, 이러면서 말이죠. 상황이 어렵고 힘들면 누구나 그런 유혹에 빠지잖아요. 쌤이 제일 싫

어하는 개인에게 환원하는 얄팍한 심리주의 해석과 변명 같은 거 있잖아요. '나는 어려서 일찍이 이런 고통을 겪고 트라우마로 남았기 때문에 어쩔 수 없어.' 그럼 어쩌라는 건데? 그렇잖아요? 그렇게 심리주의 환원론 같은 거를 써서 급격한 변화에 핑계를 대고 제자리에 머물러 있다가는 지금의 아주 어지러운 사회라든가 흐트러진 인간관계가 훨씬 더 헝클어질 텐데 말이죠.[14] 게다가 사회는 끊임없이 변해 가고. 이제라도 서로 각성과 반성을 촉구하려고 이런 수업을 하는 거 아니겠어요? 그런 계기를 마련해보고자 하는 것인데. 그러려면 당장의 지금 나의 상태에 대한 반성이라든가 사회상황에 대한 성찰을 같이 해보자는 의미니까. 그걸 쌤 같은 기성세대가 일방적으로 이런저런 이론과 제 경험에 따른, 주장에 따른 논리로 짚어보고 지적질하는 것보다 여러분들과 함께 살아가는 또는 살아내는 자리에서 살아있는 이야기로 풀어보고자 하는 거죠. 여학우들 얘기 좀 해봐요. 사귈 때 이런 점이 불편하다든가…

ㅁ(남): 근데 남자 입장에서요. 뭐랄까 찌질해 보인다는 게 편하게 쉽게 얘기해서 사실 지금의 취업난도 그렇고 남자들이 가족을 부양해야한다는 인식이 우리 사회에 남아 있잖아요. 그래서 취직도 해

14 그래서 아마 최근 들어 '트라우마'에 모든 문제의 결정적 원인으로 환원하는 속류 프로이트 심리학에 반해서 그런 원인을 어떻게 해석하는지 스스로 결정하고 인간관계에서 다양한 활용을 주장한 아들러(Adler) 심리학이 새롭게 각광받는 모양새다. (기시미 이치로 외(2014). 미움받을 용기. 서울: 인플루엔셜.) 다만 이 또한 거듭 그럴싸한 이론의 적절한 생활 속 활용과 같은 힐링 열풍과 관련된 수동적 소비로 그칠까 우려되는 것도 사실이다.

야 하고 취직하면 요즘에는 차 한 대도 있어야 하고… 그러려면 좋은 대학교 나와야 하고 그럼 공부를 열심히 해야 하고… 이렇게 사회가 남자에게 바라는 게 너무도 큰데 만약 여자 친구 사귀게 되면 남자는 그 모든 걸 가지기 위해 모든 시간을 쏟아야 하니까 여자 입장에서는 그게 안 돼서 찌질해 보일 수도 있을 것 같아요. 그니까 여성분들 입장에서 나는 이 친구와 함께 행복한 시간을 보내고 싶은데 남성의 입장에서는 여자 친구를 행복하게 해주려면 돈도 그렇고 시간도 그렇고 다 쏟아야 하니까 사실 그러고 나면 여자 친구에게 쏟을 시간이 줄어드는 게 좀 변명 같지만 맞거든요. 그래서 약간은 억울하다는 생각은 들어요.

ㅅㅈ: 근데 다들 찌질하다는 얘기 들으면 좀 억울하지 않나요?

ㅁ(남): 억울하죠. 아주 그것도…

ㅅㅈ: 억울한 데 뭐라고 반박할 말이 없고. 근데 생각해보면 찌질한 것 같기도 하고 억울하고. 저는 이게 완전 맴도는 얘기 같던데.

ㅁ: 안 찌질해지려고 하면 뭔가 더 찌질해지는 것 같고…

유성쌤: 아, 이거 갑자기 미안해지네요, 남학우들한테! 일단 용서하시고! 그렇지만 쌤 경우 여러분들 찌질하다고 할 때 흔히 말하는 '지적질', 나아가서 '꼰대질' 이런 게 아니란 거 잘 알잖아요? 아까도 얘기했지만 서로 반성과 각성을 위한 일깨움이라고 이해해주면 고맙겠고. 거듭 얘기하지만 앞서 얘기한 시대적인 정황부터 그 다음

에 "우리는 차별에 찬성합니다"에서 잘 다뤘듯이 찌질함에 대한 얘기도 어쩔 수 없이 위계질서화 된 대학 서열, 또는 계층에 따라 다르기는 해요. 오늘은 범위를 좁혀서 지금 당장 이 시대를 살아가는 대학생들 이야기 같이 나눠 보고자 한 거니까 그거는 전제한 거예요. 지금 중요한 얘기가 나왔어요. 찌질함을 지적 받는 것은 상당 부분 자기도 인정을 하지만 억울하고, 그 억울함에서 탈피하기 위해서 이것저것 하자니 더 찌질해 보이기도 하고 어찌 보면 전형적인 악순환 같은 건데 말이에요. 그럼 이런 얘기 해봅시다. 남학우들 어떤 찌질함에 대한 지적이 제일 억울한가요?

ㅅㅈ: 그냥 '찌질함'이라는 단어 자체가…'아, 내가 그랬나?' 하면서 삶을 돌아보게 되고 돌아보면 딱히 반박할 수 없고…

ㅈ(남): 그렇다고 딱히 내가 뭘 잘못해서 그렇게 된 것 같진 않고 그런 거지요.

ㅁ(남): 그렇다고 여성의 잘못을 지적하는 것도 또 찌질해 보이는 것 같고요.

ㅅㅈ: 그냥 인생 전반적으로 사회를 살다보니 난 그렇게 살았고 그랬는데 근데 내가 잘못했나 생각해보면 잘못한 것도 같아요.

유성쌤: 잘못한 것 같아? 뭘 잘못한 것 같아요?

ㅅㅈ: 그냥 무비판적으로 산 것 같고. 폭력적 문화도 그렇고. 아까도 말했지만 특히 상대적 우월감 가졌던 거. 저는 백수인데 그래서

하는 게 없어요. 근데 열심히 취업 준비하는 여학우들 보다 제가 본격적으로 취업 준비를 하면 더 취업이 잘 될 것 같다는 그런 찌질한 마음이 있어요. 굉장히 근거 없는 자신감인 것 같은데 대체로 보면 그래요. 주변에 별 거 안 하고 자기소개서 내는 남자 애들은 취업이 돼요. 근데 여자 애들은 엄청난 스펙 가지고 면접 보러 갔다가 다 떨어져요. 그러다가 인턴하고 있고 인턴 끝나면 정규직 전환 안 되고... 아무튼 남자로서 상대적 우월감을 가지고 있는 것 같아요. 취업할 생각을 가지게 되면 난 되겠지 라는 상대적 우월감을 가지게 되고 그걸 나중에 돌이켜 생각해보면 굉장히 찌질한 것 같고. 내가 주민등록번호 하나 잘 받고 태어나 가지고 이렇게 많은 이점을 누리는 것을 뭔가 당연하게 생각하는구나... 그냥 여러분들이 어떻게 사는지 생각하시다 보면 이런 점에서 찌질하다는 것이 드러날 것 같아요.

유성쌤: 찌질함이라는 말이 요즘 유행처럼 번져 모든 걸 덮어버릴 것 같은 단어여서 반응이 잘 안 나오는 것 같아요. 그럼 좀 바꿔서 그냥 편안하게 지금 이 시대의 20대 남성으로 산다는 것 중에 뭐가 제일 불편한가요? 이건 정말 불편해 하는 거 없나요?

ㅊ(남): 아까 그 주제에서 이야기를 잘 못했는데 지금 말씀하신 것처럼 사회에서 남성에게 요구하는 것들이 아직도 엄연히 남아있고. 사실 말을 안 해서 그렇지 지금 말씀하신 내용 다들 어느 정도 다 가지고 있고. 근데 그럼에도 불구하고 여권이 신장되고 또 뛰어난 능력 있는 여성들이 많이 나오고 있잖아요. 그렇지만 여전히 남성으로서 유리함이 남아있고 아직도 사회에서 바라는 남성으로서의

위치가 있는데 그것과 현실과의 괴리에서 찌질함이 나오지 않나 그렇게 생각하는데… 제 얘기 해볼까요. 제 여자 친구가 저는 학기가 많이 남아 있을 때 먼저 취업 활동을 했는데요. 마지막 면접 직전까지 합격이 달랑달랑 할 때까지 가니까 묘하게 '아, 아직 안 됐으면…' 라는 마음을 가지게 되는 거예요, 제가. 결국에는 저보다 훨씬 먼저 취직을 했는데 정말 좋아한다고 하면서 사실 진심으로 기뻐해주지 못했던 것 같아요. 제가 혹시 여자였다면 진심으로 그것을 축하해 줄 수 있었지 않았을까 싶거든요. 아무튼 데이트하거나 이럴 때도 제가 돈도 더 내야 하고 남들이 봤을 때 내가 좀 더 앞서 나가야 좀 더 멋진 그림이 될 것 같은데… 그런 괴리감에서 찌질함이 나오지 않나 싶습니다.

유성쌤: 멋져 보이는가? 남자들이 연애할 때 앞서 나가는 게 멋져 보이는가요?

ㅅㅈ: 근데 그래도 그런 게 있잖아요. 남자 스스로가 그냥 아 그래도 내가 하나라도 더 해줘야지 이런 마음이 있는데, 그게 알량한 자존심이라고 해야 하나…

ㅌ(남): 근데 요새는 연상연하 커플도 많잖아요. 그런 거에 비해서 남성들은 오히려 좀 더 연상이 부담이 덜 되지 않다고 생각하세요? 어떻게 생각하면 자존심이 상하거나 그럴 수 있는데 본인은 조금 더 금전적인 부분에서 같이 좀 덜 수 있는 부분도 있으니까. 그거를 추구하시는 분들도 많이 생겨났잖아요.

ㅅㅈ: 근데 일단… 아 이럼 굉장히 찌질해지는데. *(웃음)* 일단 저는 어린 게 좋아요. *(웃음)* 그니까 뭐 연상이면 누나 같고 이런 게 싫은 거죠. 연상을 만나는 남자들도 솔직히 금전적으로 딸릴지 몰라도 연하 특유의 그런 것들을 안 하려고 하잖아요. 야, 너 이렇게 부르면서 리드하려 들고 오히려 오빠처럼 마초 노릇 하려고 그러고 그런 친구들이 주변에 많이 있었거든요.

—연애, 그 찌질함의 극치

유성쌤: 연애 얘기나 이런 얘기는 뒤로 미루려고 했는데 어쩔 수 없네요. 조금은 해야지. 바로 여기가 가장 심각한 젊은 남성의 찌질함이 드러나는 대목이에요. 그니까 연상연하 커플이 되더라도 남성의 권력을 빼앗기지 않으려고 해요. 그래서 사귐과 동시에 반말하는 경우가 많고요. 누나라고 말하는 커플이 별로 없어요. 그러면서 동시에 그런 편안함, 그니까 자기가 굳이 모든 것을 다 알아서 할 필요 없고 주도하지 않아도 되고 경제력을 동원하지 않아도 되고 그런 것은 또 이용하는 식으로 말이죠. 내가 연상연하 커플을 싸잡아 흉보려는 건 아닌데 그런 경우가 있어요. 두 가지 이점을 모두 취하려는 남성들의 찌질한 태도랄까? 게다가 사회적인 눈도 예전 같으면 연상

연하 커플 그리 반겨주지 않았어요. 밖으로 알려지면 남성들이 굉장히 질타를 받는, 여성들도 마찬가지지만, 그런 편견은 많이 없어졌고 여성 재혼과 남성 초혼의 경우도 많아졌어요. 이들도 전부 일반화할 수 없지만 그런 경우가 적지 않다는 것은 이제 많이 알려져 있고 둘러보면 실제로 그런 모습들이 보여요. 여전히 지금과 같은 기우뚱한 균형에서는 여성들이 손해를 보는 경우가 더 많다는 거죠.

ㅅ(남): 연상연하 커플 이야기를 듣다가 생각이 난 건데. 저는 제가 보수적인 편이라고 생각하고 있어요. 저는 연상연하 커플이 싫은 게 뭐냐면 연상이면 과거에는 모르겠는데 현재에는 여자라도 나이가 많으면 아무래도 나보다 더 많이 알고 더 잘 이끌 수 있고 솔직히 돈도 더 많고 그래서 데이트 비용도 자기가 내고 그러잖아요. 근데 저는 전통적 가치관이라고 해야 하나 남자가 해야 한다... 그니까 남자가 이끌고 여자는 사랑받는 존재고 남자는 사랑하는 존재라고 생각하고 있었어요. 근데 연상연하는 그게 반대가 되잖아요. 그러면서 그렇게 나를 귀여워해 주는 입장이 되면 귀여워해 줄 때는 좋다가도 나중에는 굴욕감 같은 게 느껴질 수 있을 것 같아요. 제가 뭔가 여자 같잖아요. 그런 게 있는데 이걸 사회랑 연관시키니까 남자는 계속해서 여자를 이기고 싶어서 잘나고 싶은 게 아니라 뭔가 이끌고 싶어서 잘나고 싶거든요. 저는 그래요. 주변의 여자들보다 잘 나서 얘기도 주도해서 하고 밥도 사주고 싶은데 주변에 저보다 뛰어난 여자가 많잖아요. 그래서 거기에 대해서 짜증과 스트레스를 받고 그렇다고 해서 그 여자들을 뛰어넘기 위해서 열심히 노력하자고 하자니 그것도 남자답지 않다고 생각하고... 뭔가 악착같은 거는 남자답지 않잖

아요. 애들 보면 저는 어려서 그런지 모르겠는데 왜 그러나 몰라요.

ㅅㅈ: 아직 어려서 그래요... *(모두 웃음)*

ㅁ(남): 다들 싫어하시는 것 같은데 저는 연상연하 커플을 해봤거든요. 근데 이게 참 남자가 말하기가 힘들어요. 자기 모든 거를 내려놓아야 할 수 있는 얘기가 많아서... 자존심을 버리면 오히려 여성분이 경험이 많고 여러 가지 해 본 게 도움이 되죠. 나를 이끌어 줄 수 있는 거잖아요. 그니까 아무 것도 없는데 모든 걸 헤쳐 나가는 것보다는 내 앞에 그리고 나와 가까운 곳에 있는 여자 친구가 나보다 나이가 많고 경험이 많으면 정말 딱 그 자존심만 버리면 편해지거든요. 그 우월하다는 자존심을 버리면. 생각보다 되게 편해요. 아 이러면 좀 찌질해지나?

유성쌤: 아니, 전혀 그렇지 않아요.

ㅅㅈ: 저는 제가 만약에 만나는 사람이 있으면 하나라도 제가 잘났으면 좋겠어요.

유성쌤: 왜 그래야 하는데?

ㅅㅈ: 그냥 자기만족... 모르겠어요... 근데 제가 잘난 게 하나라도 없으면 못 만날 것 같아요.

ㅁ: 근데 그러면 그건 자신이 더 잘 나게 노력을 하면 되잖아요.

ㅅㅈ: 네, 근데 그게 잘 안 되죠. *(웃음)*

유성쌤: 남자만 그런 건가요? 여자는 안 그런가요? 사람 만났을 때 하나만이라도 잘 났으면 하는 게 없나요?

ㅁ: 근데 연상 사귀면 다 리드하고 그럴 것 같은데, 제가 만난 여자 분들은, 어, 여자분들? (모두 웃음) 암튼 모두 되게 리드 받고 싶어 했어요. 내가 나이가 많으니까 오히려 더 어리게 입고 어리게 행동하고 그니까 남자 쪽보다 어려 보이는 걸 좋아 하더라고요. 제 친구들도 연상연하 커플 이야기 들어보면 대부분이 그렇다고 하더라고요.

유성쌤: 자연스럽게 다른 얘기로 넘어갈 수 있겠네요. 우리 연령주의가 심하잖아요. 민주화된 지 몇 년이 됐는데 여러분 부모 세대만 되도, 그땐 대학생들도 많지 않았지만, 학번 이런 거 말하지 않았어요. 그냥 몇 학년 정도 무슨 공부하고 있고. 근데 여러분들 칼같이 학번 대고 뭐 빠른 어쩌고... 오죽하면 얼마 전 초등학교 입학할 때 '빠른'을 없앴겠어요? 그것 때문에 혼란이 온다고. 굉장히 연령으로 서열화 된 사회지요. 대학생들도 많이 바뀌어야 하는 게 나이라는 거, 한국 사회에서 연령주의라는 게 그야말로 인종, 계층, 젠더 못지않게 한국 사회를 지배한다는 거 뼈저리게 인식해야 돼요. 게다가 연령주의가 무너지는 건 더 강력한 권력 앞에서잖아요. 이를테면 나이 오십 된 만년 부장인데 재벌 2, 3세 서른 된 애한테는 쩔쩔 매잖아요. 거기서 나이는 어디 간 거죠? 아무튼 나이에 대한 폭력적 강박관념이 있어요. 그래서 연상연하 따지게 되고. 뭐 잘 알지만 나이 좀 들게 되면 그런 거 별로 상관이 없게 되거든요. 하다못해 같이 어울

려 다니는 사이에도. 남녀 사이에는 더더욱 그렇고. 계속 약간의 시비를 걸어주는 이유 중의 하나가 이 땅의 특수성 때문이에요. 쭉 설명했지만 가부장제도 굉장히 오랫동안 이른바 '뿌리 너무 깊은 나무'로 똬리 틀고 있잖아요. 가부장 제도의 잔재 말이에요.

"뿌리 너무 깊은 나무" 그리고 '샘이 아주 얕은 물'

신화 번역가, 연구자로 널리 알려진 이윤기 선생이 빼어난 작가라는 것을 아는 사람은 많지 않다. 그가 쓴 연작장편소설인 '우리시대의 초상'(서울: 문학과 지성사, 2003)에는 "샘이 너무 깊은 물", "뿌리 너무 깊은 나무"라는 멋진 단편이 두 편 들어 있다. 앞의 글은 정녕 사라져서는 아니 되지만 서둘러 사라진 오랜 것에 대한 그리움이, 뒤의 글은 아직도 굳건하게 사람과 사람사이를 억누르는 일그러지고 비뚤어진 전통을 그리고 있다. 이를테면 다문화 사회로 접어든 지가 언젠데 아직도 뿌리, 집안 따위를 신주단지처럼 섬기는 일이 그렇다. 유성쌤은 이 제목들을 자주 패러디하여 가부장제도의 '뿌리 너무 깊은 나무'와 그 이데올로기에 따라 일그러지고 흐트러진 '샘이 아주 얕은 물'과 같은 의식이나 관행을 비판하는 데 써먹곤 한다.

그 가장 두드러진 보기가 다름 아닌 '연령주의'다. 걸핏하면 '나이가 몇이냐' 물어보고 또 나이를 권력삼아 어린 사람들을 윽박지르거나 억누르다가 정작 다른 강한 힘 앞에서는 나이조차 무색해지는 뿌리 너무 깊은 전통이 그것이다. 그 바람에 사람들 생각이나 마음속에 나이가 마치 군대 계급장처럼 새겨져 이를 당연히 받아들이거나 시달린 만큼 아래 사람에게 되 갚음하는 얕다 못해 얄팍한 우리네 심사가 '샘이 아주 얕은 물'이 아닐 수 없다. 무엇보다 청년세대가 그토록 어른세대를 미워하고 손가락질하면서도 정작 제들끼리 나이 따지고 학번 따지고 하는 꼴불견이야말로 그 전형적인 표현이다.

* 이윤기(2003). 우리 시대의 초상. 서울: 문학과 지성사.

그런 측면도 있고 빠르게 산업화, 서구화 됨에도 불구하고 어떤 부분은 전혀 변하지 않지요. 예컨대 연애하는데 남자가 돈 다 낸다고 하면 딴 나라 가서 물어 보세요, 비웃지! 그럴 정도로 우스꽝스러운 잔재가 아직도 굉장히 많이 있다는 거죠. 그 다음에 돈 내고 하는 것도 자본주의 사회에서 생겨난 거 아닌가요? 예전에는 그럴 필요조차 없었잖아요. 연령도 마찬가지고. 뭐 그렇게 하나씩 여러분들에게 중요하게 보이는 것들을 상대화 시켜버리면 아까처럼 자존심을 내려놓는다든지 하는 식으로 말이에요. 그러면 이게 다 하찮은, 또는 아무 것도 아닌 것으로 여겨져요. 그런 하찮은, 아무 것도 아닌 것들을 여전히 굉장히 중요하게 여기는 게 사실 찌질함의 시작이에요. 본질적이 아닌 부수적인 것들인데 그게 마치 본질인 것 인양 붙안고 있을 때 그게 찌질함이지요. 특히 이런 것들이 남성들 성장하는데 가장 큰 장애가 되는 것 같아요. 사회 요구나 그런 게 아니라 여러분 안에 있는 작은 걸림돌, 작은 문지방들이에요. 그걸 넘지 못하니까 계속 걸려 넘어지거나 남을 붙들거나 하는 거고요. 사회적 요구나 또는 사회적 모순의 엄청난 틀이야 지금 당장 개인이 바꿀 수 없잖아요. 그런데 그게 오롯이 내 안에 들어와서 덫을 치고 있을 때 그 하나만 약간 밀어내도 내 스스로가 편안하고 내 주변 사람들과 연애든 뭐든 안온하게 관계 맺을 텐데 그걸 하지 못하는 걸 지적하는 거지요. 자, 얘기는 조금씩 풀려 가는데 시간이 모자라네요. 그럼 학교생활에서는 어떤가요? 지금 대학들 거의 다 남녀 학생 비율이 반반이라고 봐야 해요. 그런데 여전히 여학생 총학생회장은 드물게 나오고 알다시피 여교수님 비율은 형편없고 그래요. 여러 가지 과정들을 보면 일상생활 하면서 남성으로서, 여성으로서의 불편함 같은 거는 없는지 그런 얘기를 이제 해볼까요? 동아리 활동도 좋고 반 활동도 좋고. 지금 여학우 선배들한테는 뭐라고 불러요? 누나라고 불러요? 존댓말해요? 친해지면 이름 부르고 편하게 얘기하고? 여성 선배한테?

ㄹ(남): 네.

유성쌤: 남성 선배한테도?

ㄹ: 아니요. 오히려 높이는 것 같아요.

ㄹ: 근데 이게 좀 어려웠던 것 같은 게 저 스스로가 느끼는 부분이고 아직 이유를 잘 모르는 부분이기도 한데, 오히려 여자 선배들한테는 진짜 친해지면 이름만 부르기도 하는 경우가 있을 정도로 호칭이라든가 어조가 많이 변하는데 남자 선배한테는 심하게 깍듯해지기도 하는, 선배님 다 붙이고 하는 경우도 많으니까…

—못나고 못된 버르장머리들(?!)

유성쌤: 그니까 전형적인 거죠. 여러 번 말했지만 80년대 학번까

지는 동기들끼리도 또 그때는 군대가 길었으니까 재수생도 많고 그래서 비교적 너나들이는 안 했어요. 동기들하고도. 친한 친구들끼리만 하고. 여학우들 하고는 존대했어요. 지금도 만나면 존대해요. – 씨 하고. 그 다음에 그때는 남성 중심사회니까 선배는 여성, 남성 할 것 없이 다 형이에요. 선배 그러거나. 형이란 호칭이 그 땐 가장 친근한 호칭이었어요. 그러다가 어느 순간부터 형이라는 단어가 없어지고 오빠, 언니, 누나 이렇게 갔는데 오빠라는 호칭은 좀 위험하지요. 남자 선배한테도 오빠라고 하고 사귀는 남자 친구한테도 오빠라고 하고 복잡해요. 사회가 변했는데 그 변화를 하다못해 대학 사회라는 비교적 개방적인 곳에서조차도 소화를 잘 못 하는 거죠. 아까 드러났듯이 남녀 간의 호칭에서도. 그 밖에 그런 편견들 있잖아요. 여학우들이 학점 관리 너무 열심히 하고 그래서 불편하다고 하는 남학우들도 가끔 있는데, 그야말로 찌질함의 극치지요. 그럼 자기도 열심히 하면 되잖아요.

ㅅ(남): 이게 찌질한 건지는 모르겠는데... 남녀 차별 같기도 한데요. 저는 경제학과에서 반장을 했었는데 공대만큼은 아니지만 경제학과도 남자가 대부분이에요. 그리고 우리는 대학원 가는 사람이 거의 없기 때문에 2학년이 되면 95%가 군대를 가요. 그러면 반장, 부반장을 선출하는데 일반적인 생각에 여자가 자연스럽게 두 명이 나오면 되는 거잖아요. 근데 항상 선배들이 어떻게든 남자를 반장으로 만들려고 남아있는 몇 안 되는 남자 애들에게 술 사주고 밥 사주면서 네가 일 년만 고생해라 이래요. 실제로 반장 하려는 여자가 있어도 걔네들 반장 안 시키고 부반장을 시키더라고요. 그런 게 아직 있

더라고요. 저는 ROTC니까 아직 학교에 있잖아요. 그래서 저도 선배가 술을 엄청 많이 사줘서 했는데 억지로 하게 되니까 제가 부반장이고 다른 애가 반장을 하겠다고 했는데 또 제가 반장을 해야 하고.. 아무튼 경제학과 반이 네 개인데 모든 반이 다 그래요. 그래서 여자 두 명이 나온 반은 남자를 못 구했다고 나오거든요. 그런 게 조금 아직까지는 남성에 대한 편견이 남아 있는 거겠지요?

유성쌤: 그러니까 리더는 반드시 남자가 해야 한다?

ㅁ(남): 비슷한데 반대 상황이 저희 물리학과예요. 저희도 거의 대부분이 남자거든요. 그런데 여자들을 뽑으려고 해요. 남자들밖에 없으니까. 이것도 좀 차별 같은 건데 남자들만 하면 칙칙하다나 뭐라나... 그래서 여자 학우들이 한 세 명 밖에 안 되는데 세 명 중에 한 명을 반드시 시켜요. 애초에 남자 한 명, 여자 한 명을 뽑아요. 남자는 한 명밖에 안 되고 여자는 다 해도 되고.

유성쌤: 그건 분명 차별이네요. 게다가 찌질한 것 같은데요. 동아리 같은 경우는 어떤가요?

ㅈ(남): 동아리는 남자 아니면 남자 같은 여자가 하지 않나요? 남자 아니더라도 술자리 맨날 나가는 여자 이런 사람이 되고...

유성쌤: 동아리마다 다르지 않나요? 다른 동아리 경험 가진 사람은 없어요?

ㅌ(남): 그 동아리 장을 뽑는 거에 대한 거 말고요. 나이, 학번 이

런 거 기준으로... 제가 듣기로는 저희 동아리나 몇몇 공연 동아리에서는 일방적으로 가르쳐주기 때문에 학번제 내지는 기수제가 굉장히 심해요. 그래서 과 생활만 해도 한 삼수한 형이 왔다면 저보다 후배여도 형형 하는데 거기서는 나보다 대 여섯 살이 많다 그래도 일 년 밑이면 이제 깍듯이 존댓말을 해야 하고 선배는 편하게 하고 저는 이렇게 알고 있거든요. 다른 친목 동아리나 학술 동아리는 잘 모르겠는데 기술이나 음악 가르쳐주는 연행 동아리나 이런 동아리는...

ㅅㅈ: 갑자기 생각이 들었는데 굉장히 분쟁이 될 수도 있는데, 남자, 찌질함, 학교생활 이런 데 대해 계속 생각하다가 휴게실 논쟁이 떠올랐어요. '여휴(여학생 휴게실)', '남휴(남학생 휴게실)'. 뭐 여휴는 있는데 왜 남휴는 없느냐. 저는 이거 굉장히 찌질하다고 생각했거든요. 어떻게 생각들 하시는지?

ㅁ(남): 사는 동네에 대학교 있는데. 거기는 그랬대요. 남학생들이 탄원서를 내니까 여학생 휴게실을 아예 없앴대요. 그니까 남학생 휴게실을 만든 게 아니고요. 그걸 보고 아, 가만히 있으면 중간이라도 가겠다는 생각을 했어요. *(웃음)*

ㅂ(남): 제가 예전에 다른 교수님한테 들었는데 여학생 휴게실이 생긴 게 남성분들은 예전에 이십 몇 년 전에 담배를 피실 때 밖에서 피는데 그때는 여성분들은 담배를 편하게 못 폈잖아요. 그래서 여휴 만들어서 뭐 한 달에 한 번 아프신 분들이나 그렇게 자유 공간을 만들었다고 들었거든요.

ㅅㅈ: 보통 왜 제가 찌질하다고 생각했냐면 보통 여휴가 생기면 남자들이 여휴를 왜 더 만드느냐 그럴 거면 남휴도 만들어라 이렇게 나오잖아요. 그냥 학내 공간 문제가 부족하다 이런 얘기를 많이 해야 될 것 같은데 서로 대칭해서 여휴가 더 생기는 건 반대 이런 식으로 논리가 가니까 아 진짜 남자애들이 피해의식이 있구나. 진짜 찌질하구나, 생각했어요.

유성쌤: 실제로 조금 더 나가면 거듭 얘기하지만 이 대학에도 반가까이가 여학생이라면 여자 화장실 같은 경우에는 몇 배를 더 만들어야지요. 이해가 안 가는 게 연휴 때나 명절 때 시골 내려가다 보면 여성들이 화장실 줄이 더 길잖아요. 그러니 더 많아야 하는데. 그렇게 본다면 쉽게 이해가 될 문제, 여전히 그것 갖고 논쟁한단 말이에요?

ㅅㅈ: 요새는 좀 잠잠한 것 같은데…한 번 씩 꼭 나오는…

유성쌤: 절대적으로 학생들의 휴게 공간이 많아지면 좋죠. 근데 잘 알다시피 공간 자체가 너무 부족하니까요. 정작 문제는 가당찮은, 아니, 되잖은 방식으로 걸어서 발끈하거나 찌질해지는 그런 사안들이 많아요. 그게 아마 시비를 맨 처음에 얘기를 시작했을 때 출발선에 있었던 지금 젊은 특히 남학우들의 찌질함의 가장 상징이 아닌가 싶어요. 전혀는 아니지만 굳이 젠더까지 들이댈 필요는 없는데 그렇게 돼서 면피 내지는 방어 논리를 만들고 싶어 하는 그런 것들이 찌질함의 전형적인 모습이 아닌가 해요. 자, 그럼 시간도 많

이 지났으니까 뭐 미래에 대한 얘기, 전망에 대해 얘기해 볼까요? 나아질까요, 이 상황이? 또는 글쎄 객관적인 삶의 조건으로서의 지금 여러 가지 어려움들, 20대 청년들이 겪고 있는 어려움들은 대단히 안타가운 얘기지만 쉽게 나아지지 않을 거예요. 경제적으로만 봐도 경제성장이라는 게 한계에 부딪힌 지 오래고 그나마 유지하는 게 다행일 거고 인구구조의 변화로 보면 저출산으로 계속 일할 사람은 줄어들고 고령화로 돌볼 노인들은 많아지고 하니까요. 결코 취업 자리는 눈에 띄게 늘어나지는 않을 테니 지금의 경쟁은 계속될 거고 그래서 여러분들은 늘 취업 이런 데 시달리게 될 거고 이런 부분이 있는데 말이죠. 또 여성, 남성이 함께 일 한다는 건 이젠 누구도 부정하지 않잖아요. 이런 상황에서 그럼 어떡하면 여러분 스스로 생각하기에 찌질함으로 시작했으니까 찌질함을 좀 벗어나면서 상황에 적극적으로 대응하면서 살아갈 수 있는 가능성은 뭐가 있을까? 아니면 아주 간단하게 하다못해 학내에서 이런저런 일을 하면 나아지겠다 싶은 게 뭐가 있을까요?

–찌질함에서 벗어나기(그 작은 시작)

ㅇ(여): 되게 진부한 얘기일 수도 있지만 그 구성원이 속한 단체

문화가 제일 중요하다고 생각을 하는데 아까 경상대 얘기를 해주셔서 생각이 난 건데 저는 문과대 소속이거든요. 문과대에 뭐 여자들이 많기도 하지만 그래서 새내기로 들어올 때부터 평등 이런 얘기도 많이 들었어요. 규약 같은 것도 뭐 성별 정체성 이런 거 강요하지 않기, 이런 것들로 계속 교양을 받고 하다 보니까 그게 너무 당연해졌고 여자인 저뿐만 아니라 남자 학우들도 많이 바뀌어 가거든요. 그런 노력이 중요한 거 같아요. 어떤 단과대에서는 문과대는 왜 저렇게 해요? 저렇게 재미없게 술 게임 할 때마다 저런 거 안 해요? 라고 하고 문과대 학우들은 다른 단과대 학우들 보면서 왜 저런 저질스러운 놀이를 해요! 라고 하고. 이런 것들을 보면서 처음부터 그런 문화를 만들어 가는 게 중요할 것 같다는 생각이 들었고. 이거는 딴 얘긴데 경상대 얘기를 들으면서 들었던 생각이 남자들에게 많은 것들이, 많은 의무들이 강요되고 있구나 라고 생각을 한 게, 반대로는 여자들은 많이 빼앗겼다라고 할 수 있는 게 이야기 할 때 '남자답게' 라고 하시고, '여자같이'라고 이야기를 하셨는데 생각해보면 우리가 '여자답게' 이런 이야기는 전혀 안 하잖아요. '여자답게' 공부를 열심히 해야지 이런 얘기 안 하는데 남자다워야 한다는 이런 이야기가 사회적으로 당연시되고 있는 것 같아서 이건 그냥 갑자기 생각이 들어서 얘기를 했어요.

유성쌤: 중요한 얘기예요. 이처럼 젠더에서 마지막까지 남아있는 영역 중에 하나가 언어 영역이지요. 적확한 지적을 했는데 '–답게' 는 그것의 본질을 살리는 거고 '–같이' 는 약간 그것을 비하하는 느낌이 들어있어요. '남자답게', '여자같이', 그렇죠? 이런 것들

이 우리 안에 아주 깊게 남아 있죠. 이렇게 아주 작은 곳에서부터 찾아 바꾸고 하는 게 필요해요. 연애 관계부터. 아까 중요한 지적 했는데 꼭 연상연하 연애뿐만 아니라 부부 사이도 마찬가지예요. 부부사이에도 고정관념이 많아요. 그런데 쌤 경우는 거기서 조금 벗어나 처음에는 질책도 많이 받았어요. 예컨대 우리 집에서는 아내가 나보다 손기술이 훨씬 좋아요. 길도 잘 찾고. 개인차라 그랬잖아요. 나는 길도 잘 못 찾고. 그래서 아내가 주로 운전하고 뭐 고장 나면 다 고쳐요. 그걸 알면 남들은 흉을 보지요. 처음에는 내가 찌질한 줄 알았어요. 그래서 억지로 했는데 내가 손대면 더 일을 그르치거든요. 더 일을 어렵게 하고 그럼 아내가 수습을 오래 해야 하니까 그 사람도 당연히 받아들였고 그래요. 일종의 분업이라는 게 성별 분업이 아니라 잘 하고 좋아하는 일로 나눠서 하되 다 같이 싫어하는 것들이 있잖아요. 그걸 공평하게 나눈다거나 하는 식의 아주 작은 일에서부터 시작하는 거예요. 청소할 때도 이런 식으로. 우리가 흔히 생각하는 '남자답게' 라든가, '여자같이' 라든가 이런 것들이 사실 머릿속에 들어 있는 이데올로기지요. 이렇게만 바꾸면 쉬운 일들을, 받아들이지 않거나 또는 아예 밀어내는 바람에 생겨나는 문제들이 많거든요. 그러니까 아주 작은 일부터 시작하는 거예요, 삶 속에서 각자 선 자리에서!

보기를 들어볼게요. IMF 경제위기 때에요. 그때 아버지들 궁상이 이만저만이 아니었어요. 물론 본인들 스스로 그래서가 아니라 갑자기 나라 경제 결딴나고 열심히 몸 바쳐 일하던 직장에서 쫓겨나고 그랬으니까요. 그 즈음 어느 여학우가 수업에서 발표한 내용 중에 이런 게 있어요. 아버지가 구세대니까 평생 밖에 나가서 일만 하고 그렇다고 못된 아버지는 아니었는데 전형적인 한국 남성상, 산업 사회의 일꾼으로 가정일은 모르쇠 하던 분이었대요. 이 양반이 오십 대 중반에 갑자기 직장에서 잘리고 집에 오니까 도저히 집에서 자기 자리를 찾을 수 없더란 거예요. 엄마가 급하니까 밖에 나가 일을 하게 되고 이 양반은 맨날 아침에 출근하는 것처럼 나갔다 어디론가 싸돌아다니다가 저녁에 와서 피곤한 엄마가 밥 해놓기만 기다렸다가 에헴 하고 밥 먹고 반찬투정하고 애들 야단치고 그랬다네요. 막 이러니까 처음에는 다들 아버지를 미워한 거죠. 한동안 그러다가 아버지도 스스로 도저히 이렇게는 안 되겠다 싶었나 봐요. 돈도 없는데다가 뭐 어딜 다니겠어요, 아침에 나가서 저녁까지? 할 수 없이 조금씩, 그렇지만 자존심 상하니까 몰래 몰래 청소도 해놓기 시작하고 밥도 해놓고 반찬도 만들고 이렇게 자기 일거리 찾다보니까 글쎄 자기 적성에 맞더라는 거예요. 그래서 어느 날에는 딸 생일을 맞이해서 가족들 언제까지 오라고 문자 보내놓고, 모두 모여 보니 너무 소담하고 멋진 상차림에다 아름다운 촛불까지 켜놓고 고백을 했다는 거예요. "내가 이런 일이 이렇게 소중한 건지 몰랐다, 이걸 해주는 당신의 수고가 얼마나 큰지 몰랐다, 너무 미안하고 정말 고맙다!" 그래서 온 가족이 울음바다가 되었답니다. 그때만 해도 사람들이, 에이 뭐 이런 찌질한 얘기가 다 있나 이랬는데, 이제는 거의 유일한 일상 속의 대안이라고나 할 만한 이야기지요.

ㄹ(남): 이건 제가 생각했던 맥락이랑 비슷한 것 같은데요. 좀 뜨는 얘기일 수도 있지만 살아남고자 했던 것은 아니고 오히려 살아가

고자 했던 거일수도 있는데... 개인적으로 제 여러 부분에 있어서 남들이 보는 시선이 너무나도 부끄럽고 힘들었던 경험이 있어요. 제 생각에는 내가 여자다 남자다 남들이 말하는 그런 게 아니라 나 자신 사회적으로 여성스러울 수도 있는 거고 남성스러울 수도 있다는 부분이 뒤섞여 있는 것 같았어요. 그게 뭔지를 계속 고민해보니까 그냥 나는 남자다 여자다, 보다는 말 그대로 누구다, 라고 얘기하게 되면서 조금 더 편해지게 된 것 같아요. 여성과 남성과의 관계 안에서도 너 되게 여성스럽다 하면 어 나 원래 이래 라고 하면서 또 그들이 그걸 좋아하면서 되게 잘 어울리기도 하고 ...근데 그런 과정에서 아 이렇게 좀 더 깊이 생각해보고 고민해보면 좋겠다, 생각을 하면서 하게 된 것 같아요. 또 그런 생각하면서 또 얘기하게 되는데 앞의 경상대 이야기처럼 분위기 자체가 되게 그 맥락을 만들어 가는데 개인에게 서로 불편하면 안 될 거라고 생각을 해서 기본적으로 많은 사람들이 자기 자신에 대해서 고민을 해보기 시작한다면 조금은 밝건 어둡건 서로 이야기 할 수 있는 고민은 나눌 수 있지 않을까 하는 생각을 했습니다.

유성쌤: 시간 맞춰서 정리를 해주니 고맙기 짝이 없네요. *(웃음)* 그래요, 앞날을 내다봐야죠. 예컨대 그런 얘기를 자주 해요. '정체성(identity)'이라는 것은 외부와의 관계 속에서만 만들어지는 것이 아니라 나와 나 자신과의 관계에서 만들어지는 것이기도 해요. 그니까 내가 나와 대화를 하잖아요. 흔히 잘못을 저지르면 그러잖아요. "아무개야 너 왜 그러니!" 그러면서 머리를 쥐어박기도 하고 "누구야 너 참 잘 했어" 하면서 스스로에게 '쓰담'하기도 하잖아요. 그니까 내가

나와 맺는 관계 속에서 만들어지는 정체성이 중요해요. 흔히 역할 애기하잖아요. 역할에는 성역할만 있는 게 아니죠. 여러 가지 다양한 사회적인 역할들이 있어요. 쌤만 해도 아버지로서의 역할도 있는 거고 친구로서의 역할도 있는 거고 지식인으로서의 역할도 있는 거고 선생으로서의 역할도 있는 거고. 물론 역할 간에도 갈등이 있어요. 또 역할 내부에도 서로 갈등이 있고요. 그런 갈등들이 바로 우리를 끊임없이 깨어 있게 하고 변화를 모색하는 에너지의 원천이 된다는 거죠. 우리 미래와 관련된 부분이에요. 물론 외부의 조건은 아까도 애기했지만 낙관적이지 않아요. 낙관적이지 않을수록, 낙관적이면 뭐 오히려 대충 살아도 이런저런 기회가 주어질 텐데 그렇지 않기에 지금 더더욱 중요한 것은 나 자신 또는 나와 가장 가까운 곁 사람과의 관계 또 이것으로부터 출발하는 우리 주변의 공동체가 아닐까 싶은 생각이고요. 여러분 자신과의 관계, 그리고 여러분들 뭐 애인이면 애인 또는 가장 가까운 친구들과의 관계 그 다음에 학교 생활할 때 내 주변의 관계부터 아주 작은 데서 조금씩 시작하는 거예요. 우리가 주제로 삼았던 '찌질함'이라는 것에 대해서 굳이 그것을 버리려고 하기보다는 이거 혹시 찌질함의 원인은 무엇이고 하는 정도의 성찰만 가능하다면 훨씬 그 찌질함에서 벗어날 수 있다는 거죠. 어쨌든 전반적으로 상황으로 주어진 객관적 여건부터 시작해서 여러분 자신 안 주관적인 문제들이 만만치는 않아요. 그래서 감히 기성세대로서 여러분들에게 찌질함이라는 용어를 사용해서 대단히 죄송하긴 한데 뭐 그런 단어가 흔히 입에 오를 수밖에 없을 정도로 객관적인 조건부터 주관적인 여러 상황이 좋지 않은 지금, 여기 우리가 젠더를 화두로 해서 특히 남성을 주제로 해서 한 번 깊게 생각해 보자는 거지요. 오늘 얘기 함께 해주어 고맙습니다.

(모두: 수고하셨습니다!)

여섯, 다 함께 훑어보니:

사랑은 왜 아프고, 불편한가?

— 청년들 사랑의 각본, 사랑타령
(그 서투름과 모자람...)

남성 청년 이야기 중에 가장 핵심이 될 만한 것이 무엇일까? 아무래도 성과 사랑 아닐까? 이런 고민과 주저 끝에 이번에도 셋만으로는 힘겨울 것 같기에 다 같이 모여 이야기 나누기로 했다. 지난번처럼 '남성문화연구' 수업에 기왕 남성 중심 사랑과 성문화를 다루는 김에 조금 얹어서 20대 사랑문화, 그중에서도 남성 청년들의 성과 사랑문화에 대한 이야기를 함께 했다. 이번에도 좌담을 해주던 ㅅㅈ, ㅁㅅ 두 남학우와 다른 열다섯 학우가 남녀 고루 섞여 두루 이야기 나누었다.

지금, 여기 사랑법

–남성 청년들 연애방식, 사랑의 각본

유성쌤: 자, 오늘 얘기 시작해볼까요? 알다시피 쌤이 2학기마다 '성과 사랑'이라는 수업하잖아요. 벌써 10년 훌쩍 넘었는데 말이에요. 그 배경은 이래요. 90년대 초 쌤이 아마 남성으로서는 처음 젠더 관련 수업 시작했을 때만 해도 '여성학'이라고 했어요. 그 담론이나 실천 끝자리나마 거들고 함께 하다 보니 어느새 양적으로나 질적으로 성장하고 풍부해져 이제 생물학적 남성이 곁에서 돕고 할 계제는 아니라는 생각이 문득 들었지요. 그래서 하늘의 다른 절반인 남성문제를 다루는 공부며 수업을 시작했고요. 그게 바로 이 '남성문화연구' 수업이죠. 또 그동안 미루어왔던 섹슈얼리티 관련 수업을 만들고 싶었어요. 젠더담론에서 빼놓을 수 없는 주제니까요. 그런데 이미 나이 든 남성이 수업에서 그걸 얘기하는 게 좀처럼 쉽지 않더라고요. 오죽하면 그 전에 '여성학 개론'이니 '성평등 인간학'이니 그런 수업 중 섹슈얼리티 부분은 다른 여성 동료에게 부탁해서 특강으로 갈음하곤 했겠어요? *(웃음)* 그러다 점점 달라지는 학우들, 바뀌어가는 학교 뭐 이런 걸 자세히 살펴보다가 이제야말로 그 주제를 다뤄야겠다, 마음먹게 되었어요. 여러분들은 아마 그 뭐야, 요즘 유행하는 회고담 드라마들 '응답하라' 시리즈로나 에둘러 감 잡을 그 시대니까

요. 아무튼 90년대 끝 무렵 가면 대학에서 이른바 '운동'이 대중성을 잃게 돼요. 그 전까지는 교정에는 그야말로 온통 '깃발만 나부껴' 날이면 날마다 학기면 학기마다 시위로 몸살 앓고 대자보로 얼룩졌거든요. 그 깃발이 사라지고 IMF 경제위기 거치자 대학 모습이 사뭇 달라집니다. 더 이상 학문의 전당이나, 이념의 산실이 아니라 오로지 취업, 그리고 사랑의 동산이 돼버린 거예요. 취업 이야기야 다 아는 바와 같고, 오늘 주제인 사랑, 곧 연애가 모든 대학생들의 주업이 되어 버렸단 말이죠. 고3 때까지 사랑하는 존재로 인정받기는커녕 아예 사람 취급도 못 받던 청년들이 대학에 들어오자마자 연애에 정신이 팔려 짝 찾기, '짝 짓기'에만 매달리는 거예요. 그래서 그 즈음 어디 쓴 글에 "대학은 봄 녘이면 발정난 짐승들이 껄떡대는 자리"가 돼버렸다고 대놓고 흉보기도 했죠. 그걸 탓하자는 게 아니라 연애고 섹스고 준비나 채비 제대로 갖추지 못한 채 갑작스레, 그것도 모든 걸 걸고 사랑 찾아 헤매고 성에 휘둘리는 방황과 혼란이 못내 걱정되고 또 자못 불안한 거였죠. 해서 학생들과 함께 20대 사랑과 성에 대한 담론을 나누어보자 싶어 그 수업을 만들었죠. 한동안 수 백 명씩 몰리는 대박 수업이었던 건 아시죠? 요즘 들어 좀 뜸하지만 그만큼 큰 수요가 있었단 말이에요. 아무튼 얼마 전 쌤이 쓴 글 한 대목 읽어보고 우리 얘기로 들어갈까요?

지금, 여기 사랑은?

"지금, 여기 사랑은 온통 난리다. 온갖 사랑 타령으로 법석이고 갖은 사랑 놀음은 벅적댄다. 벼라 별 사랑 이야기들이 하고 많은 매체니 소통수단 타고 점점 더 빠르게, 너르게 퍼져나간다. 이루어질 수 없는 사랑을 금단이니 불륜 같은 위악(僞惡)으로 포장한 '막장 드라마'는 끝장으로 치달아 시청자들 욕지기나게 하고, 언론에서 욕먹을수록 시청률 오른다. 낯 뜨거운 '짝짓기' 프로그램부터 낯간지러운 가상 결혼 시나리오까지 자고 나면 사랑 찾고, 맺고, 나뉘고 갈라지기 일쑤다. 인터넷 검색순위 맨 위 자리는 늘 유명짜한 연예인들 연애, 이별, 결혼, 이혼 소식 차지다. 여느 사람들도 사랑 놀음과 타령에 푹 빠져 오직 사랑에 목숨 걸고 부나비처럼 달려들다 장렬하게 산화한다. 숱한 데이트며, 이벤트며, 세리모니들로 너절하게 펼침 막 걸어놓고 그 아래 사랑에 목을 매고 서로 기대고 견주다가 밀고 당긴다. 대명천지 인터넷 세상에 저 옛날 매파(媒婆)나 뚜쟁이 같은 결혼이나 연애 정보회사, 연애 결혼사이트가 번창하고 '커플 매니저'니, '연애 컨설턴트'니 '연애 전문가', '연애 칼럼니스트' 같은 듣도 보도 못한 직업마저 유행한다. 심지어 '연애 조작단', '연애 공작소' 따위 예전 같으면 도저히 말도 안 되는 말들이 아무렇지도 않게 만들어지고 마구잡이로 떠돌아다닌다. 짝을 찾지 못해 불행하고, 짝과 잘 지내지 못해 불안한 사람들은 '남녀탐구생활'로 연애를 머리 싸매고 공부하거나, 하다못해 '소셜 네트워크 데이트(SND)'로나마 연애에 접속하여 사이버 사랑 타령과 사이비(似而非) 사랑 놀음으로 '롤러코스터' 탄다. 그러다간 '88만원 세대'로 직업은 불안정하고 미래도 불확실한 청춘답게 '영혼의 백수'가 되어 '건어물 여(女)'나 '초식 남(男)'으로 그조차 포기하거나, '귀차니즘'에 빠져 혼자 저만치서 '영혼의 노숙자'로 달팽이처럼 웅크려 산다.

도대체 사랑에 무슨 일이 생긴 걸까? 사람이 생겨나 지금까지 가장 꾸준히 해 온 일이라면 먹고 자는 것 말고는 바로 사랑일 터다. 하늘 아래 새 것 없고, 땅 위에 다른 것 없을 텐데, 왜 이리 난리고 법석일까? 그야 말할 것도 없이 사랑을 하는 사람들이 달라지고, 이들이 사는 세상이 그리고 삶터가 바뀌어 버린 탓이다. 그런데 뭐가 어떻게 달라지고 바뀌었기에 이럴까? 그리고 이 사랑을 어쩌면 좋을까? 또 어떻게 해야 잘 사랑하고, 잘 살 수 있을까?"

* 정유성(2012). "궁핍한 시대, 난삽한 사랑법". 보건복지부 인구보건복지협회 편. 2030세대 행복의 조건. 서울: 인구보건복지협회. 38.

—만남과 사귐의 정석

아무튼 '성과 사랑' 수업에서는 젠더담론 시각에서 성문화며 사랑의 각본이며 따지고 짚어보지만 정작 남성문제 다루는 이 수업에서는 대충 이론만 얘기하고 말았네요. 오늘 차제에 두루 그 이야기를 이어서 해보려는 겁니다. 자, 그럼 시작해 볼까요? 저기 혹시, 연애중인 학우 있나요? 어, 꽤 많네. 그럼 지금 연애하고 있는 상황에 대해서 얘기를 해보면 어떨까요? 어떻게 만났다든가, 데이트를 어떻게 한다든가 또는 문제가 뭐라든가?

ㅁ(남): 바에서 만났습니다!

유성쌤: 바에서? 작업한 거예요?

ㅁ: 아뇨 술 먹다, 대화하다… 제가 바에서 알바했는데 그때 손님으로 온 친구가 마음에 들어서…

유성쌤: 그게 작업 아닌가? *(모두 웃음)* 얼마나 되었어요, 사귄지?

ㅁ: 지금은 뭔가 복잡하긴 하지만 헤어졌다 다시 만나고 있는 상황이구요. 얼마 됐다고 말하긴 좀 애매한데 6개월 정도 된 것 같아요.

유성쌤: 자세한 얘기 들어가기 전에 그냥 일반적으로, 요즘 연애 주기가 어느 정도에요? 6개월 정도면 긴 건가요?

ㅁ: 아, 길다고도 얘기할 수는 없는 시간인 것 같기는 해요.

유성쌤: 다른 친구들은 어때요?

ㄹ(여): 같은 수업에서 만나서 같은 조에서 만나 사귀게 되었고요, 저희도 이제 반년 됐어요.

ㅂ(남): 저는 카페에서 알바 하다가 같은 알바생하고… 저희는 200일 좀 넘었고요.

유성쌤: 그렇군요. 흠, 일반 기준으로 비교적 '중장기' 커플들이네요. 요즘 어때요? 뭐 사람마다 다르겠지만 주변에서 1년, 아니면 2년 정도면 길게 사귀는 건가요?

여럿이: 길다고도 말할 수 있고 그렇지 않다고도 할 수 있을 것 같습니다… 뭐라고 딱 말하기가… 경우마다 다른 것 같아요.

유성쌤: 쌤이 아는 최장수 커플은, 둘 다 제자에다 주례 서서 잘 아는데, 입학식 날 만나서 중간에 많은 우여곡절이 있었지만 아무튼 12년 만에 결혼했으니까, 대충 4,000일 넘게 사귄 폭이네요. 그들이 말하기를 자기네들은 워낙 오래 사귀다 보니까 이벤트도 나중엔 지겨워서 못하겠다는 거예요. 100일, 1,000일, 2,000일, 3,000일 하다 보니까 이벤트도 못한다는 이런 최장수 커플도 있지만… 또 반면에 아

주 빠른 주기로 돌아가는 그런 경우도 많이 보았는데 주변에 그 주기들은 어떻게 되는지요. 천차만별이라, 좋아요. 그런데 무슨 매직넘버처럼 여겨지는 100일 이벤트는 아직 다들 하는가요? 그래, ㅇ 한 번 얘기해 봐요. 다른 사람들도 같이!

ㅇ(여) 그리고 여럿이: 그냥 조금 비싼데 가서 밥 먹고 그랬습니다... 선물 주고받았어요. 뭐, 귀걸이 같은 거...

유성쌤: 그럼 이번엔 누가 사귀자고 먼저 그랬는지 한 번 이야기해 봐요.

여럿이: (여학우) 뭐 딱히 누구랄 것도 없이 자연스럽게... (남학우) 제가 여자 후배 꼬셨어요, 마음에 들어서 술 먹자면서... (여학우) 저는 상대가 관심 먼저 보여서 제가 응답 했구요.

—작업의 정석

유성쌤: 흐음, 이제 여학우들이 먼저 손 내미는 것 정도는 자연스러운 일이 되었군요. 예전에는 작업 시작부터 만남에서 사귀기로 넘어가는 과정에 주도권을 대부분 다 남성들이 쥐었잖아요. 심지어

여학우들은 마음이 있어도 선뜻 나서지는 못했지요. 그런데 얼마 전부터 달라진 거예요. 쌤이 아는 한 커플은 쌤 수업에서 만났는데 뒷자리에 앉았던 한 선배 여학우가 앞에 앉은 후배 남학우의 뒤통수에 꽂혀서 *(웃음)* 오랜 작업 끝에 같은 소모임으로 이끌고 그래서 둘이 오래 사귄 경우에요. 차츰 여성들이 적극성을 띠어서 이를테면 사귐의 시작도 먼저 여학우들이 제안하는 경우가 요즘은 오히려 더 많은 것 같아요. 어때요?

ㅅㅈ(남): 그래도 아직은 남자가 더 많이 하는 것 같아요. 여자는 적극적으로 어필 정도 하면 남자는 '아, 이 정도 했으면 되겠다!' 싶을 때 그냥 먼저 용기를 내는 경우가 많은 것 같아요.

유성쌤: 다른 의견?

ㅇ(여): 다른 의견이라기보단 남자는 뭔가 자기가 좋아하는 사람을 더 만나고 싶어 하는 것 같고요. 여자는 아무래도 자기를 좋아해주는 사람들을 만나길 원하는 것 같아요. 그래서 남자가 더 대시하는 경우가 많지 않은가...

유성쌤 : 그런가요? 여전히 여성들이 수동적인가요, 아니면..

ㅅㅈ: 그러니까 좀 감정지향적인...

유성쌤: 그럼 뭐 남자들은 이성 중심적으로 사귄단 말인가요?

ㅅㅈ 외 남학우들: 남자들은 보통 외모 보고 들어가는 경우가 많

죠. 외모를 우선시 안 한다 해도 아예 안 보는 사람은 없는 것 같아요. 음... 아무래도 보겠지요 ...

ㅌ(남): 근데 남자들은 만남에 있어서 몸이 먼저 불타오르고 시간을 두고 좀 더 마음이 천천히 달아오른다고 알고 있어서... 그래서 연애 시작에 있어서 남자가 더 적극적으로 될 수밖에 없지 않나 싶은데요..

유성쌤: ㅋㅋ 오랜만에 들어보는 남성 특유의 '수컷'대사네요! 여학우들 이에 동의하나요? 이런 주장에?

ㅎ(여): 꼭 그런 건 아닌 것 같아요. 근데 확실히 남자들이 먼저 대시하고 여자들은 그 대시가 맘에 들면 사귀고 아니면 끊는 그런 게 있는 것 같아요... 그렇게 더 많이 하는 것 같아요...

–연애의 강박

유성쌤: 이런 얘기로 누군가 상처받으면 안 되니 확인하고 이어갑시다. 혹시 여기 흔히 말하는 '모솔(모태솔로)' 없어요? 대학에 들어오면 거의 강박증 비슷한 걸 느끼게 된다잖아요. 연애를 해야 한

다는 압박 같은 거에 시달리고. 물론 중·고등학교 때 사귀지 않은 것은 아니지만 아직 사회적으로 허용된 분위기는 아니니까 몰래 뭐... 비슷한 환경인 다른 나라하고 눈에 띄게 다른 점이 그거죠. 열서너 살 되면 제 2차 성징 나타나고 그러면 자연스럽게 사랑에 눈뜨게 되고 섹슈얼리티도 마찬가지에요. 그들에게는 그냥 알게 모르게 당연한 것으로 그렇게 되는데 우린 전혀 아니잖아요. 대학교 오기 전, 특히 고3 때 강력한 제동이 걸리잖아요, 특히 선생님, 부모님으로부터. "대학가서 사귀어라", "대학가서 연애해라", 뭐 이렇게 대학가면 마치 무슨 파라다이스가 기다리는 것처럼 말이에요. *(웃음)* 물론 전혀 아니잖아요? 그러다보니 대학 들어와서 특히 1학년들 대화할 때 보면 다들 그에 대한 막연한 기대? 또는 환상? 그런 걸 많이 이야기하곤 해요. 아직 취업에 대해서는 어렵다고는 알고 있지만 당장 와 닿는 것은 아닌데, 연애에 관해서는 그런 강박 같은 걸 안고 시작하고 있는 것 같아요. 남성이 심해요, 여성이 심해요? 아님 마찬가지인가요?

ㅅㅈ 외: 비슷할 것 같은데요. 주변에 보면 1학년때 CC(캠퍼스 커플)들이 속출하는 것 같아요. 그렇게 많이 만난다는 거는 비슷하기 때문 아닐까요.

유성쌤: 음, 아까 우리 얘기로 돌아가서, 대학 들어오면 거의 강박처럼 사귀길 시작하죠. 물론 인간에게 사랑이라는 것이 너무나 중요하니 인생의 황금기에 사랑 찾아 나서는 걸 강박이라고 해서 미안하긴 한데요. *(웃음)* 아무튼 거의 목숨 걸다시피 매달리니까 말이에

요. 그때 이야기를 좀 해볼까요? 1학년 때 'CC' 해본 사람 누가 있다고 했지요? 1학년 때 사귀어본 친구? 어땠어요? 그니까 뭐 만남의 방식부터 해서 지금 쌤이 얘기한 불안함, 초조함, 강박증 이런 게 있었는지?

ㅇ(여): 사실 저는 아까부터 공감은 안 되는데요… 강박 그런 건 없었고요. 학기 초에는 그냥 서로 놀리면서 그러던 사이가 몇 개월 계속 함께 생활하다 보니까 정이 들어서 시작을 하게 된 것 같아요…

ㅅㅈ(남): 저도 강박 이런 건 솔직히 잘 모르겠는데 어쩌다 보니까 사귀게 됐는데 처음에 한 번 고백했다가 차였어요. 그러고…

유성쌤: 고백했다가 차일 때 '까인다'고 하지 않나요?

ㅅㅈ: 네, 그렇게 얘기하려다가 조심한답시고… *(웃음)* 그 다음에 좀 힘들어하다가 아, 친구로 지내자 하고, 그렇게 지내다가 여름 방학 때 '농 · 활(농촌 봉사활동)' 다녀오고 친구들하고 제가 사는 데 여행 오고 이랬는데 그때 다시 잘 돼서 서울 올라갈 때 사귀기로 한 거죠. 그냥 자연스럽게 처음엔 까이고 다시 친구 됐다가 다시 설렜고 사귀고 이렇게 돼서 강박 이런 것과는 좀 거리가 있는 것 같고… 근데 또 사귈 때를 생각해보면 지금보다는 서로 어떻게 해야 하는지를 잘 몰랐던 것 같아요. 그래서 서로에게 또 상처도 많이 주고 이러다 또 조금씩 시간 지나면서 괜찮아지고… 제대로 된 첫 연애였는데 되게 많이 배운 것 같아요.

—헷갈리는 원칙

유성쌤: 여학우들 보기에 1학년 때 남학우들 어땠어요?

ㅈ(여): 그때 제가 보기에는, 음, 1학년 때 고백 받은 적이 5번 있는데 아무래도 그냥 얘가 나한테 조금 마음이 있는가 싶으면 바로 고백했던 것 같아요. 그런 걸 보면 일종의 강박이 좀 있었던 것 아닐까 해요.

유성쌤: 거 봐요. 남성들과 여성들은 시각이 다르잖아요, 벌써. 아무튼, 어땠어요, 1학년 때 남학우들이?

ㅎ(여:) 저도 같은 입장인데 여자 시선에서 봤을 때, 이제 성인이 갓 되고 나서 남자애들을 보자니 다르더라고요. 고등학교 때까지는 소소한 관심은 가졌지만 그런 걸 잘 표출하진 못 했잖아요. 근데 대학생 되니 '아, 난 성인이다' 그런 생각도 있었고 이제 대학에 들어오면서 선배들이 "연애는 해야지, 뭐 없냐?" 이러면서 이런저런 얘기를 해주는 걸 늘 듣게 돼요. 계속 엮어주려고 하고… "대학생이면 한 번쯤 CC를 해봐야지" 라고 말하는 선배들이 굉장히 많아서, 같이 학교 다닌 동기들 떠올려보면 강박적으로 CC를 하려고 했던 때가 분

명 있었던 것 같아요.

유성쌤: 이 말에 이의를 제기하려는 것 같은데, 그런가요?

ㅌ(남): 아뇨, 이의가 아니라… 강박관념 하니까 갑자기 생각났는데 작년 제가 2학년 때 중간고사 즈음에 일이에요. 신입생 어떤 여자애 밥을 한 번 사줬어요. 근데 얘가 중간고사 기간인데 자꾸 미팅시켜달라고 조르는 거예요. 보통 4월 말쯤 중간고사 치잖아요. 근데 시험기간에 공부는 안하고 무슨 소개팅이냐고 그랬더니, 얘가 "중간고사 끝날 때까지 고백을 안 받으면 넌 B급이다"라고들 한다는 거예요. 자기 친구들이 계속 놀려가지고 꼭 고백을 받아야겠다고… 제가 잘못 판단하는 건지도 모르겠지만 사귀는 거에 대한 강박관념은 별로 없는 것 같아요. 그런데 고백 받는 거는 좀 다른 거죠. 1학년 때는 한 달에 한 번 고백을 받는 경우도 있잖아요? 근데 이제 2학년이 되면서 고백이 줄면 굉장히 스트레스를 받더라고요. 어차피 안 사귈 거면서도. 고백을 해줬다는 것만으로도… 그래서 여자들이 약간 그런 거에 대한 강박관념 비슷한 게 있는 것 같아요.

유성쌤: 사귐에 대한 욕구나 욕망은 비슷하겠는데 나중에 섹슈얼리티 이야기할 때 더 자세히 하겠지만 또래집단의 압력이 성과 사랑에서도 많이 작용해요. 무엇보다 성에 대해서나 사랑법 같은 걸 제대로 차분하게 배우고 익히지 못하니까 주변 소문이나 또래 집단의 압력에 휘둘리고 치이고 그러는 거죠. 그런 의미에서 주어진, 만들어진 강박이 있는 게 아닐까 싶어요. 아, 소개팅 얘기 하다 말았

죠? 소개팅으로 만나 연애하는 친구, 없어요? 사귀었거나? 요즘 소개팅 문화가 어때요?

ㅎ(여): 비슷한 것 같아요. 주선자가 연락처 알려주고... 그리고 일단 먼저 사진을 보내요. 사진을 보고 그러면 외모가 비슷하다 좋다, 아니면 괜찮다 이러면 만나고 아니면 안 만나구요. 사진 보고 만나고 밥 먹고 맘에 안 들면 밥만 먹고 헤어지고 뭐...

유성쌤: 그래서 그 친구하고 사귀었어요?

ㅎ: 한 일주일 정도...

유성쌤: 애프터 신청은 남자가 해야 하나요? 아니면 여자가 할 경우도 있나요?

ㅎ: 그건 남자가 할 때도 여자가 할 때도...

유성쌤: 그건 자유로운 편인가, 어때요?

ㅅㅈ(남): 그냥 처음 만나서 얘기할 때 얘기하다가 맘에 들면 다음 번 약속 "영화 좋아하세요?"... 이런 식으로 밥 먹고 차 마시고 이러다 길어지면 자연스럽게 다음에 언제 만날지 정하고...

유성쌤: 다들 뜨악한 표정으로 쳐다보는데? *(웃음)* 뭐 다른 얘기 있어요?

ㅌ(남): 제 주변 선배는 소개팅을 하고 뜸들이기 뭐 이런 걸 해가

지고... 무슨 얘기냐 하면요, 바로 연락을 안 하고 기다리다 나중에 했는데 답장이 없어서 알고 보니 차단을 당했대요. 이유를 물어보니 여자가 하루가 지났는데 연락이 없어서 아 이 남자가 나에게 관심이 없구나 하고 차단을 누른 거예요.

–이벤트 이야기

유성쌤: 그건 개인마다 다르다는 거지요? 예전 같으면 남성 중심적으로 으레 남자가 애프터를 신청하고 그런 통념이 있었는데 말이죠. 자, 그럼 아까 잠깐 하다 만 이벤트 얘기를 좀 더 해봅시다. 그게 요즘 사랑법의 특성 중 하나긴 한데... 먼저 ㅅㅈ 얘기해 봐요.

ㅅㅈ(남): 그냥 하면 좋고 안 하면 안 하는가 싶고 그런 것 같은데... 저는 되게 해주고 싶고 그런 마음이 되게 많은데 막상 또 거창하게 해주고 싶은 마음은 또 없고... 지금 사귀고 있는 친구는 100일 때 추석이고 해서 할 여지가 별로 없었어요. 그래서 고향 갔다 올라오면서 기차에서 손 편지 써주고 그날 밤에 만나서 맥주 한잔 하고 그랬어요. 근데 스무 살쯤 처음 연애할 때는 되게 많이 했던 것 같아요. 다들 그렇지 않나요? 화이트 데이도 보통 사탕 사주고 그런 게

아니라 케이크 사주고 장미꽃 사주고...

유성쌤: 그러니까 처음에는 각별하게 의미를 두다가 어느 정도 연배가 되면 시들하단 말인가요?

ㅅㅈ: 굳이 이벤트를 해줬으니까 더 사랑한다, 내 마음은 이벤트를 통해서 표현해야 한다, 이런 생각은 이제 잘 안 드는 것 같아요. 지금 만나는 친구 같은 경우는 돈 쓰는 것을 되게 싫어하기 때문에 싼 거 먹자, 이러고... 그래서 이벤트 일부러 크게 하고 이러는 거 안 좋아하는 것 같아요.

유성쌤: 다른 친구들은요?

ㅇ(여): 그냥 예전부터 드는 생각인데 이벤트를 하면 뭔가 '우리가 겨우 넘겼다, 100일을 넘겼다', 뭐 이런, 나는 당연히 오래 만날 생각인데 이벤트를 하면 '우리가 해냈어! 우리가 100일이나 만났어! 200일이나 만났어!' 약간 이런 느낌 같아서... 뭐 그냥 '만나면 만나는 거지 뭐 이런 것까지 해야 하나' 그런 생각이 들면서도 아무 것도 안 하니까 그날 뭐가 있는지 기억이 안나요. 그래서 조금 하는 것도 괜찮은 것 같아요.

유성쌤: 이 커플 다른 쪽은 어떻게 생각해요? 거의 청문회 분위기야, 지금! *(ㅋㅋㅋ... 웃음...)*

ㅊ(남): 그냥 해주면 좋은 거고... 근데 왜 이렇게 웃기지? 뭐 저도 그만큼 잘 안 해주는 것도 있고 그 날 편지나 카드라도 쓰고 거창

하게 무슨 영상편지를 써서 막상 그걸 받으면 제가 뭐 된 것 같고 상대방도 반응을 기대하고 서로 그냥 좀...

ㅌ(남): 이벤트라는 게 하면 할수록 더 못하게 되는 것 같아요. 어렸을 때는 만나면 뭐 이벤트 같은 걸 한다고 많이 했는데 여러 여자를 만나다 보니까 이벤트 하면 좋아하지도 않기도 하고... 그러면 내가 이걸 왜 했나 싶고 안하면 또 왜 안했나 싶고... 하면 할수록 어려워서 못하게 되더라고요...

유성쌤: 특히 그 몇 일째 이벤트라는 게 둘이 만나 100일, 200일이라는 거잖아요. 남자 입장에서는 뭔가를 해줘야 할 것 같은 강박, 여자는 받고 누려야한다는 그런 의식이 처음부터 있을까요?

ㅌ(남): 여성들이 그렇게 생각하지는 않는 것 같아요. 저 같은 경우에는 처음에 만났을 때는 약간 강박 때문에 대학생이지만 반지 같은 거 맞추고 선물도 하고 그랬는데... 이벤트를 하면 여자 친구 반응도 있잖아요. 반응을 봤는데 찜찜하더라고요. 좀 더 좋아해줄 줄 알았는데... 그래서 섭섭할 때가 있더라고요. 그렇다고 여자 친구가 고마워하길 바라다가는 티 날 수도 있잖아요. 그래서 한번은 100일 이벤트 끝나고 싸웠어요. 그러다 200일 때 바빠서 못한 적이 있어요. 미안해서 아침부터 사소하지만 널 챙겨준다는 느낌으로 정성스럽게 대하니까 오히려 좋아하더라고요. 그래서 그 후로 이벤트 안 해요. 이벤트 하는 것보다 늘 널 생각하고 같이 있다는 걸 확인받고 싶어하는...?

유성쌤: '발렌타인 데이'니 '화이트 데이'니 뭐 이런 억지 춘향 기념일들이 얄팍한 상술에서 비롯된 것은 다 알 테죠? 무슨 날짜를 맞춰서 100일이니 그런 이벤트도 최근에 생겨난 문화지요. 예전에는 없었어요. 쌤 생각도 그렇고 흔히들 만남의 주기가 짧아지다 보니까 100일이 넘어가면 뭔가 관계가 공고해진 느낌으로 기념하게 되는 게 아닌가 싶어요. 어쨌든 예전에는 그런 특이한 이벤트는 일반적이진 않았단 말이죠. '성과 사랑' 수업에서 주로 많이 다루는 내용이지만 그걸 '사랑의 각본'이라 해요. 스스로 마음에서 우러나서 주고받는 부부나 연인 사이 교감에서 비롯하는 자연스러운 관계보다는 무언가 확인받고 또 증명하고 싶은 일종의 불안감에서 이런 상투적인 이벤트를 하는 거예요. 또 이런 이벤트에 여성들이 취약한 편인 것은 여전히 연애에 대한 낭만주의적 환상 같은 게 남아있기 때문이죠. 특히 아직도 자유롭고 평등한 사랑문화가 정착하지 못한 한국 사회에서 더 그래요. 그 각본에 그야말로 막장 드라마에 불륜이나 출생의 비밀처럼 단골로 등장하는 메뉴가 바로 이벤트잖아요? 그 이벤트 강박에는 매스컴 영향도 커요. 온갖 드라마니 이런 데서 그야말로 갖은 법석을 떨며 유난스럽게 이벤트 장면을 연출해서 그게 무슨 큰 의미가 있는 것처럼 난리도 아니잖아요. 그런 사랑의 각본, 또 이벤트에서는 여전히 남성들이 주도를 할 수밖에 없는 상황인 건 말할 나위도 없고 말이죠. 참, 아무튼 조금씩은 변해가는 연애 풍토에서 요즘 젊은이들은 여성들 쪽에서는 이벤트 안 해주나요?

ㅎ(여): 저 같은 경우에는 이벤트를 그리 중요하거나 의미 있다고 생각하지 않아요. 그야말로 이벤트 회사의 마케팅 전략 같고 상

술의 일부라 생각하거든요. 그래서 이벤트라기보다 진짜 뭐 기념으로 하고 싶으면 100일, 200일, 300일 뭐 그런 걸 기억, 추억할 수 있는 물건 같은 걸 주고받는 게 좋지 않을까 싶은 입장이구요.

유성쌤: 이건 좀 앞서가는 얘기 같지만, 쌤이 주례를 서거나 결혼 앞둔 제자들 만나면 이런 얘기를 해요. 쌤은 뭐 유학시절에 결혼을 했으니까 말 그대로 숟가락 젓가락만 들고 결혼했어요. 근데 집에 외국 친구들이라도 오거나 스파게티라도 해먹으려면 포크, 나이프가 없어 불편하더라고요. 자주 쓰는 것도 아닌 데 그걸 사기도 그렇고 해서 학교 식당에서 몰래 둘이서 집어왔던 기억이 나요. *(웃음)* 그러다가 그냥 우연히 시작한 게 기념할 만한 일 있을 때마다, 그니까 중요한 시험을 통과했거나 누구 생일이거나, 결혼기념일이거나 이럴 때마다 말이죠. 그때마다 커플 머그잔 한 쌍을 사서 함께 기념하곤 했어요. 당시엔 그것도 귀했거든요. 그렇게 모은 게 꽤 여러 세트가 되는데 하나하나 기억에 남고, 추억이 스민 것들이에요. 봄이 되면 화사한 빛깔 잔 커피 마시면서 아, 이거 나 석사시험 통과했을 때, 가을에 은근한 단풍 무늬 찻잔에 차 마시면서 이건 아내 중요한 시험 마쳤을 때, 이런 의미와 상징을 담는 일이 굉장히 좋은 이벤트 아닐까요?

섹과 사랑 그리고 찌질한 남성

—남친들이란…

유성쌤: 자, 이벤트 이야기는 그 정도 하고, 이제 여학우들 허심탄회하게 이야기 한 번 해 봐요. 남성들이 성장과정의 한계도 있고 한국 사회 특유의 가부장적인 측면도 있지만 제도교육의 문제 등으로 감성 표현 같은 훈련을 받지 못했기에 연애에서 미숙하다고들 해요. 좀 심하게 얘기하면 여성들에 비해서 미성숙한 편인 건 확실해요. *(웅성웅성)* 이런 면에서 사귈 때 불편한 점은 없었는지 솔직한 이야기를 한번 들어봅시다. 남학우들 뭐 기분 나빠할 필요까진 없고요. 이런 얘기 경청하고 잘 반영하여 성숙한 태도를 취하면 될 테니까요. 어때요, 그런 불편한 점은 없었어요? 참 여기 사귄다는 두 사람, 대질심문 *(웃음)* 다시 한 번 해볼까요? 여성 쪽이 더 나이가 많다고 했죠? 남자 친구가 미숙하거나 어리거나 그러진 않아요?

ㅈ(여): 미숙하다거나 그러진 않는데… 근데 예전에 나이 많은 남자도 만나봤지만 남자는 항상 자기가 사귀는 여자보다 어린 구석이 있는 것 같아요. 뭐 그냥 넘어갈 수 있는데… 뭐라고 해야 할지, 약간 마마보이 같은 그런 느낌이, 나이가 많든 적든 없잖아 있더라고요.

ㅎ(여): 저는 둘이 동갑인데요. 동갑이어도 동생을 만나는 것 같은 기분이 들 때가 많고 그래요. 특히 뭘 해도 제가 아주 긍정적으로 '리액션', 그니까 뭐든지 잘 반응해주면 어린애처럼 좋아하더라고요.

유성쌤: 좀 더 자극적으로 얘기를 해볼까요? 여러분들 중에도 있겠는데 적잖은 여학우들이 교환학생 가거나 어학연수 가서 외국 친구를 사귀고 나면 한국 남자들 굉장히 어리다고 공감을 많이 해요. 쌤 유학시절 경험으로 봐도 그래요. 유학생이 많지 않을 때니까 여성들이 유학하는 경우는 더 적었고. 그 중에 첫 세대로 페미니즘 공부했고 쌤도 영향을 많이 받은 선배가 있었는데 직접 그러시더라고요. 정말 자의식 강하고 능력 있는 분인데 가부장적 질서에 맹렬히 저항하고 그러던 중 외국에 가서 엄청난 해방감 같은 걸 느꼈다는 거죠. 그래서 남자 만나 사귈 때 한국 남성들은 애초부터 배제했다더군요. 남자 유학생들 봐도 한심하게 미성숙하고 가부장적이어서요. 지금은 많이 나아졌다고 해도 잘 들여다보면 여전히 그런 면이 없잖아 있어요. 쌤도 그래요. 몸으로 난 자식은 아들 하나지만 소중하게 만나고 함께 커 온 '영혼의 딸들' 많잖아요. 이들이 남자 친구 사귄다, 그러면 솔직히 걱정부터 되요. *(웅성웅성)* 물론 개인차가 있지만 특히 만남과 사귐에 있어서 남성들 미성숙함이 너무 눈에 띄고 그 바람에 힘들어하고 아파하는 걸 늘 지켜보니까 말이에요. 특히 메마른 감성, 모자란 공감능력 이런 거 때문에 사랑에 서투를 수밖에 없거든요. 연애관련 상담이나 면담도 많이 하는 편인데 내용들 들어보면 이런 데서 오는 문제가 대부분이에요. 게다가 남학우들은 쌤이랑 많이 친해도 찾아와서 연애상담 잘 안 해요. 거의 없었어요.

여학우들 주로 오지. 남학우들 기껏해야 물어보면 마지못해 '헤어졌어요, 차였어요' 이렇게 몇 마디 털어놓는 정도? 왜 그럴까요?

ㅅㅈ(남): 제가 남중 남고 나왔는데 그런 데서 여자 선생님을 여자로 안 보는 경우가 많잖아요. 들어보니 여학교에서는 남자 선생님들, 특히 젊은 남자 선생님들을 좋아한다고 그러더라고요. 고등학교 때 여자 선생님이 있었음에도 여자로 안 보니까 대학 오면 신세계를 접한다고 해야 하나? 그래서 좀 미숙한 것 같아요. 뭔가 좀 확실히 표현을 하는 연습이나 훈련이 되었어야 하는데 그거를 못하다가 갑자기 맞닥뜨리게 되니까 이 내 마음 어떻게 표현해야 할지 모르니까 막 그냥 막 얘기하게 되고 의지하게 되고 어리게 보이고, 뭐 그러는 것 같아요.

유성쌤: 재미난 해석이고 가능한 분석인 것 같아요. 뭐 남성들 성장과정부터 제한이 있는데다가 교육 자체도 그러니까요. 그렇다고 남녀공학도 크게 다르진 않을 거예요. 남중 남고는 말 그대로 연습, 경험 부족에다 보고 배운 것이 없이 갑자기 맞닥뜨리게 되면 당황할 수밖에 없겠지만, 그 교육환경에서 남녀공학이라고 뭐 그런 걸 전혀 다르게 경험하기도 어려울 테니까요.

-연애와 남성 중심 성문화

유성쌤: 자 그럼 이제 본격적으로 섹슈얼리티로 갑시다. 이건 더 개인적인 사안이니까 자신들의 이야기가 아니어도 좋고 주변에 흔히 보이는 사례도 좋고 그래요. 살펴본 대로 연애 관련해서 사귀기로 하는 과정, 뭐 이런 데서는 여학우들이 거의 평등할 정도라고 하긴 좀 그렇지만 주거니 받거니 주도권을 쥐기도 하고 그러지요. 그런데 쌤 지켜본 것도 그렇고 이런저런 연구들을 보면 정작 섹슈얼리티 국면으로 들어가면 그때부턴 놀랍게도 여학우들이 그 주도권을 놓거나 아니면 빼앗기거나 한다는 겁니다. 일단 쌤 주장에 대해서 어떤 생각을 갖고 있는지 혹은 어떤 다른 의견이 있는지?

ㅅㅈ(남): 역시 남자가 주도적으로 하는 것 같아요. 먼저 키스도 그렇고… 아, 아닐 때도 있지만… 그런데 대부분 남자가 주도적으로 해야 하지 않나 하는 생각이 있는 것 같아요, 특히 제가… 그니까 남자여서라기보다는 제가 그런 거 좋아하니까요. 스킨십, 키스, 섹스. 이게 좋거든요. 그런데 제가 좋아해서 하는 건지, 남자라서 하는 건지는 잘 모르겠어요.

유성쌤: 물론 여기에도 개인차가 있겠지요. 아까 만남과 사귐의

대해서도 그런 얘기를 했지만 이전까지는 쭉 남성들이 주도를 해야 한다는 일종의 사회적 통념, 이데올로기 같은 게 있어 왔죠. 이게 흔들리거나 아니면 없어지기 시작하고 상호성이라는 원칙이 터 잡아가는데 여전히 가장 민감하고 내밀한 섹슈얼리티 영역까지 자리 잡지는 못한 듯해요. 무엇보다 남성 중심 성문화가 그야말로 너무 깊게 뿌리내린 데다 여성들조차도 아직 여기서 벗어나지 못하고 있으니 말이죠. 아직도 그 잔재, 아니 여전한 풍토에 젖어 있다고 해야 하나?

ㅅㅈ: 친한 여자애들하고 이야기해보면 "야, 내가 이 정도 했으면 걔가 더 와야 되는 거 아니냐?"고 나중에 분해하고 그래요. 술 마시다가 분위기잡고 눈빛 보내거나, 아니면 빤하게 쳐다본다거나 이렇게 신호 보내면서... "아. 내가 그랬는데 걔는 뭐 고자도 아니고... 아무것도 안하더라..." *(웃음)*

유성쌤: 여성들 입장에서도 성적 욕구 같은 것을 적극적으로 표현하고 싶지만 여전히 사회적인 제약 때문에 꺼려하고 혹은 에둘러서 한다는 거죠? 여학우들 한 번 얘기해 봐요! 어, 참... 아무래도 좀 껄끄러운 주제니까 다른 쪽으로 돌려서 해봅시다. 아직도 남학우들은 자기들끼리 모이면 섹슈얼리티 관련 이야기 많이 하죠?

ㅅㅈ: 많이 해요, 엄청 많이 합니다. 남자 친구들끼리 모여 있을 때만 하는 건 아니고 요즘은 여자애들하고도 친해지면 해요.

유성쌤: 여학우들은 어때요?

ㅇ(여): 많이 하죠.

유성쌤: 하죠? 근데 그 내용이나 수준이 많이 다른가요? 경우에 따라 다르겠지요, 그것도?

ㅎ(여): 남자들한텐 그게 되게 중요하게 다가오는 것 같아요. 잘 모르겠는데 제 친구가 CC를 두 번을 했어요. 세 명이 서로서로 아는 사이인데, 첫 번째 남자랑 만났다가 헤어지고 그 다음 다른 친구를 만났을때 이 남자가 "그 전 사람과 비교했을 때 어때, 좋았어?" 이렇게 묻는다고 하더라고요. 여자는 그런 걸 묻지 않잖아요. 전 사람과 했을 때 더 좋냐, 이러진 않잖아요. 남자들한텐 그게 되게 중요한가? 갑자기 궁금해졌어요.

ㅅㅈ(남): 다 물어보진 않은 것 같아요...

ㅌ(남): 물어봐도 다음엔 잊어버리고. 그렇죠 뭐...

유성쌤: 그런 걸 흔히 남성 중심 성문화의 가장 전형적인 표현이라고 하지요. 성적 능력의 신화! 성담론 중에 거의 강박적으로 등장하는. 자, 이것부터 시작해서 여학우들에게 지금 만나고 사귀는 것과 상관없이 주변에 젊은 20대 남성 대학생들이 가지고 있는 섹슈얼리티에 대한 생각이나 행동, 태도, 관행 이런 것들 중에 불편한 것들은 뭐예요? 이건 참 싫다, 이건 참 없어졌으면 좋겠다, 이런 것들? 또 침묵이네!

그 왜 '스킨십' 관련해서 진도에 대한 압력 그런 건 요즘도 많이 있고, 불편해 하나요? 그러니까 뭐 100일 이벤트를 해줬으면 당연히 보상해달라는 식의 요구 말이죠. 특히 주변 또래 압력이 이때 가장 세잖아요. “야 너 100일 이벤트 그렇게까지 벅적지근하게 해줬는데 아직도 그만큼밖에 진도 못나갔냐?” 이런 압력들! 아니 꼭 이것뿐 아니라 스킨십이나 등등에서 ‘성적 자기결정권’ 문제인데, 물론 뭐 그렇다고 모든 걸 둘이 서로 토론하고 지금부터 이렇게 진도를 나가겠습니다, 이럴 건 아니지만 말이죠. 나름 주도권을 슬쩍 장악하고 약간의 강요? 강제? 그러면서 싫다거나 주춤거리면, “나를 사랑하지 않는 거지?” 뭐 이렇게 압력을 가하는 거 말예요.

ㅌ(남): 스킨십에 대해서 진도에 대한 강박관념은 이제 거의 없는 것 같아요. 그런 거 사실 서로 예의도 아니고 주변에 CC가 많아서 그런가, 그런 거에 대해서 별로 얘기 안 하고 저도 거기에 스트레스를 받은 적은 없었던 것 같아요.

유성쌤: 아니 압력이나 그런데 시달리는 건 대개 여학우들이니 말이죠. 물론 적극적으로 먼저 다가가거나 그럴 수도 충분히 있는 거지만. 아무튼 아직 주도권을 주로 남성이 쥐게 되는 상황에서 어떤 불편함 같은 게 있냐는 거죠. 그러니까 연애든 뭐든 관계라는 것이 무척 다양하게 마련이잖아요. 굉장히 천천히 스킨십 상관없이 오래가는 커플도 있는가하면 갑작스럽게 가까워져서 바로 섹스로 들어가는 커플도 있다고 할 때 동의나 합의 이런 것에 대한 큰 문제는 없는지를 묻는 거죠. 쌤 보기엔 여전히 남성들이 사랑의 증표로 스킨십을 요구하는 경우들이 흔히 있어보여서요.

ㄹ(여): 주변에서 기간에 따라서 100일, 200일 따라 스킨십을 한다는 등 압력이 있는 것은 많이 봤는데 사실상 그런데 크게 영향 받는 것 같지는 않아요. 그리고 그렇게 직접적, 직설적이라기보다는 분위기 잡아서 은연중 흘러가도록 하는 식이구요.

ㅌ(남): 저는 그래도 아직 있는 것 같아요. 아무래도 남자들 사이에서는 스킨십에 관심이 높으니까요. 사실 남자들은 나이에 관계없이 언제까지고 그런 것 같아요. 뭐 여론조사 이런 걸 봐도 여자 입장에서 진짜 사랑의 확신에서 스킨십을 한다는 결과가 많은데... 그러니까 자기가 이제 관계를 이어나가고 싶거나 아니면 정신적으로 원하는 그런 걸 위해서 편의를 봐준다, 그런 이해를 해서 남자한테 스킨십을 허용한다, 이런 게 많은 것 같아요.

유성쌤: 물론 계속 강조했듯이 남녀의 차이도 있지만 남성들 사이에도 여성들 사이에도 개인차가 커요. 전반적으로 그런 느낌이 들어요. 워낙 사회 전반에뿐만 아니고 그런 사적인 가장 친밀한 관계 속에서도 변화가 빠르게 오다 보니까 서로 소통은 물론이고 생각부터 어긋나는 부분이 많이 생기죠. 여전히 남성 중심적인 문화 속에서 여러분들 세대에는 변화 내지는 진화하는 것도 많이 보이긴 해요. 지금까지 훑어본 걸로 봐도 성과 사랑에 만남, 사귐, 섹슈얼리티를 포함한 일련의 과정을 봐도 상호성 같은 것이 중요시되고 자리잡아가는 것 같으니까요. 다만 여전히 그 흐름에 따른 전반적인 변화까지는 아직 먼 것 같은 안타까운 느낌도 들고요.

–남성 중심 성담론

유성쌤: 자, 그럼 젊은, 20대 청년들의 입장에서 한국 사회 전반적인 섹슈얼리티 자체에 대한 의견, 특히 어려움이나 불편함 어떤 것이 있을지 얘기해봅시다.

ㅅㅈ(남): 말씀 듣다보니 그냥 저희들끼리 별 불편 없이 얘기했던 많은 부분이 불편할 수 있는 거 같아요. 특히 남자끼리 그런 문화 자체가 문제이지 않을까…

ㅊ(남): 제가 신입생으로 들어왔을 때 남자 선배들이 여자 선배들 외모 순위를 매기라고 해요. 놀림 삼아… 그때는 내가 이걸 또 어떻게 말해야 하나 고민하고 스트레스 받곤 했지요. 게다가 밤이 되고 남자들끼리 술을 마시면 수위가 정말 엄청나게 올라가요. 그때는 정말 스트레스를 진짜 많이 받았고… 그래서 그런 모임은 이제 안 가거든요. 그 사람들 입장에서는 대학교 3~4년 다니면서 익숙해져 있고 그런 얘기를 친구들끼리 하다가 신입생에게 재밌으니까 시키는 건 알겠는데, 이런 것들이 굉장히 폭력적이고 또 미성숙한 성문화의 발현이 아닌가 생각이 들어요.

유성쌤: 그러게요. 하다못해 신입생 환영회나 전체 오리엔테이션에서도 가끔 그런 일들이 불거지곤 하잖아요. 게다가 군대 가게 되면 더 하고. 누가 뭐래도 군대가 여전히 남성 중심 문화의 한 산실로 작용하니까요. 이를테면 멀쩡하던 애들이 군대 다녀와서 갑자기 흉측해지고 짐승같이 놀고 그러잖아요.

ㅅㅈ(남): 훈련소 안에서도 그런 얘기 되게 많이 하잖아요. 여자 얘기 아니면 당장 할 거 없으니까…

ㄷ(남): 남자들이 집단화 되었을 때 성적 욕망을 자기들이 규정하기보다는 집단을 통해서 명예훈장 같은 걸로 받아들이는 것 같아요. 그런 게 사회에 만연해 있다는 거 자체가 그런 문화를 만들고 불편하게 하지 않나…

유성쌤: 물론 다행히 지금 얘기 나왔듯이 몇몇은 그것을 너무 당연하게 여기는 것이 아니고 불편하게 여기는 것만큼 조금씩은 변화가 일어나지요. 그렇지만 여전히 집단으로 모일 때 갑자기 자신이 짐승임을 훨씬 부풀려서 욕망을 과장해서 남자 셋이 모이면 욕망이 셋이 되는 게 아니고 다섯, 일곱쯤 되어 버리는 거예요. 이렇게 자신의 성적 욕망 내지는 능력을 과시하게 되고 말이에요. 이럴 때는 정말 전형적인 짐승이 되는 거예요. 발정 난 수사슴들이 뭐 뿔을 세워서 다투듯이 하는 그런 경쟁까지 벌이는 것은 지금까지 가지고 있는 본능 더하기 남성 중심의 사회화 이런 걸 당연한 것으로 여겨서 그런 거죠. 남자들은 다 그렇다고. 그런 부분들이 어찌 보면, 여학우들

은 '내 남자 친구는 아니겠지' 하지만 그도 남자이니 집단에 가면 그럴 수 있다는 알아야 해요. 남자들 스스로도 그런 불편함을 자기들끼리도 스스로 느끼고 나아지도록 해야 하고 그러는 것이 필요하겠죠? 자. 이제 정리를 해봅시다. 지금 얘기한 바로 그 부분이 앞으로의 전망 내지는 대안과 관련된 첫걸음이라 생각해요. 일단은 '불편함', '불편하게 느끼기'에요. 자, 아무튼 오늘 사실 '성과 사랑'이라는 민감하면서도 민망한... *(웃음)* 주제를 두엇이 모여 하는 것보다 여럿이 좀 편하게 얘기해보려고 이렇게 판 벌여보았어요. 좋은 이야기들 고맙습니다! *(박수)*

be
feminism
how

이야기판(뒤):

여성 청년들과, 여성 청년들의 남성 청년 이야기

일곱, 끼어들며 뜯어보니:

찌질한 남자? 아니 저질 남자!

– 여성 청년들이 본 남성 청년들 성과 사랑
(남성 중심 성문화의 겉과 속)

얘기가 하면 할수록 이리저리 흔들리고 앞뒤가 왔다 갔다 하는 바람에 무언가 새로운 계기가 필요하겠다 싶어, 비상수단으로 몇몇 페미니즘을 따르고 그렇게 살려는, 흔히 말하는 '깨인' 여학우 몇을 모아 대놓고 남성 청년들 얘기를 들어보기로 했다. 무엇보다 적잖이 얘기하기 꺼려지고 저어되는 성담론부터 대뜸 다루었는데 걱정했던 푼수로는 오히려 남학우들 하고 보다 더 진솔하고 깊은 얘기가 나왔다. 더욱 입체적이고 살아있는 모습 담아보려고 어떤 때는 아주 내밀한 부분까지 서슴없이 터놓고 또 나누었다.

–왜 여성들끼리 뒷담화를??

유성쌤: 오늘 모인 배경부터 간단히 설명하자면 이래요. 잘 알다시피 남성문제를 다루는 책을 준비하던 참에 기왕이면 지금, 여기 또 다른 문제로 한창 시끄럽고 우리 주제와 이어지는 청년 담론하고 붙매서 청년 남성들 얘기로 이어가 보자, 이렇게 출발했지. 처음엔 두 명 남학우하고 조심스럽게 시작했는데 영 이야기가 밋밋해. 이도 저도 아닌 거야. 둘 다 적당히 깨었다고나 할까, 그것도 문제고 또 아무래도 쌤하고 얘기하려니까 소극적이고 수동적인 거야. 그러니 치열한 다툼이나 고민이 잘 드러나질 않을 수밖에. 그렇다고 처음부터 흔해 빠진 마초를 불러다가 야단쳐가며 다시 얘기를 하고 싶은 마음은 없고 말이지. 참 어쩔 수 없는 게, 남성문제와 관련해서 가장 깨어 있는 당사자들은 한국이나 외국이나 대개 동성애자들이에요. 차별에 민감하면서 젠더의식 분명하니까. 반면에 주류라고 할 수 있는 생물적인 남성, 이성애자로서 깨어 있기란 참 쉽지 않아요. 그걸 공부한다는 쌤도 머리로나 깨어 있지 크게 다르지 않고 말이지. 그렇지만 그렇게 접근하기엔 아직 대중성이 부족해요. 해서 궁여지책이랄까, 고육지책이랄까 나름 젠더문제에 관심 있고 관련된 일도 하고 있는 여학우들하고 같은 주제를 다뤄보자, 이렇게 된 거지.

청년 담론과 남성문제를 연결하는, 즉 남성 청년들이 찌질하게 된, 찌질한, 까닭은 무엇보다 젠더에 대한 잘못된 의식, 또는 무의식이 있다는 걸 생활 속에서, 살아가는 이야기 속에서 짚어보는 게 이 책 만들려는 동기잖아. 이게 굉장히 중요한 거거든. 쌤은 책을 만들면 늘 기획하는 사람이랑 이런 얘기를 하는데, 나 혼자 좋다고 책을 만들 필요는 없잖아. 세상에는 세 종류의 책이 있어. 꼭 있어야 할 책, 있으나 없으나 한 책, 있어서는 안 될 책. 난 있으나 없으나 한 책도 싫거든. 20대 청년들이, 여성이든 남성이든, 동료나 친구, 애인이 '정말 그렇구나' 하고 스스로, 또는 서로 좀 더 이해를 하게 되든가. 젊은 여성 남성이 연애 진도를 더 잘, 좋은 쪽으로 밀고 나가게 하는 길잡이가 되어 준다든지. 좀 더 대놓고 말하자면 주변에 씩씩하고 똘똘한 여학우들 모아 20대 남성들의 띨띨함, 찌질함에 대해 욕을 하던 분석을 하던, 얘기를 해주면 그걸 정리해서 앞선 좌담과 연결지어 보면 어떨까 해서 이렇게 모이게 된 거지.

이 책을 시작한 시대 배경까지 마저 얘기해야겠지? 세월호 사건 다시 얘기할 수밖에 없는데 세상에 이런 끔찍한 일이 일어났고, 그 바탕에는 신자유주의, 천민자본주의 문제도 있지만 세상의 운영과 조직방식이 남성 중심적이고, 결과 중심적이고 목표 지향적이고 모든 것을 수단화하고. 이런 잘못되고 그릇된 세상의 운영방식이 있다는 점. 이렇게 세상이 난리도 아닌데, 흔히 청년 담론에서 손가락질하듯이 눈앞 경쟁과 취업에만 급급하고, 여전히 가부장적인 남성 중심 성문화에 빠져 있고, 마마보이 넘쳐나고, 이런 남성들을 어찌할 꼬! 좀 더 자극적으로 말해 보자면 쌤 정말 요즘 남자애들 눈뜨고 못

보겠거든. 열에 아홉은. 수업에서도 면담에서도 그밖에 만나는 자리에서도 짜증만 나. 그 참을 수 없는 존재의 가벼움, 그 바닥 모를 미성숙함, 그 끝간데없는 찌질함! 물론 앞에 얘기에서도 많이 나오지만 이게 이들만의 책임은 결코 아니지. 세상이 이들을 이렇게 만들었는데, 아무리 그렇다 해도 그 지경인 찌질함에 대해 적어도 자기 반성마저 없으면 이들 스스로는 말할 것도 없고 이 삶터는, 이 세상은 정말 앞날이 없는 거지. 앞에서도 잠깐 얘기했지만 쌤이 남성문제 연구로 간 까닭은, 처음엔 젠더, 여성학이라는 이름으로 강의도 하고 활동도 하다가 90년대 중후반부터는 양적, 질적으로 여성해방의 흐름이나 젠더담론이 많이 성장한 만큼 나같이 깨우친 이방인이 거들 필요도 이유도 없어진 것 같아서였어요. 그러면서도 여전히 중요한 건 여성이 해방되었다 해서 함께 살아가야 하는 남성들이 변화하지 않으면 여간해서 우리가 바라는 사람대접하고 사람 생각하는 삶터, 세상 만들기 어렵다는 걸 거듭 깨달았지. 그래서 남성문제 연구하고 담론도 만들고 하는 건데, 세월호 사건 겪으면서 다시 이 일에 대한 신념이 생겨요. 오늘은 쌤 뒤로 물러서서 이론적 배경 정도만 제공해 줄 테니 여러분들이 있는 힘껏 남성의 찌질함을 드러내고 꼭꼭 씹어주길 바라요. *(웃음)*

—이래서 우리끼리 남자 씹기…

ㅎㅎ: 네, 단도직입적으로 들어가 볼게요. 남자들 왜 여자 순결이랄까, 첫 경험이랄까 뭐 이런 데 집착하잖아요. 남자들은 "솔직하게 얘기해봐, 내가 처음이 아니야?"라고 물으면서 정말 솔직하게 얘기하면 끝나는 거잖아요. 아직도요. 여자들은 남자들한테 그런 걸 궁금해 하나요? 뽀뽀하고 키스할 때 '내가 처음인가 아닌가' 전혀 궁금해 하지 않지 않나요?*(다같이: "아뇨!")* 그런데 남자들은 '도대체 내가 몇 번째 남자인가' 늘 궁금해 하죠. 그리고 섹슈얼리티에 대한 남자들 찌질함의 최고봉이자 결정체는, 누구랑 잔 것을 자랑스럽게 얘기할 때… 사실 우리가 남자 만날 때 우리가 여자기 때문에 남자들 어떤 얘기를 하는지 잘 모르지요. 그런데 남자들은 '나 누구랑 잤고 걔가 어땠고' 이런 얘기를 아무렇지도 않게 하는 경우가 많다는 거죠.

또, 순종적인 여자 좋아하잖아요. 사실인지 아닌지 모르겠지만, 남자들은 똑똑한 여자, 자기 생각을 똑 부러지게 말하는 여자들 싫어한다잖아요. 특히 소개팅에서 남자한테 애프터 받는 비법은, 약간 어수룩해 보이면서 '리액션' 잘 해주는 거래요. 남자가 얘기를 신나게 하도록 두고 간간히 "아 정말요? 그렇구나~ 몰랐어요~"라고 하면 백 퍼센트 애프터가 들어오는데, 자기 생각 많이 말하면 애프터 성공률이 낮아진다는 얘기가 있는데… 맞장구를 쳐주면 너무 신나서 자기 얘기를 풀어놓잖아요. 어쨌든 그런 여자들 좋아하고… 남자들 좀 센 척을 많이 하고 사람들 만나면 자기 과시부터 하려 들어요. 자기는 이런 사람이라는 걸 어떻게든 드러내 보이려고 하지요. 예를 들면 자기가 가진 지위나 자본을 누구나 드러내려고 하겠지만 남자들은 그야말로 힘, 돈 이런 것으로만 어필하려고 하는 경향이어서 재수 없을 때가 많죠. 또 자기들 군대 가기 싫다고 하면서 동시에 군대 안 간 사람들 욕하는 거 웃기잖아요? 군대서 딱딱한 위계질서 같은 거 배워서 체화해서 퍼뜨리는 거죠, 동아리 방에서 후배들 잡는답시고 소리 지르고, 소통은커녕 사뭇 폭력적으로 대하는 그런 문화 강요하고… 저도 동아리에서 많이 겪었어요. 또 남자들 중에 자격지심, 콤플렉스 이거 가진 사람들 굉장히 많은 것 같아요, 제가 만난 남자들 보면. 예를 들어 물론 완벽한 사람이 없으니까 각자 잘난 구석, 못난 구석 있는데, 여자들은 그걸 성찰하고 받아들이는 사람이 많잖아요? 반면 남자들은 그게 안에서 해결 안 되고 곪아 있어서 누가 그걸 건드리면 빵 터지고 컨트롤이 안 되는 사람들이 많더라고요. 왜 새벽에 술 취해서 전화해서 우는 사람들 있잖아요. 새벽 두 시에. 평소에 나의 상처-가족, 성격문제 등 자기가 갖고 있는 자격지심을 사람들 사이에서 제대로 해결 못해서 안으로 곪아 있다가 여자랑 가까워질 때 새벽에 술의 힘을 빌려 울면서 감정이 폭발하는 경우가 그래요. 왜 유행어도 있잖아요, 새벽에 연락해서 "자니" (…)? *(깍!)*

유성쌤: 듣다 보니 남자애들 정말 진도 안 나간다! 이 정도면 찌질함을 넘어 거의 범죄 수준인데…

다같이: '자니?' '자는 거야?' '잘 자!' 이게 '3단 콤보'죠.*(웃음)*

ㅎㅎ: 근데 우리 여자들이 이런 약한 모습을 받아주잖아요, 그럼 찌질한 모습을 한도 끝도 없이 보여줘도 된다고 생각하는 거죠. 그 '자니'를 받아주는 여자에게는. 그 버릇 이어져서 으스대면서 담배 폼 잡으면서 피우고, "나 술 취해서 쓰러져서 다음날 아침에 어디서 눈 떴어" 이러면서 자랑처럼 얘기하는 경우가 많잖아요. 또 제 버릇 개 못준다고 제 친구 직장인들 얘기 많이 들으면 성희롱이 자기들 인식하지 못하는 수준에서 어마어마하게 많이 일어난대요. 입에 담기도 싫게… 아침에 여자 나체 사진을 장난이랍시고 전송한다든지. 그런데 남자들은 자기들 말이 성희롱인지도 모르거든요. 근데 보통 남자 직원들이 그렇게 많이 한대요. *(다같이: 어쩜 좋아!)*

그리고 여자들한테 잘하고 좋은 남자인 걸 잘못 이해하고 있는 것 같은 게, 무슨 무거운 걸 들어주고, 맛있는 것 사주고, 집에 데려다 주고 이런 것들을 하면 좋은 남자라고 생각하는 것 같아요. 우리가 원하는 젠더 시각은 전혀 없이, "나는 이것도 저것도 해주고 돈도 많이 벌어주니까. 너는 내가 요구하는 것 해. 난 좋은 남자니까." '좋은 남자'를 잘못 이해하고 있는 사람들이 많은 것 같아요. 좋은 남자가 되어 보려고는 하는데 이제, 그게 뭔지 모르는 거죠.

ㄴㅅ: 제가 여성학과이고, 또 주위 만나는 반경 범주가 좀 다양

한 편이에요. 그래서 제 동기들은 되게 평범하다고 해야 될까요? 그냥 20대 청년 일반적인 친구들인데 이들을 봤을 때 요즘엔 사실 짜증난다기보다는 놀랄 때가 사실 많았거든요. 가령 어떤 순간에 놀라느냐면 저한테 계속 질문을 해요. 여성학과는 뭘 배우고 '페미니스트들은 어떻게 연애를 하냐' *(웃음)* 뭐 이런 것들을. 그니까 전혀 상상이 안 되는가 봐요 이들은. 이런 말하는 사람들 다 남성인데. "군대에 대해서 어떻게 생각하느냐", 뭐 이런 걸 진지하게 물어보고 제 의견을 경청해요. 그래서 저는 놀랍다고 해야 하나? 그렇기도 하고 되게 좋은 느낌들을 많이 받아서 찌질함에 대해 욕이 많이 안 나올 수도 있어요. 사실은 그런데 아까 ㅎㅎ 얘기 듣다가 저는 그게 생각이 났어요, 쌤 아세요? 그 뭐죠 '복학생 봇'인가? '울희 애긔~' 라고 말하는 거... *(웃음)*

ㅈㅎ: '연서복'[15]이라고 '연애에 서툰 복학생'!

ㄴㅅ: 아, 그래, '연애에 서툰 복학생 봇[16]'. 여기서 나오는 말들을 여자 후배한테 해놓고는 '넝담' 막 이러고... (웃음) 그거를 사람들이 비웃어요. 저는 그 비웃는다는 게 중요한 것 같아요...

---

15 '연애에 서툰 복학생'의 줄임말이다. 군전역 후 복학한 지 얼마 되지 않은 남자 대학생을 우스꽝스럽게 유형화했다. '연서복'에 해당하는 남성은, 연애를 하고 싶지만 여성을 대하는 데 있어 서툴고, 특히 여자 후배들을 성적으로 대상화하고 희롱하는 언행을 일삼는다. 트위터나 페이스북과 같은 SNS를 중심으로 퍼져 여자 대학생들에게 공감을 받았다.

16 '연애에 서툰 복학생'을 컨셉으로 하는 트위터 계정이다.

ㅎㅎ: 문제가 있다는 걸 알고…

ㄴㅅ: 문제가 있다는 걸 안다는 거죠, 비웃음 대상이 된다는 걸. 다 같이 까고 희화화하고 분명 여전히 좀 그렇긴 한데 저는 그게 되게 재밌었어요. 그게 비웃으라고 그런 봇이 생기는 거잖아요. 연애에 서툰 복학생 봇이. 남자고 여자고 후배고 선배고 다 같이 비웃는데 그걸 통해서 저도 짜증이나 분노가 이는 게 아니라 저도 비웃게 되더라고요 같이. 웃음이 나더라고요.

ㅈㅎ: 그 '연서복' 나오고 나서 다른 어떤 디제잉 하는 사람인데 잘생기고 목소리 좋은 사람이 똑같은 대사를 이렇게 능글맞게 안하고 멋있게 똑같은 대사를 읊었거든요? 그건 인기 진짜 많았어요. 그 사람은 "오빠랑 밥 먹을래~에?"*(능글맞게)* 이렇게 안하고 "오빠랑 밥, 먹을까?"*(멋있게)* 이러니까 사람들이 좋아요, 좋아요 하고. 똑같은 대사인데 그것도…

ㅎㅎ: 그렇죠. 새벽 두 시 '자니'? 이것도 사실 사람들이 희화화했던 것은 굉장히 오래 전부터지만 제 주위 친구들을 봐도 꼭 남자친구와 가까워지는 과정에서, 새벽 2시에 '눈물의 술자리'를 갖는 경우가 많더라고요. 굉장히 일반화되어 있는 것처럼 꼭. 사실 "나는 네가 모르는 어두움이 나에게 있어", 이런 거 있잖아요, "이런 나도 받아줄 수 있겠니", 막 이런 *(웃음)* 단계가 있는 거죠.

유성쌤: 자연스럽게 ㅎㅎ이 이야기한 거 연결해서 주변에 흔히 남자들의 찌질함에 대한 이런저런 상징적인 것들 같은 걸 얘기하다

가 정리 차원에서 한 가지 한 가지씩 까발려보자. 왜 찌질한지, 정말 찌질한지, 얼마나 찌질한지 이런 거...

-시거든 떫지나 말지...

ㄴㅅ: 위로받기 원하는 것. 보통의 연애관계뿐만 아니라 친구관계에서도 위로를 계속 해줘야 하는데 그게 뭐라고 해야 되지.. 피곤한...*(웃음)* 상처를 보듬어 줘야 된다거나. 보통 여자들이 이성애 연애관계에서 남자한테 위로받기를 되게 원하잖아요. 의존하기를 되게 원하고. 최근에는 그거에 지친 친구가 이제 친구들한테 위로받기를 원하면서 "여자애들아 너희들은 그러지 마라" 이렇게 말하는 거예요. 이제 얘는 너무 힘든 거예요. 여친이 자신한테 피로감을 푸는 거에 대해서 너무 힘들어서 저희 여자애들한테 동기 카톡방에서 "너네는 그러지 마라, 남자 친구한테. 남자 친구도 자꾸 그거 듣다보면 힘들다" 이걸 하는데 거기서 이 남자애한테 '아 너 너무 힘들겠다, 여자들이 다 그런 건 아니고 그 언니가 잘 못했네' 라고 말하지 않으면 안 되는 느낌이 있어서 저도 한마디 보탰죠. *(웃음)* '네가 힘들지 않았으면 좋겠다, 힘내라' 이렇게요. 그러면서 마음속으로 갈등이 있는 거예요. 아 내가 이렇게 자꾸 남성을 케어해주는 것에 너무 익숙

해지는 게 아닐까. 이런 생각도 들면서 되게 복잡했어요. 왜 그 여자도 남자한테 자꾸 피로를 푸나 하는 동시에, 이 친구는 그렇다고 자기 여자 친구한테 받은 걸 이번엔 다른 여자인 친구들한테 푸나, 이런 생각들이 들었어요.

유성쌤: 나중에 그 얘기는 정리를 한번 해야 하는데, 연애 문제는 좀 별개에요. 왜냐하면 남성문제와 또 달리 물론 남성문제와 직간접적으로 연관이 있지만 전반적인 청년들의 연애문화가 너무 지척거려요. 이른바 '쿨'하지가 않아 전혀, 적어도 쌤이 보기엔. 취업 경쟁 이런 거에 더 시달려서 그런지 연애에 매달리게 되고 연애에서 너무 많은 걸 바라는 거예요. 그냥 둘이서 좋아서 뭘 하든 데이트를 하던 섹스를 하던 '쿨'한 면이 없는 거지. 그 말은 양자 모두 독자적인 어떤 인간적인 성숙을 전제로 하는 게 아니라는 거야. 그러니까 서로 얽히고 안기고 개기고 이렇게 되는 거지. 그런 미성숙함은 물론 둘 다 책임이 있는데 그중에서 남자들의 찌질함이 가장 결정적으로 연애의 성숙을 방해하는 편이지. 하다못해 그런 돌봄이나 보살핌 같은 것도 원래는 여성들이 더 익숙하거든. 너무 재밌는 건 여성들은 친구들끼리 위로도 하고 돌봄도 서로 주고받잖아. 남자애들 흔히 큰소리 뻥뻥 치는 '영원한 우정' 따지고 보면, 심하게 말해서 다 '개수작'이야. *(웃음)* 노는 거 봐봐. 왜 섬세한 감정교류가 안 되는 걸, 서로가. 그런 감성의 세계가 익숙하지 않은데 어떻게 위로를 주고받겠어? 그러니까 극단적으로 나타나는 거지. 여자애들은 하염없이 기대려고 하고. 남자애들은 그런 걸 받는 데 익숙하지가 않아요. 사실은 그런 위로받고 위로해주는 일부터가 굉장히 중요한 연애의 과정

이요, 내용이잖아. 익숙하지 않으니까 툴툴거리고 자신이 소화가 안 되는 거야. 다들 그냥 '폼' 재려고 받아주는 척 하는 거지. 넓은 어깨 으쓱대고 넓은 마음 자랑하며 받아주는 척만 하는 거야. 그렇지 않고 예외적으로 섬약하거나 섬세한 남성들 같은 경우에는 감당이 안 되니까 서로 얽혀버리지. 감정이 뒤엉켜서 복잡한 사태가 벌어지지.

ㄴㄱ: 제 사귀는 남친이 보편적 유형은 또 아니어서 뭐 이렇다 할 게 막 떠오르지 않았는데 스킨십 같은 측면에서는 그게 좀 남아 있는 것 같아요. 평소 관계는 괜찮아요. 그가 책을 어릴 때 많이 보고 그래서 생각의 깊이가 깊고, 사람들을 공감하는 능력이 많아요. 그래서 경직된 남성성에 갇히지 않아서 평소에는 되게 편하고 제가 오히려 '마초'스러울 때가 많다고 생각하는데... 그런데 스킨십은 그런 거랑은 다른 영역이잖아요. 감정이 앞서게 되고 본능 그런 게 앞서게 되고. 그럴 때는 음, 좀 제가 약자가 되는 것 같아요...

유성쌤: 그런데 왜 약자라고 생각해?

ㅎㅎ: 남친이 리드하는 거잖아요.

ㄴㄱ: 예, 맞아요, 맞아요! 다른 때는, 그니까 대화할 때나 뭐 그럴 때는 안 그런데, 꼭 거기서는...

유성쌤: 네가 져 준 거야, 아니면 그가 요구한 거야?

ㄴㄱ: 네, 약간, 그가...

—성 정치, 주도권, 여성 자신의 문제

유성쌤: 쌤 얘기하는데 맨날 그런 거거든. 요즘은 여학우들이 적극적으로 돼서 '썸' 타거나 작업 걸거나 그럴 때는 적극성을 띠는데 여전히 스킨십이나 섹슈얼리티로 가면 주도권을 놓거나 빼앗겨요. 이거 중요한 말이야, '놓거나 빼앗긴다!' 그게 이제 아주 오래된 가부장적으로 내면화된 부분도 있고. 다른 한편 글쎄 설명하기 참 어려워. 아무튼 현상으로는 그래. 그걸 놔주거나 빼앗긴다니까.

ㄴㅅ: 너무 공감돼요, 놓거나 빼앗긴다는 말이!

유성쌤: 적극성을 찾거나 얻지 못하는 거지, 거기서부턴. 하다못해 연하남이든 뭐든. 예외는 물론 있겠지만 연애 진행상황에서 보면 딱 그 순간에 엇걸리는 거야. 굉장히 복잡한, 쌤이 늘 말하는 '성정치'가 바로 그거야. 이거 사뭇 정치적인 권력다툼이야, 그것도 치열하기 짝이 없는. 그야말로 존재를 나눌 것 같은 굉장한 연애이기도 하지만 이건 결국 권력다툼인 거예요.

ㅎㅎ: 쌤, 왜 남자들 사이에서는 누구랑 자고 그러는 일이 자랑처럼 되니까 드러내고 말도 대놓고 떠벌이고 그러는 건데, 여자들

한테는 그게 아니잖아요. 그니까 도대체 그게 언제서부터 그렇게 된 건지?

유성쌤: 원시시대부터 가부장제 만들어지고 나서 생겨난 거야. 수렵시대 약탈혼하면서부터 이어진 거지. 그게 일종의 '사이버 천성(pseudo-mature)'으로 남성성의 내용이 되어버린 거야. 늘 얘기하지만 남성성이라는 것 자체가 대단히 추상적이고 그런 개념이어서, 구체적 내용은 잘 없고 그저 여성적이 아닌 걸로 취급하는데, 그나마 자기들 스스로를 남성으로 생각할 때가 짐승이 될 때라는 거지. 남성 중심 섹슈얼리티라는 것이 남성들이 가지고 있는 '마지막 보루' 이렇게 생각하는 거지. 여전히 정력과 관련해서는 눈이 벌개서 아무거나 주어먹고, 찾아먹고 하는 까닭도 거기 있고. 지금은 전혀 그럴 필요가 없는 거거든. 의학의 도움을 받거나 하면 되는 거고. 아직도 강박관념 같은 게 있는 거야, 아주 오래된. 쌤 보기엔 원시시대의 산물이라니까, 가부장제 처음 등장할 때부터. 하다못해 가장 가까운 사람과의 연애 등등에서도 그런 것에 대한 주도권에 대한 강박이야 일종의. 이제 그걸 놔야만 평등한 관계도 가능하고 무엇보다 연애할 때 남성 자신도 편안해지는 거지. 얼마나 힘들어, 그런데 빠져 있으면? 그렇잖아. 늘 힘세야 하고 정력이 좋아야 하고 뭘 해야 하고… 마치 사냥꾼들 경쟁 심리 같은 거 남성들 스스로도 힘들지 않겠어? 거기서 누구나 다 이길 수는 없는 거잖아. 상징적인 게 '짐승 · 남' 담론이잖아. 그런데 그걸 못 놔요. 아직도 피할 수 없고, 어째 볼 수 없는 묘한 경쟁 심리 같은 게 남아있는 거지. 말도 안 되는 맹목적인 경쟁심이야. 아무튼 그럴 때가 남자들이 제일 찌질해. 남자로서가

아니고 생물로서 동물로서도 제일 찌질해. 보살핌과 돌봄이 전혀 개입하지 않는 관계, 그리고 자신의 우월함을 증명해야만 하는 관계…

ㄴㅅ: 그런데 여자들끼리도 얼마나 자기가 이걸 잘 아느냐에 대해 경쟁까지는 아니지만 그런 게 있는 것 같은데… 지식을 공유하고 알려주고 배우고. 그러니까 경험이 적을수록 언니가 못 되는, 한 수 알려줄 수 있는 언니가 못 되는, 이런거 분명 있지 않나요?

유성쌤: 그건 여전히 너무 방어적이지 않나? 남성들처럼 쟁취하는 거라기보다는 잘못하면 당할 수 있으니까.

ㄴㅅ: 음… 아니요. 어떻게 해야 즐겁게 해줄 수 있나, 이런 이야기를 공유하기도 하고… 언니가 알려줄게, 그러면서 빨리 경험을 하고 와라 너 스스로. 약간 이런 식도 있는 것 같아요.

ㅎㅎ: 집단마다 다른 것 같아요. 저는 친구들과 사실 그런 이야기를 많이 공유하지 않고 했던 집단이 있었는데 거기서도 언니들이 알려주는 식이었죠. 어떤 권력이 발생한다는 느낌보다는 다른 데서는 나눌 수 없는 이야기니까. 예를 들면 여자들은 조직 밖에서 남자와 공유한다든가, 엄마 아빠한테 배운다든가 이런 장이 거의 마련되어 있지가 않으니까, 정말 아무것도 모르는 무지한 학생한테 알려주는 것 같은… '내가 이만큼 알아' 하는 느낌보다는, '네가 모르는 세계를 알려줄게' 이런 느낌이었거든요, 저한테는…

유성쌤: 그거는 실제로 꼭 필요한 일종의 공유과정 같은데. 왜

냐하면 남성들끼리는 자연스럽게 심지어는 잘 모르는 사람들끼리도 술자리에서 어울리다 보면 그런 짓들을 해. 그런데 이것은 보살피고 돌보는. 알려줘서 도움을 주겠다는 게 아니고, 과시하고 제압하려드는 뭐 이런 쪽이니까 좀 다르긴 한데... 여성들의 경우 그런 게 있다면 내가 보기엔 괜찮은, 특히 잘 모르는 또는 쉽게 위험에 노출될 수 있는 후배들에게는 성교육 겸 해서 선배로서 좋은 연대인 것 같아.

ㅈㅎ: 남자들끼리 있으면 이만큼 많은데 경험해 본 사람이 만약에 남자 한 명이에요. 그러면 이 사람이 얘기를 했을 때 여기서 영웅이 되는데 여자일 경우에는 여기 다 안 해봤는데 나만 해봤다, 그러면 눈치를 보게 되는 것 같아요. 그리고 친구들 다 해봤는데 안 해본 사람이 조금이다, 그러면 그때는 얘기를 하는데 그게 아니라 다 안 했다 그러면 이야기 안 하죠.

유성쌤: 여전히 섹슈얼리티의 기준이 남성 중심적으로 기울어 있다는 거지.

ㅎㅎ: 그리고 항상 불안하거든요 여자들은. 이 얘기가 밖으로 나가면 안 되는데 그걸 항상 걱정하는데 남자들은 널리 알려지면 좋으니까 자신 있게 말할 수 있는 거죠. 정말 그게 보호되고 보장되는 확신이 들어야 이런 얘기를 꺼낼 수 있으니까. 먼저 그런 얘기를 하는 것부터가 쉽지 않은 것 같아요.

유성쌤: 여성들끼리의 그런 담론은 '이너 서클(inner circle)'의 내밀한 담론이 되고 남성들은 '내 뿔이 더 크다고 자랑하는 사슴들' 비

슷한 수준이라고 생각하면 되겠지. 그나저나 너무 빨리 성 담론으로 넘어갔는데? 그 얘기부터 할까? 하지 뭐!

ㄴㄱ: 저는 솔직히 친구들이랑 그런 스킨십이나 성관계 이런 얘기를 한 번도 해 본 적이 없는데...

유성쌤: 같은 성 친구들하고?

ㄴㄱ: 네 뭐 다... 제가 스물 둘이고 4학년이니 적은 나이는 아니지만 그냥 스스로 그거를 부끄러워하는 것도 있겠고. 그런데 남자 친구한테 물어보니까 자기는 지금은 여자든 남자든, 나이가 좀 있잖아요, 다 얘기 자연스럽게 할 수 있고 경험들 공유할 수 있다고 하더라고요. 연령대가 다른 것 같아요.

유성쌤: 연령도 그렇고 너는 흔히 얘기하는 도시출신이 아니잖아.

ㄴㄱ: 아 그런 게 상관이 있을 수도 있구나.

유성쌤: 익명성이 보장이 안 되잖아. 촌스럽다는 게 아니라 다 알잖아, 서로. 한 다리 건너면 다 걸리잖아. 지역이라든가 소도시 같은 경우는. 그러니까 더 어렵지 그런 이야기를 쉽게 하기가, 두려움 같은 것도 있고.

ㄴㅅ: 저의 동기들도 그래요. 그게 어떤 경계가 있다고 해야 하나. 어떤 순간 넘어가는 어떤 분기점이 있어요. 어느 이전에는 아까

말씀했던 것처럼 보호받는 곳에서만 이야기해야 되고 ㅈㅎ이가 말했던 것처럼 정말 그런 경험을 한 사람보다 안한 사람이 더 많았을 때 여자 친구 사이에서 꺼리다가. 어느 순간 다수가 어떤 뭐 연애경험이라든지 이런 게 있다 싶으면 그 순간부터 공유하기 시작하고 그게 남자 친구들과도 이렇게 다 이렇게 같이 서로의 경험을 다 공유하고 의견을 구하고 이런 게 되더라고요. 그래서 그 나이나 경험의 어떤 영향도 되게 있는 것 같아요.

—섹슈얼리티, 그 영원한 남성 중심 이데올로기

유성쌤: 그런데 남자애들은 그걸 사춘기 때부터 하거든. *(일동 아~....)* 그래서 쌤 늘 주장하잖아. 원칙적으로 사춘기 시작되면 섹슈얼리티 및 섹스를 허용해야 한다고. 몸이 왜 변하냐, 그거 자연스러운 성숙단계니까. 유럽 같은 데서는 다 그렇잖아. 대개 열 서너 살 전후해서, 요즘은 좀 더 빨라졌고 또 여학생들은 더 이르지만 몸이 달라지면서 그야말로 '성적 존재'가 되거든. 그니까 유럽에서는 그때 또래하고 사귀기도 하고 그 즈음 첫 경험을 하게 되거든. 몸이 변하면 그에 따라서 성과 사랑의 경험을 하게 되고 뭐 이런데 그거에 대

해서 어른들이나 누구든 그리 큰 저항이 없어요. 우리 같은 경우에는 좀 늦게 잡아 열다섯을 기준으로 보자. 여학우들 이미 초경이 지난 지 한참인데도 일단 입시위주 교육에 문제가 있지. 고3때까지 너희는 무성(無性) 내지 비성(非性)이잖아. 여성 아니잖아.*(웃음)* 연애를 해도 몰래 하고 전혀 몸에 대한 거라든지 섹스에 관련된 거는 상상조차 어려울 정도로 억압이 심하니까. 그런 측면도 있고 이건 그만큼 남성 중심적인 문화가 지배한다는 뜻이지. 우리 때도 그랬지만 요즘 청소년들하고 이야기해도 비슷한데 보통 중학교 2, 3학년부터는 친구들끼리 어디서 경험하고 오면 자랑하고 부러워하고 그때부터 또래집단의 성교육 시작되는 거야. 게다가 요즘은 온갖 인터넷 정보가 가득하니까 거기서부터 해보지도 않은 경험 윤색해서 뻥치고, 그러다보니까 남성들의 성문화가 성에 대한 기본적인 관념 자체부터 허황되기 일쑤지. 구체적인 내용이나, 실제적 관계 같은 것 없이 결과부터 다 안다거나 정해놓고 시작하는 셈이야. 연애로 들어가 보면 드러나잖아. 이들이 얼마나 서투른지, 감정교류부터 시작해서 감정 표현까지, 남의 감정 읽어내는 것은 고사하고 말이야. 거기에 비해서 성에 대해서는 어마어마한 지식과 말도 안 되는 고정관념, 신화 이런 걸 갖고 있으니까. 균형이 안 맞는 거지. 그런 상태에서 연애를 시작하니 쉽겠어?

ㄴㅅ: 일종의 매뉴얼이 있는 것 같아요.

ㅎㅎ: 어디서 그렇게 얻는지 모르겠어요.

ㄴㄱ: 야동도 있고..

유성쌤: 굳이 비유하자면 일종의 '족보'겠지, 그 왜 똑같은 문제 출제되는 시험 볼 때 도는... 원시시대부터 내려오는 '만들어진' 전통부터 또래집단에서 오는 정보 아닌 정보, 압력에다가 최첨단 인터넷에서 떠도는 쓰레기들까지 합해진 그런 거!

ㅈㅎ: 이게 남자애들은 친구들한테 배우거나 야동을 통해 스스로 습득을 하거나 이러니까 잘못된 정보가 엄청 많단 말이에요. 여자들은 보통 친구들이나 언니들을 통해서 배우면 물론 그런 흥미로운 정보들도 배우겠지만 '이게 위험하다, 이렇게 하면 안 된다' 이런 것도 같이 배우니까. 경험하기 전부터 혹은 하고 나서라도 필수적인 것에 대해서 알고 있는데 그럼에도 불구하고 실제로 관계를 가질 때 그거를 안다고 주장하기조차 어려운 것 같아요. 정말 필요한 피임에 대해서도 알고 있다고 적극적으로 주장하면 안 될 것 같고. 그리고 나보다 이 사람이 경험이 많으니까 알아서 할 것 같고. 저는 예전 남자 친구가 실제로 그랬거든요. 지금 생각해보면 피임에 대한 지식이 하나도 없고 어디서 이상한 것만 배워 와서 이상한 거 나한테 다 하고 그랬어요. 그때는 잘못된 걸 아는데 말을 못하겠는 거예요. 왠지. 되게 뭔가 부끄럽고 나는 가만히 있어야 할 것 같고. 막 걱정을 했었는데 알고 보니 임신이 아니었는데 굉장히 다행인 일이지만 그때 남자 친구가 했던 말이 "아 그러게 오빠가 알아서 다 한다고 했잖아" 였는데 무슨~. 지금 생각해보니까 왜 나는 말을 못했을까 참...

유성쌤: 그니까 모든 걸 책임지고 가야한다는 공허한 권위의식 같은 데서 비롯된 거지. 그렇지만 까놓고 보면 무책임하기 짝이 없고 허황되다 못해 범죄에 가까운 야비한 주도권 집착 같은..

ㄴㄱ: '댄스타임'[17]에서 여자들은 섹스를 할 때마다 임신 공포가 생긴다는 얘기에 공감했는데 제 파트너와의 경험에서도 마찬가지예요. 늘 걱정 말라고 큰소리만 쳐요. 제가 "365일이 가임기라잖아", 이러면서 인터넷 검색해서 보여주면 그걸 왜 믿느냐면서... 거기 여자가 인터넷 검색하는 거 나오는데 너무 공감이 됐어요. 여자는 뭐 이런 거 관련해서는 믿을 만한 소스가 없으니까...

ㅈㅎ: 그거밖에 없으니까 *(웃음)*

ㄴㄱ: 더 절박하고 공포고 이러니까...

유성쌤: 아니 그건 이 사람들아, 자신이 알아서 충분히 준비를 해야지!

ㅎㅎ: 그게 어디 쉬운가요! 예를 들어 남자들은 자기 여자가 자기랑 관계 갖기 전에 가방에 콘돔을 갖고 다니는 걸 용납하지 않을 걸요? 사실 남자들이 갖고 다니면 좋지만...

유성쌤: 아니 온 동네에서 구할 수 있는데 그거 하나 요구 못해?

---

17 영화 〈자, 이제 댄스타임(Let's Dance, 2013)〉(조세영). 낙태경험이 있는 여성들의 목소리를 담은 다큐멘터리 영화.

ㅈㅎ: 그거 못 사요! *(웃음)*

유성쌤: 아니 그니까 요구를 해야지!

ㅈㅎ: 요구해도 안 되더라고요...

ㅎㅎ: 그렇죠. 거기서 강력하게 '됐어, 나 집에 갈 거야' 이래야 되는데 여자들이 아주 경험이 많고 능숙하고 남자도 여럿 만나보고 이런 경우에는 할 수 있을 것 같은데... 아직 능숙하지 않은 경우가 많으니까 속으로 그렇게 생각은 해도 이게 안 되는 거죠.

유성쌤: 이해는 충분히 하지. 그런 정황에서는 어렵다는 것을 이해하지만 그래도 성년인데 그런 경험을 그렇게 하다니... 임신해서 중절이라도 하게 되면 얼마나 큰 몸과 마음의 상처를 얻게 되는데... 아, 이거야말로 남자가 가장 찌질할 때네!

ㅎㅎ: 여자들은 이런 경험이 한 번씩은 다 있는 것 같아요. 걱정하는 경험을 다 했던 이후에 그 다음부터는 말할 수 있는데 처음에는 이제 그렇게 하는 게 힘들죠...

ㄴㅅ: 정말 한편으로 왜 이런 경험들을 각자가 겪고 있을까? 이런 생각이 들었어요. 성에 관해 너무 얘기가 잘되는 것과 얘기가 안 되는 게 있는 것 같아요. 이런 건 필요한 이야기들인 거잖아요. 다 혼자서 끙끙 앓는 그런 영역이 있는 것 같아요.

유성쌤: 부실한 성교육 탓이지. 성교육에서 분명히 가르쳐야 하

는데… 성적 자기결정권! 서로 합의해서 하게 되더라도 자기 몸을 보호할 권리와 의무 그건 여성 · 남성 모두에게 다 있는 거잖아. 이런 건 확실하게 가르쳐야지. 귀에 못 박히도록 들어야 하는 거지. 성문화가 열린 다른 나라에서는 엄마가 애들한테 진작부터 얘기를 하는 거야. 이제 네 몸이 섹스를 할 만한 몸이 됐으니까 대신 이런 거는 꼭 지켜라, 뭐 이런 걸 하잖아. 아, 참… 여러분이 이런 한심한 얘기 마지막 주인공이길 바랄 수밖에…

ㅈㅎ: 이미 여자들도 그거를 겪어보고 걱정하는 경험을 한 다음에야 "사실 이랬어" 하고 이야기를 꺼내니까. 이미 일이 이렇게 일어나고 난 다음에는 참…

유성쌤: 여러분만 해도 성인이고 대학생이니 낫죠. 어린 청소년들 같은 경우에 일 저질러서 미혼모 되고 뭐 온갖 일이 벌어지는 게 더 큰 문제잖아. 잘 알지만 맞벌이인데 그냥 뭐 직장 다니는 맞벌이가 아니라 장사를 하거나 이렇게 되면 밤늦게까지 부모가 없고 그럴 때 애들이 일을 저지르면 심각한 문제들이 발생하는 것은 어쩔 건데? 방법은 하나밖에 없어요. 화장실 갔다 손 씻듯이 당연히 그렇게 해야 한다고 주지시키는 수밖에 없어. 뭐 섹스 그 자체가 금기가 되거나 그렇지 않는 세상이면 그만큼은 되어야지. 예컨대 자동차를 누구나 다 타고 다니면 중앙선 침범이나 음주운전 같은 불법은 안 된다는 것을 알듯이 귀에 못이 박히도록 해야 하는 거지. 아무튼 남성들의 찌질함 중 하나는 여성들 무지, 또는 거기서 오는 준비와 채비 갖추지 못한 상황을 악용한다는 것이지. 거기서 권력이 작용하거든.

자기는 다 잘 아니까 괜찮다는 식으로 말이야. 이처럼 찌질한 일이 더 있겠냐?

ㅈㅎ: 그리고 힘, 정력 거기에 왜 그렇게 집착을 하는지 모르겠어요. 오히려 여자들은 별로 신경 안 쓰고 뭐 어차피 내가 이 사람 만나는데 그게 큰지 알게 뭐고 작다고 해서 헤어질 거 아닌데. 길이, 시간, 크기 이런 거에 집착을 하는 거예요, 나는 가만히 있는데. 정말 저는 관계 시작부터 끝까지 별 말 안 하고 뭐 그거에 대한 어떤 코멘트 한 적이 없는데 자기 혼자 내가 원래 이렇게 짧지 않은데, 네가 너무 좋아서 그렇다는 둥…

유성쌤: 정말 그건 아무리 생각해봐도 원시시대부터 내려오는 남성들의 짐승스러움의 지긋지긋한 전통이 아닐 수 없네, 그렇게밖에는! *(웃음…)* 지네들이 무슨 수사슴도 아니고 수퇘지도 아니고…

ㅈㅎ: 그런데 아마 거기에서 오는 열등감. 다른 남자들 다 그런지 모르겠는데 전 남자 친구는 저한테 자기 그런 거 변명하는 것과 동시에 저의 외모적인 부분이나 성적인 부분에 대해서 비난을 되게 많이 했거든요. "가슴이 작다"부터 시작해서 "뱃살 나왔다"까지. 정말 할 때마다 "가슴이 작다"는 말을 계속 하는 거예요.

유성쌤: 전형적인 자기 열등감에서 오는 손가락질이지, 덮어씌우기!

ㄴㅅ: 그래서 자기가 그게 안 됐다는 거야?

ㅈㅎ: 거기까지는 안 갔는데, 생각을 해보니까 자기가 열등감 느끼고 있는 부분이 있으니까 일부러 나한테 그런 걸 집어냈나?

유성쌤: 심리학 괜히 배웠니?

ㅈㅎ: 그쵸 *(웃음)!*

—비동시적인 것의 동시성

유성쌤: 남에게 미루기, 뒤집어 씌우기잖아, 전형적인. 정리하자면 이래요. 이제 웬만큼 개방시대고 여성학을 한 번씩 접했을 남자애들이 섹슈얼리티의 경우 아직도 원시시대에 머물러있다고 봐야겠네. 찌질하기 짝이 없는 행동인 것이지. 기본적인 섹슈얼리티에 대해서 조금이라도 배우거나 성찰해 보거나 해보면, 직접적인 것뿐만 아니라 너무나 많은 것들이 섹슈얼리티와 관련되어 있고, 그런 것들이 다 함께 작용한다는 것 정도는 알 텐데. 여전히 그런 기본적인 '짐승' 담론에 매달려 있는 거지. 끊임없이 '짐승' 담론에 매달려서 자기증명을 하자니 힘에 벅차거나 몸이 따라주지 않거나 할 수밖에… 더 큰 문제는 이제 뭐 자극은 끊임없이 오니까. 온갖 야동이라든가 널

려져 있고 성매매는 손만 뻗치면 가능한 사회에서 일종의 원시적인 성 담론에서 벗어날 필요도 없고. 여전히 여성들은 성 담론에서 좀 더 깨어 있거나 평등하거나 나름대로의 자기 결정권을 행사하기에는 아직도 거기까지 가 있지 못하고. 오죽하면 '원시시대 짐승 수준' 이런 표현까지 써야 하나…

ㅎㅎ: 사실 여자들이 정말 바라는 것은 육체적인 쾌락이 아니잖아요. 물론 그것도 바라겠지만 쾌락도 감정적인 교류가 전제되어야 뒤의 것들이 온다는 것은 과학적으로도 입증이 된 사실인데 이거를 교감이라는 것을 전혀 모르는 사람들이 너무나 많다는 것이.. 이게 무슨 운동경기인 것처럼. 그렇게 TV나 영화만 봐도 거의 그런 식으로 그림이 그려지잖아요. 그런 게 아직도 너무 좀 놀랍고.

유성쌤: 이건 찌질 정도가 아닌데. 찌질이라는 단어로는 부족한데. 남루하고 비루하고 참담하고! 에고, 아무튼 제일 어려운 것부터 얘기를 하고 났더니 얘기가 아주 쉬워지는데. 그나저나 내가 다 남자인 게 쪽팔리고 창피하네… *(웃음)*

ㅎㅎ: 그래도 점점 더 약간 여학생들이 더욱더 목소리를 내기 시작하고 그런 학생들이 등장하기 시작하니까요. 남자 여자들이 모여서 그런 이야기를 아무렇지 않게 나누는 공간도 있고요. 그런데 저는 진짜 찌질한 거 뭘 봤냐면 앞에서는 "너 정말 속 시원하다", "그렇게 얘기를 자연스럽게 여자가 하니까 너 정말 마음에 든다"라고 말해놓고서, 이제 뒤에서 욕을 하는 거죠. "재는 저런 애야". 앞에서는

"그래 이제 이런 시대지, 여자들도 그런 말 해야지, 너는 깨었다" 그러면서도 뒤에서는 수군대요…

ㄴㅅ: 규범적으로는 평등해야 되고 여자도 성적으로 주체적이어야 되고 혹은 뭐 취업에서 불리하고 아직도 불평등한 게 있다 혹은 남성들이 유리하다 이거를 알고 있는 반면 자신들의 몸에 밴 것들 혹은 사유하는 것들 행동하는 것들에서 차이 같은 게 느껴지는 순간들이 있어요.

유성쌤: 아니 차이 같은 게 아니고, 단절과 단층, 뭐 일종의 '갭(gap)' 내지는 '랙(lag)'인데. 쌤 늘 얘기하는 게 그거예요. 머리로는 어느 정도까지 들어왔단 말이야. 대표적인 사례가 동성애자 문제지. 뭐 요즘은 젊은 친구들한테 얘기하면, 특히 수업 시간에 얘기하면, 3분의 2 정도는 성적 취향이니까 상관없다, 이렇게 자신 있게 대답해요. 그런데 내가 꼭 심통을 부리지, 개별심문으로 들어간다고! 너희 형이라면? 가장 가까운 친구라면? 그러면 얘기가 달라지지. 그런 갭 속에서 남자애들이 흔들리고 있는 거는 보여요. 또 어떻게 해서든지 거기서 좀 벗어나보려고 하는 친구들도 있긴 있죠. 꽤나 많이 가 있는 친구들도 있고. 하지만 그럼에도 불구하고 그런 데 묻어가는 이유는 그게 편하고 아직도 이득을 취할 수 있거든. 한마디로 여전히 자기네가 유리하거든. 성 담론에서도 그렇고 취업 담론에서도 마찬가지고. 청년 담론 얘기하면 그 찌질함의 극치가 자기네 한탄을 많이 하잖아, 그래서 불쌍하다 어쩌고, 우린 불쌍해, 이러다가 그래도 우린 재네보단 낫잖아. 특히 얼마 전부터 또다시 벌어진 그 한심한 얘기 있잖아,

'지잡대'니 '지균충'이니 뭐니. 자기네들끼리 '일 · 베' 수준으로 편 가르잖아. 상대적 우월감으로 밀어내고. 똑같은 거예요. 그러면서 남자아이들 그러더라니까, 그래도 우리가 좀 낫지 않겠느냐 여자애들보다. 그런 얘기가 지배하면서 이제 슬쩍 피해가고 하는 등등... 상대적 우월감으로 피해의식 극복해보려는. 제일 찌질한 게 그거잖아. 사다리를 만들어놓고 위에서 억누르면 밑에 있는 사람들 구박하거나 발로 차는 게 제일 찌질한 거 아냐? 지금 중세사회도 아니고. 그 짓을 이제 남자애들이 전형적으로 하고 있고 말이야.

—'오빠'에서 '아빠'까지

ㅎㅎ: 참, 그것 좀 말씀해주시면 좋겠어요. 쌤, 오빠라는 말을 왜 쓰면 안 된다고 생각하시는지에 대해서.

유성쌤: 일단 이건 학술적인 얘기는 아니고 내 느낌인데. 이제 호칭들 중에. 아빠 엄마 언니 오빠 이렇게 부르잖아. 굉장히 따뜻하고 좋은 우리말인데. 형, 동생은 한자말이잖아. 이를테면, 공식적으로. 그리고 호칭도 끊임없이 변해왔어요. 우리 때는 다 형이었어. 그때는 우선 여학우들이 적었고. 굉장히 소수였거든. 당연히 남성 중

심 사회니까 형이라고 불렀던 거지. 남자 선배, 여자 선배, 남자 후배 할 것 없이 형, 동생, 후배 이렇게 불렀다니까. 근데 어느 때부턴가 갑자기 오빠라고 하는 거야. 처음에는 굉장히 낯설더라. 뭐 쌤 경우는 이래. 바로 밑에 누이 동생이 연년생이야. 그러니까 동생 친구들과 학교 같이 다녔잖아. 그러면 당연히 친구 오빠니까 나를 오빠라고 불렀겠지? 너무 신기해가지고 내 친구들이 묻어서 오빠 소리 좀 들어보고 싶어서 난리였어요. 여동생이 없는 친구들은 그 소리가 듣기 좋으니까. 그러다가 지난 90년대 와서 보니까 연애할 때 오빠라고 부르는 거야. 이게 무슨 조환가. 그건 아마 대충 사회학적으로 분석을 해보면 운동의 시대가 끝나고, 80년대가 지나고 나서, 그때는 뭐 연애에 대한 묘한 이상한 담론이 있었으니까. 말도 안 되는 유물론적인 담론이 있었으니까. 그게 지나고 나서 갑작스레 무슨 낭만주의의 부활? 뭐 이런 거 같아.

ㅎㅎ: 그럼 그전에는 애인 사이에서도 나이가 많은 남자 애인한테 오빠라고 안 하고 형이라든가 누구 씨 이렇게..?

유성쌤: 형이라거나, 누구 씨 이렇게 불렀지. 쌤은 지금도 아내와 서로 누구 씨라고 불러요. 그런가 하면 내가 참 좋아하는 호칭이 언니인데! 언니라는 호칭은, 우리 아버지는 돌아가신 큰아버지한테 언니라고 불렀대요. 또 유명한 벽초 선생의 소설 '임꺽정' 보면 무지막지한 임꺽정한테 다른 동생들이 꺽정이 언니라고 부르는 대목이 많아요. 윗사람은 다 언니였어요. 차라리 오빠라고 부르려면 호칭을 언니라고 다 바꾸자. 왜냐하면 오빠와 아빠는 남성 어른과 남성 윗

사람과 여성 아랫사람이라는 권력관계가 이미 전제되어 있어요. 그렇잖아. 오빠라고 하면 이미 지고 들어가는 거야.

ㅎㅎ: 남자가 연하인 커플은 누나라고 안 부르잖아요.

유성쌤: 안 하지.

ㅎㅎ: 좀 가까워지면 '너라고 부를게' 막 이러고.

유성쌤: 굉장히 나이 차이가 나는데도 불구하고 누나라고 잘 않더라고. 듣기 싫어한다며. 이미 사귈 때부터 권력관계를 전제하겠다는 거지, 사소한 호칭서부터. 근데 참 어려운 게 이런 얘기 해가면서 지난 20년 동안 제발 오빠라고 부르지 말고 '누구 씨'라고 부르거나 멋진 별명을 지어줘라, 라고 그야말로 게거품 물고 말해왔는데 안 해, 씨도 안 먹혀! *(웃음)*

아무튼 쌤 얘기는 뭐냐 하면 오빠라는 호칭에서부터 이미 권력관계가 들어있다는 점을 짚어보자는 거지. 따지고 보면 연애처럼 치열한 권력관계가 없어요. 이거 정치예요. '성정치'라는 게 그래서 나오는 거야. '밀당'처럼 고도의 정치행위를 하게 되어 있어. 근데 그 '밀당'은 엄연한 인간의 속성이에요. 그렇잖아. 엄마하고 아이는 얼마나 '밀당'하는지 아니? 뭐 요만한 거 얻어내려고, 애는. 엄마는 요만한 거 하나 애한테 주지 않거나 애한테 버르장머리 가르친다는 빌미로 그런 거 하잖아. 이게 인간의 기본적인 권력의 속성인데, 사랑하는 사이에 뭐 이런 게 있냐고? 아냐, 철저해. 남자와 여자가 자라온 환경이나 생물적인 여러 가지 조건이 다르잖아. 그런 측면에서.

ㄴㄱ: 저는 궁금한게요, 저는 오빠라는 말을 대학교 들어오기 전에 해본 적이 한 번도 없었어요. 제가 맏이고 여동생 있고, 여고 나왔고, 중학교도 그랬고... 제가 되게 보수적이고 남자애들이 선배가 아니고 다 친구들이니까. 오빠라는 호칭이 오글거리는 게 있어요. 제 친구들이 경상도 출신인데 공통적으로 오빠라는 말을 진짜 못해요. 오빠란 말 어떻게 하냐고 서울 애들 너무 신기하다고 막 그러거든요. 남자들이 오빠라는 호칭을 좋아하는 거랑 별개로, 여기 친구들 오빠라고 말할 때 오글거리는 건 없어요?

ㄴㅅ: 오글거리는데. 저도 대학 와서 거의 처음 말했어요. 친척 오빠들이랑 교류할 일이 별로 없어서... 저도 여고를 나왔는데, 중학교 때는 또래 애들이랑 놀지 선배들하고는 잘 놀 일이 사실 없고, 대학 와서 오빠라는 말을 처음 썼는데 그때 되게 어색했던 기억이 갑자기 저도 나네요. 이제는 계속 쓰다보니까 익숙해졌었는데, 페미니스트가 되면서 불편해진 거죠.

유성쌤: 아주 사소한 거지만, 나는 정말 오빠라는 말 쓰지 말자는 운동을 했으면 좋겠어.

—'사랑은 왜 아픈가?'

ㄴㅅ: 근데 선생님, '성과 사랑' 수업 되게 오래 하셨잖아요.

유성쌤: 2000년대 들어서면서부터니까 벌써 15년째인가?

ㄴㅅ: 좀 변화가 느껴지세요?

유성쌤: 연애 과정 일반에서의 여학우들 적극성은 점점 더 눈에 띄는 건 사실이야. 또 그걸 감추지 않고 드러내고, 뭐 발표하거나 소모임 하는 거 보면, 거침이 없어요. 근데 특히 섹슈얼리티 쪽으로 가면 지금 얘기한 대로 여전히 주도권을 주거나 놓쳐버리는, 빼앗기거나 놓쳐버리는 그런 점 아직 여전하고. 그 다음에 연상연하가 많이 등장한다는 점도 달라졌다는 측면 중 하나인데 말이지. 그럼에도 불구하고 연상연하면, 우리 연령주의 사회잖아, 그래선지 연애에 있어서는 이게 잘 안 통해. 여전히 남성 우월주의야, 대부분이. 그런 게 좀 보이지. 그 다음에는 뭐, 연애 패턴은 비슷하지? 촌스럽기 그지없고. 미성숙하기 짝이 없고 말이야. 다만 기술만 발달해서 SNS 동원하고, 그런 정도의 차이? 그래서 말인데 지난 학기부터 열심히 소개하고 읽으라고 권하는 책 하나 있어, 너희들도 꼭 좀 봐봐. 에바 일루즈의 '사랑은 왜 아픈가' 말이야.

'사랑은 왜 아픈가'/ '사랑은 왜 불편한가'

감정사회학의 대가인 에바 일루즈(Eva Illouz)는 최근 몇 해 사이 '사랑은 왜 아픈가', '사랑은 왜 불편한가' 책을 잇달아 내면서 지금, 여기 인간의 가장 내밀한 존재영역인 사랑이 왜 이토록 어렵고, 아프고, 불편하고, 힘든지 사회 철학과 사회분석의 시각에서 성찰한 결과를 내놓았다. 무엇보다 여성의 (그렇다고 꼭 페미니즘의 입장은 아닌) 관점에서 분석한 내용은 다소 현학적(앞의 책)이고, 이국적(뒤의 책)이지만 제법 경청할 만하다. 일단 앞의 책 내용을 간략하게만 요약하여 소개하면 이렇다.

먼저 일루즈는 오늘날과 같은 액체근대/탈현대/개인화의 시대에도 여전히 사랑은 아플 수밖에 없는 까닭을 현대적인 해석인 '개인' 중심, 곧 프로이트 심리이론 특유의 개인 심리상태에서 원인을 찾는 담론에 강한 의문을 품고 이를 사회 철학적으로 분석할 것을 제안한다. "빈곤이 그릇된 성격이나 타락한 도덕에서 아니라 체계적 경제착취에서 연유하듯 사랑 관련 개인의 좌절이 허약한 마음 탓이 아니라 우리가 겪는 감정의 변화무쌍함과 갈급함이 사회라는 제도의 질서부터 강제된 것"이며 "사랑의 아픔이 유아기 결함이나 자아심리 부족한 통찰 때문이 아니라 현대인 자아와 그 정체성 형성하는 온갖 사회적, 문화적 긴장과 모순의 다발에서 연유"한다는 사실에서부터 출발하자는 것이다(17). 그러니 당연히 사랑을 "구체적인 사회관계들로 형성되며 산출된다는 점, 사랑은 서로 다른 능력을 가지고 경쟁하는 사람들이 각축을 벌이는 시장에서 순환된다는 점"(21) 등을 밝혀내야 하며 이것은 바로 "현대성의 핵심과 기초를 연구하는 일의 중심"(25)이기까지 하다는 것이다.

현대를 상징하는 '자유'는 경제적인 측면에서 불평등을 야기하면서 동시에 드러나지 않게 했듯이, "섹스영역에서는 남자가 여자를 감정적으로 지배하는 것을 가능하게 한 사회 조건들을 교묘하게 가려놓는 효과를 빚어냈"고, 이를 통해 성적, 감정적인 남성 지배를 할 뿐 아니라 내밀한 관계인 사랑, 섹스에도 적용되어 현대의 제도를 압축해 낸 것과 같은 상황을 연출한다(463).

결혼시장은 번창하고 배우자 선택의 생태나 구조 또한 변화하여 낭만적 사랑보다는 고도의 정보와 평가가 범람하는 가운데 '매력'과 '섹스자본'이 그 핵심을 이루면서 여전히 남성 중심적 지배영역이 온존한다. 결국 오늘날 사랑은 '식어버린 욕구와 의지의 약화' 또는 '탈구조화'를 낳았고 "아이러니, 관계공포증, 애매모호함, 실망"의 경험으로 전락했다(469). 즉, "감정과 사랑과 낭만이 기묘할 정도로 차갑게 식어버렸"고, 그럴수록 "그 어느 때보다 강력하게 우리의 자존감을 결정짓는 위력을 발휘"하여 "사랑의 실패는 우리의 무능함 때문에 빚어진 것"으로 여겨진다(475). 결국 결론은 "사랑이라는 매체로 현대성을 냉철하게 바라본 긍정"뿐이어서 "자유, 이성, 평등, 자율 같은 가치의 필연성, (...) 현대를 이루는 문화의 핵심 축이 빚어낸 엄청난 곤경을 결산"하여 "새로운 형식의 열정적 사랑"을 찾아낼 수밖에 없다는 것이다(475). 그 한 가지 대안으로 남성에 대한 다른 시각, 이를 통한 그들의 변화를 들 수 있다.

> "우리는 남성의 심리가 근본적으로 허약하거나 사랑할 줄 모른다는 통념을 벗어던져야 한다. 오히려 섹스자본의 축적이라는 모델을 시험대 위에 올려놓고 더 활짝 열어 철저히 파헤쳐야 한다. 여성도 열광해 그대로 흉내냈던 바로 그 모델 말이다. 그리고 우리는 그 대안이 될 수 있는 모델로 어떤 게 있을지 머리를 맞대고 함께 모색해야 한다. 남성성과 열정적 사랑이 서로 대립하는 게 아니라 하나의 같은 사안을 뜻하는 그런 모델 말이다. 남성을 두고 감정적으로 무능하다고 못 박는 대신, 우리는 감정을 소중히 하는 남성성이라는 모델을 이끌어내야만 한다. 이런 모델에서는 섹스자본이라는 것이 설 자리가 없다"(474).

* 일루즈, E.(2013). 사랑은 왜 아픈가. 파주: 돌베개.
* 일루즈, E.(2014). 사랑은 왜 불안한가. 파주: 돌베개.

ㅎㅎ: 생각보다 읽기 쉽지 않던데요.

유성쌤: 어려워, 굉장히 어려워. 왜냐하면 시대정신에 대한 복잡한 담론과 여성문제, 그리고 사랑 담론이 다 녹아있거든. 아무튼 거기 나온 얘기가, 포스트모던한 시대인데도 결혼이라는 제도가 자본주의 시대에 고도로 시장화 되어버린 상황에서 어떻게 작동하는지… 그것도 예전에 비해서 훨씬 더 천박한 시장화 되어 버린 상황에서 여성들이 겪는 혼란 뭐 이런 거거든. 특히 일루즈가 감정 사회학자잖아. 감정이라는 것이 사회적으로 구성, 재구성되는 과정에서 생겨나는 불안에 대해 잘 정리한 책이야. 그래서 그건 꼭 한 번 좀 봐야 해. 흔히 얘기하는 대로, 우리의 의식이나 겉에 보이는 제도로는 뭐 평등한 쪽으로 가고 있다, 여자가 대통령이 되는 시대라고 하지만, 천만에! 일상 세계에서는 어림 반 푼어치도 없어. 하다못해 아직도 남아 있는 가부장의 잔재만 봐도 여성들에게 얼마나 큰 걸림돌, 올가미가 되는데! 이를테면 시댁 문제만 봐도 그렇잖아, 여러분은 아직 모르지만. 여전히 우리 주변에 남아 있는 가장 큰 가부장 잔재 중 하나가 시댁과의 관계예요. 남자들이 장모와의 관계 때문에 고생하는 경우는 별로 없거나, 물론 요즘은 장모 모시는 사람도 늘고 처가 중심으로 모이고 하다 보니 조금씩 생기긴 했지만 말이야. 약간 모계사회 문화 비슷하게 변화하는 추세는 분명히 있지. 특히 육아하는 데 주로 시어머니보다 장모가 편하니까, 근처에 살게 되잖아. 아이 맡기기도 하고. 약간의 관계가 돈독하거나 또는 문화가 잘 안 맞을 때 처가와의 갈등으로 고민하는 남자들이 생기긴 했지만 예전에 비하면 뭐. 어쨌든 시부모와의 관계 같은 경우 여전히 장난이

아닌 거야. 이미 결혼하기 전부터 말이야.

너무 한심한 게 내 또래 친구들이 아이들 혼인시킬 때야. 그런데 어쩌면, 운동도 했고 같이 평등세상을 꿈꿨던 것들이 자식 결혼할 때는 완전히 봉건사회로 돌아가는 꼴들 하고는! 그래서 쌤 결혼식은 잘 안 가요. 내가 가르쳤던 제자들이 평등하게 결혼할 때 주례서 주세요, 하면 가는 것 외에는 마지못해 봉투만 보내지. 그 촌스럽고 돈지랄하는 결혼식 자체가 너무 끔찍해. 아직도 아버지가 딸 데리고 들어와 사위한테 인계하고... 그래서 주례 부탁하러 오면 제발 그거 하지 말라고 하지, 주례 안 서준다고 위협하면서 말이야. 그랬더니 또 신부들 아버지들이 길길이 뛰는 거야. 내가 어떻게 기른 딸인데 그것도 못하게 하냐고. 그래서 몇 가지 대안 조건을 두지. 그게 안 되면 그 다음에 주례라고 나 같은 남자 어른이 올라가서 이래라 저래라 하지 말도록 해라, 이런 조건도 제시해. 그런데 대체로 결혼식장 구조 자체가 그렇게 하기 어렵지. 그래서 주례사도 그냥 덕담처럼 해요, 간단하게. 내가 살아온 경험, 그리고 평등하고 조화롭게 살아라, 뭐 이런 얘기하고. 그것도 안 되면 마지막 양보를 하지. 폐백은 양가에 드려라 좀, 그거라도 하자. 그러니까 결혼이라는 제도가 아직도 가부장성에 물들어 있고 거기에 자본으로 썩어들고 있으니 그걸 의식이라도 하자는 거지.

–사랑, 결혼 그 굴레와 덫

유성쌤: 바로 그 주제에 대해 쓴 게 일루즈의 책이지. 여전히 연애, 그리고 결혼이라는 시장, 아주 천민자본주의적으로 여전히 남성 주심으로 돌아가는 시장 속에서 관계는 위험하고 사랑은 아플 수밖에 없다는 얘기지. 그러니 여성들로서는 그 결혼이라는 굴레를 피하거나 감당하거나 해야 하는 거고. 여전히 남성 중심적인 결혼문화, 결혼의 상품화, 아무리 달라져도 기껏해야 다양한 파생상품화, 뭐 이런 상황에서 다른 선택은 좀처럼 어려운 상황이라는 뜻이야.

ㄴㅅ: 거기서 절망감을 느끼는 사람들도 되게 안타까운 것 같아요. 절망감을 느끼게 되잖아요. 거기에 내가 들어갈 수 없다, 그런 관계에 들어갈 수 없다는 것에.

ㅎㅎ: 그걸 다 놓고 나오질 못하는 거죠. 여성들 또한 다 놓고 나오기에는 생각보다 큰 용기가 필요해요. 저도 아직까지는 나이가 그렇게 많지 않고, 현 상황에는 남자 친구도 있으니 별다른 걱정이 없지만, 내가 한 29세, 30대 초반이 되면 어떨까 하는 생각이... 저희 언니가 29살이거든요, 그런데 저희 언니는 30대를 맞이하기 위해 29세 때 이렇게 저렇게 하고 30대를 맞이하겠다는 얘기를 옛날부터 많이

했어요. 나름대로 골드미스가 되겠다는 포부도 있고. 근데 저희 언니가 항상 뒤통수를 맞았다는 얘기를 해요. 30대에 오겠다고 생각했던 것들이 29세 때 온다는 거예요, 그래서 지금 너무 힘들어하고 있거든요. 저희 언니는 포부가 상당했고, 그런데 지금 흔들리는 걸 보면서 마음이 아프죠.

ㄴㅅ: 저는 아빠랑은 대화를 잘 안하지만 엄마랑은 대화를 좀 하면, 엄마한테 미리 나중에 너무 충격 받지 말라고 "엄마, 나는 결혼을 안 할 거다" 이렇게 예방주사를 맞혀요. 그럼 "여자는 그러려면 능력이 있어야 된다"고 해요. 엄마는 이해도 안 되고 상상도 안 되는 거죠. "왜 너는 결혼도 안 하고 청승맞게 살려고 하느냐"고 하고, "비참하게 살려고 하느냐"고 하고, "집에 골칫거리 하나 생겼다, 문젯거리 하나 생겼다"고. 그런 식으로… 여자가 남자와 결혼하지 않고 독립적으로 살 수 있다, 이것에 대해서 아예 엄마 같은 경우엔 상상하기가 어려운 것 같아요.

유성쌤: 근데 뭐, 여러분들은 그런 난관에도 불구하고, 꿈 내지는 이상 내지는 불가피한 선택에 대해서 심각하게 생각을 하고 있는데, 결혼이란 제도를 거부하거나 이렇게 말이지. 그런데 남자애들 중에 이런 애들은 얼마나 될까? 거의 없지. 여전히 자기한테 유리한 게임이잖아.

ㅈㅎ: 남자들이야 결혼을 안 해서 좋을 게 별로 없잖아요.

(다들 웃음)

ㄴㅅ: 주위에서 결혼을 안 하겠다고 말한 남자는 거의 못 본 것 같아요.

ㅎㅎ: 제 남자 친구는 결혼을 안 할 생각이었고 비혼(非婚)을 강력하게 생각하고 있었어요. 우리는 인생을 같이 기획하는 거지만 결혼하자는 얘기는 하지 않거든요. 결혼이라는 그 순간이 중요한 게 아니라고 생각하기 때문에. 그런데 남자건 여자건, 제 친구들은 만난 시간이 조금 되니까 '남자 친구랑 결혼 언제 해?'라고 물어보더라고요. 그때 저는 아무 생각도 없이 "남자 친구는 결혼하고 싶지 않아 해." 이러면 거기서 더 이상 얘기가 진행될 것도 없이 "아, 안됐다." 이렇게 되는 거예요. '너랑 결혼하고 싶지가 않은가보다. 어떡해. 불쌍해.' 여자도 마찬가지에요. 남자들은 거의 없다시피 하고 여자들 또한 거기서 얘기를 시작하려면 너무나 많은 얘기를 해야 하고, 그걸 이해시키기가 힘드니까 그냥 이러는 거죠. "응 나랑 결혼하고 싶지 않은가 봐…" 엄마한테도 마찬가지고.

유성쌤: 그래서 뭐, 결혼이라는 이데올로기에 대한 얘기도 많았고, 요즘은 새로운 가족문화에 대한 얘기도 많지만 아무튼 이런 결혼이라는 굴레가 여성 남성에게 어떻게 다르게 작용하는지, 지금 그 혼란이 극에 달했다고 봐야겠지.

자, 그럼 이제 마무리 해보자. 섹슈얼리티든, 연애든, 사랑이든 이 상태가 그냥 계속되면, 찌질함을 거듭하면 참담한 결과를 낳을 수밖에 없잖아. 변화는 어떻게 하면 가능할까? 물론 여성 자체의 노력 등등이 함께 가야 하고, 맨날 그랬던 것처럼, 그들만의 책임이 아니라 사회 전반의 모순도 분석을 해야겠지만, 당장 아쉬운, '이런 찌질함만은 버렸으면 하는 것'은 없을까?

-제발 이것만은...

ㅈㅎ: 저는 진짜 완전 최소한의 부분에서, 음... 피임이요. 이런 문제는 찌질함이 아니라 위험함?

유성쌤: 기본이지, 그건... *(웃음)*

ㅈㅎ: 근데 기본이 아니에요, 그건... *(웃음)*

ㄴㄱ: 최후의 보루라고 하셨잖아요... *(웃음)*

유성쌤: 너는 특히 앞으로 나중에 그것부터 확인하고 연애 시작해라. 큰일 나겠다, 정말! *(웃음)*

ㅈㅎ: 네 저는 비뇨기과 다녀온 다음에 그 결과 보고 하려고요... *(쓴웃음)* 필요할 수도 있어요. 정말 병원신세를 너무 많이 져가지고..

유성쌤: 아주 기본적인 것조차도...

ㅎㅎ: 저는 잘나가야 된다는 생각을 좀 버렸으면 좋겠어요.

유성쌤: 강박이지 그건.

ㅎㅎ: 그 어떤 차원에서든... 안 그래도 사실 되잖아요 그죠.

유성쌤: 에고, 이거 뭐 듣기가 다 민망하니, 이번엔 이런 건 해줬으면, 또는 이랬으면 좋겠다는 바람은?

ㄴㅅ: 저는 좀 다른 상상을 할 수 있었으면 좋겠어요. 폭이 넓어지면 좋겠어요.

유성쌤: 이를테면?

ㄴㅅ: 이를테면... 아까 말했듯 다른 방식의 연애도 있을 수 있고, 다른 방식의 결혼도 있을 수 있고, 같이 사는 방식이 다를 수 있고. 그런 것이요..

유성쌤: 맨 처음에 내가 페미니즘 공부할 때, 가장 와 닿았던 말 중의 하나가 '당연함에 시비걸기'였어. 우리가 얘기했던 남성들의 찌질함은 20대에 국한된 게 아니고 기성 다른 세대가 더 크지, 그런데 20대는 조금은 나아졌으리라는 기대, 여러분들과 함께 사는 세대로서 거의 고대했던 부분이 전혀 나타나지 않는 것 중 하나는 그들이 전혀 당연하지 않은 것들을 너무도 당연하게 여기고 살아왔다는 거야. ㅈㅎ이 얘기했던 경험의 측면이라든지. 스스로 그렇게 굳게 믿고 있는 당연함에 조금씩 의심을 가져줬으면 하는 바람이야. 자, 암

튼 쉽지 않은 이야기 진솔하게 풀어줘서 너무 고마워!

(모두: 박수, 수고하셨어요!!!)

여덟, 끼어들어 흘겨보니:

찌질한 남자? 아니 유치한 인간!

– 젊은 여성 청년들이 말하는 남성 청년들

여학우들 중심으로 대뜸 '성과 사랑' 이야기를 나누다 보니 오히려 이렇게 처음부터 시작해도 좋았겠다 싶도록 진솔하고도 재미난 내용들이 많아 끼워 넣는 것이 아니라 잘 여투어 넣는다. 앞서 사랑과 성 이야기에 이어서 남성들 꼴불견, 특히 유치한 존재성과 그 찌질한 모습, 짓거리, 본새들 이야기가 깨알같이 재미있어 함께 나누고자 여기 싣는다.

여성 청년들이 본 남성 청년들 사는 이야기

–어떻게 찌질한가?

유성쌤: 자, 그럼 좀 다른 이야기 해볼까? 일반적으로 남성들이 가장 찌질해 보일 때가 언젠지 얘기해 봅시다. 학교생활에서부터 시작할까요? 수업에서나 뭐 과에서나, 일상생활에서나 말이야.

ㄴㅅ: 저 같은 경우에는, 의무감에 차 있을 때.

유성쌤: 어떤 의무감?

ㄴㅅ: 자신들이 이걸 주도해야 한다는 거요. 특히 조모임 같은 경우에서 고학번 남자로서 해야 한다는 식의 생각을 할 때요. 그런데 사실 그거를 맡겨버리면 저도 편해요. 그래서 많이 맡기거든요. '그래 너의 그 의무감에 따르겠다' 그냥 이렇게. 근데 그게 정말 나도 잘할 수 있는 일일 때 그런 태도를 보이면 정말 화가 나죠. 왜? 왜 그런 자신의 의무감에 차서 다른 사람의 열정이나 능력을 무시하는지. 이런 거에 화가 날 때가 있어요.

유성쌤: 주도권에 대한 의무감?

ㄴㅅ: 네.

유성쌤: 그래서 쌤은 소모임 조장 정할 때 늘 남녀 교대 원칙으로. 근데 그것도 일률적으로 하긴 좀 그렇지만. 대신 언제나 대표를 바꿀 수 있는 걸 원칙으로 말이야.

ㄴㅅ: 근데 그건 있어요. 학생회에서 선거 나갈 때, '남남' 조합이나 '남녀' 조합이 가장 보기가 좋고, '남남'도 괜찮고. 그런데 '여여' 조합은 약간.. 좀 그렇다고 생각하는 게 있는 것 같아요. 몇 년 전인가? 학생회 간담회 같은 걸 했었는데, '여여' 조합의 후보가 나왔어요. 그 후보들에게 "왜 여성에 대한, 여성주의적인 정책이 없느냐"는 질문을 했더니 "페미니스트처럼 보일까봐"라는 대답을 하더라고요. 그러니까 여자 남자, 남자 남자는 괜찮은데 여여는 좀 이상하다는 거죠. 또한 정치적일 수 없다는 편견도 조금 느껴졌었어요. 지금도 그렇지 않을까 하는 생각이 들어요. 대표를 뽑을 때 여여가 전체를 대표할 수 있는가? 이런 의문 같은 거?

ㅈㅎ: 여여 조합일 때는 시선이 별로 곱진 않은 것 같아요. 제가 3학년 때 선거에 나갈 때도 후보가 모두 여성이었거든요? 그때 선배들이 저한테 직접적으로 하진 않았는데, 남자 선배들끼리 했던 얘기가, 의장이 여자면 까기가 힘들다는 거예요.

유성쌤: 고거 재미난 말이다!

ㅈㅎ: 언제든지 애가 잘못하면 불러놓고 밤늦게까지 술 먹이면서 까야 하는데, 애가 여자니까 욕도 마음대로 못하고 '까기가 어렵다'고 그러더라고요. 그래서 그냥 '까려면 까지'... 그러면서 저도 뒷

담화 까고.

유성쌤: 그것도 전형적인 성역할 고정관념이지.

ㅎㅎ: 남자들한테도 사실 그러면 안 되는 거잖아요. *(모두들: 그렇죠!!)*

유성쌤: 그러니까 아까 교육 얘기도 했지만, 교육 기회균등은 이뤄져서, 여성 남성 함께 공부한다는 사실이 눈에는 익숙한데, 마음으로는 받아들여지지 못한 거지. 직장에서 여성 남성이 함께 일한다는 것도 당연한 일인데, 여전히 예전처럼 여성을 성적 대상으로 본다든가, 화초로 본다든가, 이런 눈자위가 남아 있는 거지. 그래서 그런 실수를 하는 거고.

ㅎㅎ: 여기서도, 만약에 자기가 맘에 안 드는 게 있으면 차 마시면서도 말로 이렇게 할 수 있는 문젠데, 그들의 머릿속에선 당연히 밤새워 술 마셔가면서 막 욕을 하고 이렇게 해야지 고쳐진다고 생각하는 거 자체가 너무 이미 여자들이 보기엔 구시대적 발상이고 무슨 옛날 영화에 나오는 얘기 같은데..

유성쌤: 학창시절에 생겨나는 이런저런 사건들이 있잖아. 아직도 내가 지금 얘기한 그런 문화에 여전히 익숙하지 못한 청년 남성들이 찌질하게 구는 일들이 꽤 많이 있어. 특히 남자들이 많은 단과대학 같은 경우 여전히 남성 중심적인 문화 정도가 아니고 거의 군사주의 문화가 자리 잡고 있어. 한심스러운 작태들이 많이 벌어지

고. 그러면 여학우들이 어쩔 수 없이 그 문화에 따라주는 거야.

ㄴㅅ: 저는 요즘 동기들이 취업하는 때인데 조심스럽게 말하는 거예요 저한테. "왜 남자들을 더 많이 뽑는 줄 알겠다". 남자고 여자고 다 그렇게 말을 해요. 왜냐면 상사와의 관계가 원활할 수가 없다는 거예요, 군대를 갔다오지 않아서. '까라면 까라'는 식의 일들에 대해서 하나하나 다 의문을 제기하거나, 아니면 상사의 지적에 상처를 받거나 하니까 왜 여자를 안 뽑는지 알겠다는 말을 여러 번 들었어요.

ㅎㅎ: 그건 남성문화를 체화한 여자들의 아주 나쁜…

—찌질함 받아주기, 봐주기

유성쌤: 그거야 뭐, 늘 지적하지만, 우리 어머니 안에 여성의 가장 무서운 적이 있고, 또 여성들이 여성의 가장 무서운 적이기도 하지. 거듭 설명하자면 사회 전반의 구조는 여전히 남성 중심적으로 위계 질서화 되어 있고, 이를테면 이 학교에 여학생 퍼센트는 40퍼센트가 넘어섰는데, 여기서 여성 교수 비율은 아직 10퍼센트 남짓밖에

안 되거든? 유리천장뿐이 아니고, 사회 전반에 여성 남성이 골고루 퍼져서 일을 하는 분위기가 아니란 말이야. 게다가 구조는 대단히 서열적이고 가부장적이고. 쌤이 '뿌리 너무 깊은 나무'라고 지적하잖아. 그런 데서 특히 여성들은 뭘 내면화 하느냐면, 직장에서는 빠릿빠릿한 남성처럼 굴어야 성공할 수 있다는 이데올로기를 내면화하는 거지. 그렇잖아?

ㄴㄱ: 저는 섹션(section) 활동을 지금까지도 하는 편이고, 그전에 1학년 학번 장부터 시작해서, 새맞단(새내기 맞이 사업단) 장도 하고 부학생회장도 했어요. 학생회장이 남자였는데, 제가 애를 학생회장으로 세운 이유가 부학생회장이 '새맞단장' 하니까 저한테 모든 일이 다 주어질 것 같아서, 좀 분배하자는 마음에서 괜찮은 애 한 명 꼬셔서 한 거거든요. 실무 이런 건 제가 더 많이 하고. 근데 그러면서 제가 되게 그런 마초적인 문화를 다 막지 못했던 것 같아요. 저도 어느 새인가 그렇게 행동하고 있고... 섹션이라는 공동체가 여성주의적이고 그럴 수는 없잖아요? 저는 분위기를 많이 바꾸려고 노력했고, 섹션 자체가 여자애들이 많고 그래서 괜찮았지만... 그럼에도 불구하고 군대 갔다 온 남자들이 좀 있고 아니면 되게 남성화된, 술 먹을 때 확 오르는 그런 여자 선배가 있고 그러니까 어렵더라고요. 다행히 얼마 전부터는 여성학회 모임 하면서 잘 버티고 있어요.

유성쌤: 그래서 충고해 주잖아. 한꺼번에 모든 걸 다 바꿀 수는 없어요. 정말 오래된 거니까. 다만 생활도서관 운동이나 여성학회 같은 모임 하면서 꼭 해야 할 일 중에 하나는, 적어도 기본적인 데서

부터, 지금 우리 농활가거나 하면 기본적으로 다 붙여놓잖아. 성희롱 같은 건 절대 하지 않기 등등 있잖아. 기본 규약 같은 것부터 만드는 일이 중요해, 동아리도 마찬가지고. 지금은 다 규정 정도는 되어 있단 말이지. 일단 기본 규약부터 만들어서 최소한의 것부터 챙겨 나가는 거지. 그러지 않으면 어려워. 기득권을 가진 자들이 자발적으로 기득권 내려놓는 법은 절대 없어요. 무슨 얘긴지 알아? 남자든, 권력 가진 자든, 결국은 뺏어내야 되는 건데, 뺏어내는 방법이 여러 가지가 있지. 도저히 저것들하고 이렇게 하다가는 안 되겠어서 확하고 단번에 뒤집는 방법이 있는데 그건 너무 파괴와 피해가 뒤따르는 거고. 다른 방법은 정말 궁지에 몰아넣어서 내놓지 않으면 안 되게끔 하는 거지. 지금 그런 상황에 와 있다고 봐. 대학생들의 수로 보나, 대학 전반의 문화로 보나. 그러면 남자애들이 적어도 기본적인, 짐승 같은 짓은 못하도록 기본 규약까지는 딱 정해 놓고, 그건 넘지 못하게 해야 돼요. 섹션도 마찬가지고, 동아리도 마찬가지고. 거기서부터 출발해야 돼. 연애도 마찬가지라고 봐, 나는. 둘이 사귀기로 하면, 대개 연애를 너무 어려서부터 하면 권력을 빼앗기니까 할 수 없는데, 좀 나이 들어서 할 때는, 딱 기본 규약을 정해야 해. 이것까지는 절대, 서로 합의하에, 언제나, 데이트 비용 문제서부터. 뭣보다 섹슈얼리티 관련해서는 딱 원칙을 정해 놓고 하는 게 난 중요하다고 봐. 누군가는 비웃겠지, 어떻게 연애를 그렇게 할 수 있냐고? 그런데 어떡하겠어, 너희가 불리한데? 잘못하면 형편없이 손해를 보고 불이익을 당하는데. 늘 마음가짐으로라도 그런 걸 가져 달라는 부탁이야.

ㅎㅎ: 안 그래도 제가 어제 남자 친구와 얘기했는데요. 무슨 상

호약속은 고사하고, 겨우 이런저런 친절 다 베푼다는 이유로 자기가 좋은 남자고 좋은 연애방식을 갖고 있다고 생각하더라니까요. 남자 친구 말로는 '우리나라 여자들이 너무나 그런 평등하지 못한 사회에서 살고 너무 굶주렸기 때문에 그런 작은 친절에 굶주려 있는 게 아니냐'는 거예요. 오죽 다른 사소한 거에서조차 케어 받지 못했으면 그것마저, 거기에 만족하냐는 거예요. 사실 더 중요한 건 다른 데 있긴 하지만 중요한 지적 같았어요…

ㄴㅅ: 맞는 말 같아요. 저는 여자들도 욕을 좀 먹어야 한다는 생각이 있는데. 그러니까 저는 연애 각본에 대해서, 좀 다른 각본들이 만들어져야 하는 것 같아요.

유성쌤: 물론 그렇긴 하지만. 그 알량한 매뉴얼에 나오는 친절 따위는 중요하지 않아. 그건 인간으로서 가장 기본적인 태도 아냐? 문 열어주고 그런 거는 중세 때, 그때는 문이 아주 무거웠거든. 그땐 자기들이 문 안 열었거든. 시종들이 열어줬거든. 그런 당연히 해야 할 거 했다고 자기가 좋은 남자라고 생각하는 건 어디서 온 찌질함일까? ㄴㅅ 한 번 얘기 좀 해봐, 페미니스트들은 어떻게 대처하는지?

ㄴㅅ: 페미니스트는 어떻게 연애하느냐는 질문이 저는 너무 재미있었거든요. 페미니스트들이 어떻게 연애하는지 어떻게 해야 할지에 대해 얘기를 안 하거든요. 오히려 개그 콘서트나 페이스 북 같은 데서 활발하게 만들어져요. 우스꽝스럽게… 그거에 개입하지 않

으면 계속해서 악순환이 되는 것 같아요.

—왜 찌질한가?

유성쌤: 아주 중요한 지적이라고 봐. 아니 꼭, 페미니스트들이 어떻게 연애 하느냐를 떠나서, 쌤 주장이 그거잖아, 가장 기본적인 인간에 대한 예의를 갖춘 연애는 어떤 것일지, 이게 핵심이잖아. 다른 용어로 풀어서. 얘기 나온 김에, 작은 친절함에 굶주려서 그랬다. 굉장히 비참해지는데? 지금 여러분들 세대부터인가, 아니면 조금 더 아래로 내려가면, 아마 처음일 수도 있고, 가부장적인 아버지 밑에서 자란 마지막 세대일 수도 있고, 비교적 딸들을 기르면서 아버지들이 교육에 많이 관여도 하고, 비교적 친절해지지 않았나? 어땠어, 아버지와의 관계는?

ㅈㅎ, ㄴㅅ: 아버지랑 거의 안 친해서.. 저도 별로 안 친해요...

유성쌤: 그렇구나! 물론 사람마다 다 다르고 아버지와 엄마와의 관계도 다 다르고 한데, 예전처럼 가부장적인 아버지와 무서운 오빠들 밑에서 자랐으면 그런 가벼운 친절에 넘어가서 혹할 텐데, 나름

그때와는 달리 딸이 하나나 둘, 자식이 하나나 둘 뿐이고, 딸을 굉장히 배려해서 공부도 시키고, 예전에는 공부도 못하게 하고 그랬어, 딸이 무슨 공부를 하냐고. 그런데 이런 상황에서도 사소한 친절에 넘어가야 되나? 그런 생각이 하나 들고. 다른 하나, 그건 친절이 아니고 당연한 일이잖아. 근데 그걸 친절이라고 생각해야 하는. 여전히 매우 불리한 역할에 있는 그런 여학우들의 안타까운 사정. 또 동시에 드는 의문은, 한편 내가 보기에 그건 남성들이 몸에 배서 하는 친구들은 아직은 별로 없어. 오히려 매뉴얼에서 배운, 이렇게 하면 여자들을 꼬실 수 있다, 뭐 이런...

ㄴㅅ: 그러면 멋있는 줄 알아요.

유성쌤: 쌤 보기엔 되도 않는 위선인데, 동시에 흔히 나쁜 남자에 대한 이야기 있잖아? 거기에 대해서는, 이건 신화 아닌가? 어떤가? 나쁜 남자에 대한 얘기. 위선을 얘기했으면 이제 위악이야. 자기가 별로 나쁘지도 않은데 나쁜 남자가 인기가 있다고 하니 나쁜 척을 해야 하는, 예컨대 성에 대한 굉장한 뻥 같은 것도 어떻게 보면 위악이에요. 그치?

ㄴㅅ: 사랑에 있어서, 폭력과 아닌 것과 로맨스적인 것과의 아슬아슬한 경계를 넘나드는 것 같아요. 나쁜 남자라는 게. 저는 그런 생각이 들었어요. 예쁘게 포장되어 있지만 조금만 더 현실에서의 어떤 살이 덧붙여지면 되게 폭력적으로 느껴질 수도 있는 건데, 포장이 되어 있는 것 같아요.

ㅎㅎ: 제가 인터넷에서 페이스 북에 누가 링크를 해서 재밌는 기사를 봤는데요, 우리나라 드라마에는, 특히 다른 나라 드라마에 비해, 여자가 갈 때 손목을 이렇게 잡는다든가 하는 장면들이…

유성쌤: 유난히 많이 나오지!

ㅎㅎ: 네. 벽에 밀친다든가, 이런 거를 퍼센트로 계산해서 유난히 많다는 거예요. 그런데 그걸 어떻게 분석을 했냐면요, 우리나라 여자들이 그런 힘으로 제압을 받았을 때, 다음에 어떤 상황이 발생할지 모른다는 그런 공포, 본능적인 공포를 설렘이나 두근거림으로 착각한다는 거예요. 그래서 그거를 좋아하는 건 줄 안다는 거죠.

유성쌤: 중요한 지적이야. 나도 TV 보다 보면 참 불편한 게 그런 거야. 예컨대 둘이 티격태격 했다, 그리고 돌아서서 간다, 그럼 뒤에서 애타게 부르거나, 아니면 앞에 가서 무릎을 꿇거나, 내 뜻은 그게 아니라고 설명을 해야 하는데, 갑자기 팔목을 잡아서 확 끌어서 돌려놓은 다음에 껴안는다든가 뺨을 때린다든가 소리를 지른다거나, 그건 내가 보기에 이거부터가 굉장한 폭력이야. 실제적이고 구체적인 물리적 폭력이지. 분위기 자체도 그렇고. 굉장히 중요한 지적인데? 은근히 그런 남자가 터프해 보이고 멋있어 보이는 것처럼 포장을 하는 거지.

ㅎㅎ: 여성의 문제가 있는 것 같아요. 아까 위선 말씀하셨는데 저희도 딸만 둘이고 엄마 아빠도 교육을 받으셨고, 가부장적인 분위기가 아니었는데도 가만히 말씀하시는 걸 듣고 있으면 여자는 인형

처럼 마치 보살핌과 돌봄 받아야 되는 식이 전제로 깔려 있거든요. 위선 그것도, 문을 열어준다는 것도 여자들이 그걸 사랑받는 걸로 착각하는 게 문젠 것 같고, 나쁜 남자도, 폭력적이고 권위적이고 그런 게 왠지 나를 보호해줄 수 있을 것 같고, 이 사람이 힘이 있다고 착각하는 것 같아요. 여자의 잘못이죠.

유성쌤: 물론 그런 식으로 따지면, 여성들도 연애할 때 상당한 위악과 위선을 다 구사하지. 당연한 거야. 내숭이라든가. 이것도 전부 전략인데, 그런 흔히 얘기하는 인간관계에 나타날 수 있는 '밀·당'을 넘어서, 인간관계에서 필요한 기본적인 대접을 무시하거나 홀대하는 태도를 지적을 한 거지. 자, 아무튼 또 꼴불견인 남자들의 찌질함 얘기 더 해보자.

–찌질한 모습, 본새, 짓거리...

ㄴㅅ: 저는 조모임 같은 거 할 때, 자기가 남자라고 의무감에 차 있을 때가 제일 가소롭던데요.

ㅈㅎ: 그러면서 예쁜 여자 후배 챙기고...

ㄴㅅ: 그때랑, 진짜 나르시시즘에 빠져 있을 때…

유성쌤: 그래, 그렇게 일상에서 질린 점을 얘기해 달라는 거지, 질린 점. 지금은 주로 행태에 관한 얘기를 주로 했거든? 주로 이런 짓을 한다, 그 따위 말을 한다, 등등. 그러면 남자들 생김이나 존재, 뭐 이런 거. 이들은 왜 그 모양일까? 뭐 이런 얘기…

ㅎㅎ: 일반화하면 절대 안 되지만… 그냥 흉보고 욕을 하는 자리니까 꼭 집어 보자면. 대화가 안 되는 게 있어요. 어떤 주제에 대해서 서로 생각을 나누는 게 대화잖아요. 그런데 남자들은 그 주제가 어떤 것이든 그 초점이 '나'에 있는 거예요. 그걸 이용해서 나를 과시하는… 예를 들면 음악 얘기를 하면 서로 그거에 대해서 어떻게 느꼈고 아, 너는 이렇게 생각하느냐 이렇게, 대화, 소통이 되는 게 아니라…

유성쌤: 아, 중요한 얘기야.

ㅎㅎ: 나는 이만큼 알아, 나의 식견은 이 정도야. 그러니까 대화가 무엇에 대한 것이든지 다 나를 과시하는 수단이 되어버리는 거예요. 그러니까 대화를 하고 있는데 여기 있는 사람이 꼭 내가 아니어도 되겠구나. 왜냐하면 이 사람은 나의 생각이 궁금한 게 아니라 자기 얘기를 들어주는 사람이 그냥 필요하다는 느낌이 들어요… 여자들에 비해서 남자들한테 많이 느꼈어요. 그러니까 내가 무슨 얘기를 해도 내 얘기는 그냥 이렇게 지나가고, '그래 이제 내 얘기를 하겠어' 하는 거죠. 근데 그것도 사실 자기 생각을 나한테 전해주고 싶어서

얘기하는 거라면 들을 만한데 뭔가 그걸 이용해서 막, '나 이런 사람이니까 알아 둬' 이런 식의 느낌을 너무 많이 받으니까… 소개팅에서도 그런 걸 너무 많이 느꼈고, 뭐 그냥 동기나 친구들한테도 그렇고. 대화를 나누는 게 너무 재미가 없는 거예요.

유성쌤: 응, 이거 재밌다. 뭐 그것과 관련해서 비슷한 경험들? 그러니까 이제 대화 이러면 서로 말을 주고받는 것인데 주고받기보다는 일종의 자기 과시형 독백 및 방백에 익숙한 남자들. 흔히 속물근성이라고도 하고, 뭣보다 덜떨어진 전문가 흉내 이런 거 아주 꼴불견이지. 차라리 어디 쏙 빠져 있는 마니아도 아니고…

ㅎㅎ: 이용당하는 느낌이에요.

ㅈㅎ: 응, 맞장구쳐 줄 여자가 필요한 거지.

ㅎㅎ: 맞아요.

유성쌤: 관객이 필요한 거야, 그러면, 대화상대가 아니고?

ㅈㅎ: 네. 그런 느낌을 많이 받아요!

유성쌤: 흐음, 이럴 때 그들은 어릿광대지. *(웃음)* 도저히 눈 뜨고 봐줄 수 없는. 서툴기 짝이 없고 그러면서도 제 멋에 빠진…

ㅎㅎ: 또 무슨 식견 같지도 않은 이론 펼칠 때도 제 얘기만 하지, 듣는 나의 생각을 전혀 궁금해 하지도 않아요. "너는 어떻게 생각

해?" 하고 물으면서, 먼저 말의 주도권을 독점하지 않고 나의 생각을 귀 기울여 들어 준 남자가 몇이나 있었을까..

유성쌤: 근데 제 생각이 있기는 해? 제대로 어떤 자기 주관에 따른 나름대로 논리를 갖춘 사고, 뭐 이런 게 있긴 있느냐고?

ㅎㅎ: 그니까 그것도 어디서 다 주워들은 거죠, 뭐... 그렇더라도 제가 수긍하거나 공감이 가서 '맞아, 그게 맞아'였다면 그렇게 자기 과시용으로 날 이용한다는 느낌을 안 받았을 것 같아요. 그만큼 모든 초점이 다 자기한테 있는 것 같아요.

유성쌤: 아니, ㅈㅎ이 그 얘기 좀 더 해 봐. 그 질린...

ㅈㅎ: 그게. 제가 생각할 때는 그 사람이 별로였던 것 같아서. 이게 모든 남자한테 일반화 할 수가 있을까? 그니까 딱 말씀하시는 대로 자기 얘기를 들어 줄 사람이 늘 필요... 했던 것 같아요. 저한테 사귀자고 할 때도 '네가 나한테 위로가 된다. 그러니까 나랑 사귀어 달라' 이렇게 얘기를 했거든요.

유성쌤: 그걸 왜 들어줬어? 위로받으려고 사귀자는 데...

ㅈㅎ: *(웃음)* 아니, 위로가 된다니까. 기쁨이 되잖아요. 그게 또 내가 누군가에게 위로가 된다는 게... 근데 이게 헤어질 때쯤 되니까 '아, 나만 이 사람한테 위로가 되고 이 사람은 나한테 위로가 안 되는구나' 하는 생각이 들었어요. 그래서 늘 그런 식이에요. 자기가 취향이 특이하면 이거는 내 취향이고, 내가 취향이 특이하면 뭐 이상한

거고. 내가 하면 틀린 거고. 자기가 하면 맞는 거고. 뭐... 근데 그 사람이 이상했던 것 같아요. 모든 남자한테 일반화시킬 수 없을 것 같아요.

유성쌤: 물론 남성 일반이란 없어. 쌤이 늘 얘기하듯이 여성과 남성이 다르듯이, 남성들끼리도 많이 달라요. 많이 다르지. 정말 극단적으로 다를 수 있잖아. 여성들도 마찬가지고. 내가 아주 끔찍해 하는 몇몇 여성 정치인들 생각해 봐. 정말 어떤 남성도 못할 것 같은 짓을 서슴지 않고 하는. 어쨌든...

ㅈㅎ: 그건 있는 것 같아요. 그 보통 여자 친구가 생기거나 이러면, 되게 소유하고 싶어 하는? 그런 거는 누구나 좀 있었던 것 같아요. 계속 있어 왔던 것 같아요.

유성쌤: 소유를 지나서 거의 독점이지.

ㅈㅎ: 네. 나는 안 그래, 했던 사람조차도. 다른 여자는 괜찮지만, 결국에 내 여자는 안 되고, 충족시킬 수 없는 두 가지를 막 요구하고. 그니까 섹시하되 야하지는 않을 것?

ㅎㅎ: 맞아. *(웃음)* 그거 너무 웃기다. 섹시하되 야하지는 말래.

ㅈㅎ: 그걸 입 밖으로 자기가 얘기 했어요. 막. 섹시해도 되는데 야하면 안 된대요. 옷차림 하나 하나까지 이렇게 코디해 주고. 저는 옷을 사 주는 걸 바라지도 않았는데 막, 데리고 가가지고 "야. 이거 입어 봐" 이러면서. 저는 안중에도 없고 자기랑 판매원만 얘기를 하는 거예

요. 그러더니 “이거, 저거 꺼내 주세요. 입어 봐”… 뭐 이렇게…

모두들: 아악!

ㅈㅎ: “괜찮은데? 이거 주세요” 하면서 내 의견은 물어 보지도 않고요.

ㄴㅅ: 아니, 지금 행동이 너무, 막 상상이 가서.. 드라마 보는 거 같아요.

ㅈㅎ: 네. 되게 멋있는 줄 아나 봐.

유성쌤: 그냥 악몽에서 깼다고 생각해라. *(웃음)*

ㅈㅎ: 아유… 되게 인형 옷 입히는 느낌이었어요.

—그 가없는 유치함에 대하여

유성쌤: 아니면, 그 얘기 하는 김에. 그 남자들은 남자들 대로. 무슨 기념일에 이벤트 때문에 죽겠다고 해 싸면서 그 다음에 이벤트를 해 준 다음에 꼭 대가를 바라고 그러는데 말이야. 그에 대한 뭐

눈에 보이는 찌질함은 없나? 지들은 또 난리야, 힘들어 죽겠다고.

ㄴㅅ: 근데, 뭔가. 그걸 해서 되게 좋아할 거라고 생각하나 봐요. 좋아하나? 좋아하기는 하죠. 저는 한 번 받아봤는데. 진짜. 좋아하는 척 하느라 너무 힘들었어요. *(웃음)*

ㄴㄱ: 아... 어떤 느낌이었는데요?

ㄴㅅ: 아니, 진짜 말하기가 쪽팔려요. 아.. 왜 창피하지? 막, 촛불... 촛불을... 이렇게 해 놓는다든지 하여튼 막 그런 거였는데. 아, 이런 게 너무 참... 이런 걸 하면 본인도 창피하지 않았을까 나는 그런 생각을 해요.

유성쌤: 아니, 정성어린 선물 같은 거 좋아하지 않을 사람은 없지. 근데 그게 얼마만큼 정성이 실려 있냐, 그 다음에 그야말로 순수한 관계와 마음에서 우러난 거냐, 아니면 남들이 다 하니까 해 보는 거냐가 중요하잖아? 아니면 뭔가 반대급부를 원하거든. '성과 사랑' 수업 시간에 발표하면 애들이 맨날 재연하는 게 그거잖아. 백일 이벤트 하고 나서 너 뭐했어? 그러면 이 만큼! 카드 이만큼하고 명품가방 사 주고, 그러고 나서 진도 어디까지 나갔어? 그런 거 물어보고.

ㅎㅎ: 맞아요. 재밌는 얘기 하나 들었는데 제 친구가 이벤트를 받아서 너무너무 기뻐했대요, 남자 친구가 이렇게 멋진 이벤트 해 주니까. 근데 남자 친구가 그러지 말고 빨리 다른 친구들한테 자랑하라고, SNS에 올리라고 쿡쿡 찌르더래요.

유성쌤: 하하. 그것도 또 자기과시용인거지.

ㅈㅎ: 아, 생각났어요. 예전에 너무 오래 전에 사귀었던 남자 친구라서 까먹고 있었는데. 되게 찌질함의 종합세트인 남자 친구가 있었어요. 그때는 제가 스킨십에 대해서 되게 소극적이고 막, 그러니까 그 사람은 나를 되게 개척 영역이라고 생각했던 것 같아요. *(웃음)* 얘는 아무것도 안 해본 애니까 뭐든 리드를 해야 한다는... 무조건 내가 하면 다 내가 처음인 거에 대한... 그걸 차라리 얘기를 하지 말았어야 하는데. 경험이 많다고 할 걸 그랬어요. *(웃음)* 자기가 연애관련 개척을 얼른 해야겠다는 욕심이 되게 과한 남자 친구였는데. 한번은 이렇게 막 꽃다발을 이렇게 가지고 왔어요. 수업 쉬는 시간에 잠깐 만나는데 이렇게 와가지고 자기가 아주 먼 데서부터 이걸 가지고 왔대요. 이렇게 주는 거예요. 오. 좋죠. 그래서 고마워 이러고 받았는데. 뽀뽀를 해 달래요. 근데 그, 진짜 그것도 너무 창피하던 시절에..

유성쌤: 길에서?

ㅈㅎ: 아뇨, 건물 뒤 으슥한 데로 데려가서. *(웃음)* 해 달래요. 그래서 싫다고 그랬어요. 어, "싫어" 이랬는데, 왜냐하면 너무 당황스럽기도 하고 별로 이거 받았다고 바로 해 달라고 그래서 싫다고 그랬는데 계속, 대여섯 번 정도 "내가 이거 줬잖아. 안 해 줄 거야?" 그러는 거예요...

유성쌤: 착한 일 했다고 엄마한테 사탕 달라고 막 조르는 애처럼?

ㅈㅎ: 예. 맞아요. 막 징징대고. 안 해 줄 거냐고. 결국은 안 해 줬었는데... 미안하게 만들더라고요. 아 이게 정말 대가를 바라고 가지고 온 거구나 하는 게 느껴졌어요. *(웃음)* 안 받아~ 가져가~ 그랬어야 하는데.

유성쌤: 정말 듣기가 민망하네!

ㅈㅎ: 그리고 저는 뭐, 상대가 가방이 없고 제가 엄청 무거운 가방을 들고 있으면 괜찮은데, 진짜 핸드백 이런 거 들고 있을 때 안 뺏어갔으면 좋겠어요. *(맞아, 그래!)* 막, 뺏어가는 거야. 이거는 내가 오늘 '깔 맞춤'을 해가지고 내 옷에 어울리는 가방을 선택해서 가지고 온 건데. 그걸 자꾸 뺏어가는 거예요. 그리고 나 이제 치마를 가릴 용도로도 다 가지고 있는 거고, 다 용도가 있는데. 자꾸 뺏어가니까... 제가 그래서 아, 됐다고 그러면, 아 누가 페미니스트 아니랄까 봐. 이런 반응을 보인단 말이에요.

유성쌤: 그러니까 무슨 그, 인격적인 관계에서의 세심한 배려가 아니라 그런 매뉴얼 대로!

모두: 네.

–'마마보이' 그 최악의 찌질함

유성쌤: 응용이 안 되는 거지. 한 마디로. 그게 엄마와 관계에서 출발한 걸까? 마마보이 혹시 만난 적 없나? 마마보이는 아니었어?

ㅈㅎ: 아, 마마보이는 따로 또 있어요.

유성쌤: 하하하. 네가 만난 남친들은 완전히 종합세트네.

ㅈㅎ: 아, 마마보이는 진짜. 제가 걔 이후로 남자 친구 사귈 때 그 남자 친구랑 엄마와의 관계를 가장 먼저 탐색해요.

유성쌤: 정말 중요해요!

ㅈㅎ: 네, 정말. 그 남자 친구도 진짜 찌질했어요. 고등학생 때였는데 어머니가 드라마에 나오는 "돈 줄게, 떨어져" 하는 어머니였어요. 심지어 이제 막 사귀기 시작한 사이였는데. 뭐 어떻게 알았는지 어머니가 전화가 와가지고 "ㅈㅎ이니?" 이러면서 "나 학교 앞인데, 나와. 나랑 얘기 좀 하자." 이러는 거예요. 그래서 나갔더니 뭐 저를 바람맞히고, 뭐, 알고 보니까 아들을 기다리는 중간에 잠깐 저를 보려고 했는데 아들이 생각보다 일찍 나와서, 제가 전화를 했더니 뚝

끊는 거예요. 근데 알고 보니까 옆에 아들이 타고 있었던 거죠. 그 날 야자 끝나고 저녁에 학원 가서 남자 친구를 만나서 얘기를 했어요. 너희 엄마가 전화가 와가지고 내가 밥 먹다가 중간에 체하고, 울고 이랬다고 얘기를 했더니 "어, 근데 그게 뭐? 엄마가 전화할 수도 있지." 이러는 거예요. 그래서 나중에는 '아, 이게 걔 엄마의 문제가 아니라 걔도 문제가 있구나' 생각했어요. 그 엄마랑 걔네 담임 선생님까지 합세를 해서 저에게 헤어지라고 하질 않나…

ㅎㅎ: 담임 선생님까지… 가지가지 한다. 진짜.

ㅈㅎ: 네, 그래서 걔가 "헤어져야겠다. 아니면 비밀로 사귀자" 이랬는데 저는 그 당시에는 뭔가 자존심이 상한 거예요. '나는 우리 엄마한테 말해도 당당한데, 내가 뭐 어쨌다고 왜 내가 안 당당해?' 이래서 비밀로는 못 사귀겠다고 하고 헤어졌는데… 그 애 엄마가 찾아온 거는 아직도 너무 충격이었어요. 고등학생인 내가 뭘 했다고. 자기 아들 앞길 망친다는 이유였거든요.

유성쌤: 그건 드라마에서 나오는 건데. 그것도 막장!

ㅈㅎ: 네… 저 때문에 아들 성적 떨어진다고.

유성쌤: 그런 미성숙한 남자. 특히 위기에 처하면 엄마 치마폭에 숨거나 엄마 뒤에 숨고 싶어 하는 마음이 또 있거든. 그런 것들이 몹시 자신의 성숙함도 가로막지만, 연애할 때나 그럴 때는 굉장한 어려움으로 작용하지. 특히 나중에 가서. 또는 뭐 모든 남성들이 자기

사랑하는 여인에게 모성을 기대하기도 하지만 그것이 잘 성찰되지 못하고 그렇게 되면 심각한 상황을 낳기도 하지. 특히 근래에 남학우들 가만히 보고 있으면 정말 철딱서니 없어요. 참 여기서 ㄴㅅ한테 하나 뭐 물어봅시다. 너는 지금 여성학과 조교까지 하니까. 페미니스트로 다 호가 나 있잖아? 그러면 그를 대하는 남성들의 찌질한 태도 같은 거 생각나는 게 있는지?

ㄴㅅ: 음... 뭐가 있지?

유성쌤: 뭐 옛날 과 친구들 남성들, 오래간만에 만난 남자애들이나. 여성학과 조교 한다고 그러면 뭐라고 반응해?

ㄴㅅ: 되게 조심스럽게...

유성쌤: 아, 물론 조심하겠지. *(웃음)*

ㅈㅎ: 페미니스트 선언한 지 너무 오래 돼서 초기의 분노가 사라졌어? 지금?

ㄴㅅ: 아, 맞아요. 지금 분노한 상태는 아니라서...

ㅈㅎ: 소강상태야, 지금?

ㄴㅅ: 어, 그런지 좀 오래 돼가지고. 남성들은 저의 모든 행위나 행동이나 말이나 이런 것의 원인을 제가 페미니스트라는 점에서 찾는 것 같아요.

모두: 음~~~

ㄴㅅ: 아니면 아예 말을 걸지 않아요. 없는 사람 취급이라고 해야 하나? 그러니까 대화를 할 생각을 안 해요. 그러니까 약간 무서워하는 것 같아요.

ㅈㅎ: 실제로 무서워한다고 하던데.

ㄴㅅ: 내가 뭐 쳐다보면 막, 뭐라고 해야 하지? 시선을 피하는 게 느껴져요.

유성쌤: 뭔가 추궁하는 듯 느껴지나 보지?

ㄴㅅ: 네, 그런가 봐요.

유성쌤: 아까 우스웠던 게 ㄴㅅ가 사람들이 그런 거 물어볼 때 제일 웃긴 것 같아. 페미니스트는 어떻게 연애해요, 물어보는 게.

ㄴㅅ: 아, 근데 저는 웃긴 동시에 저는 되게 뭐지? 확 왔어요. 확 꽂혔어요. 그 질문에. 그래가지고 말한 거예요.

유성쌤: 그러니까 일종의 자격지심…

ㅎㅎ: 자격지심 얘기도 외부와의 소통도 안 되고 자기 내부와의 소통도 안 되는 것 같아요. 소통 자체가 꽉 막혀버린 거죠.

–청년문화, 여성 남성 어떻게 다른가?

유성쌤: 자, 그럼 주제를 좀 바꿔서 문화에 대한 이야기 해볼까? 청년문화랄까? 이건 어때? 남녀가 비슷한가? 학력 자본까지는 아까 얘기했는데, 문화자본은? 일단 좀 흉부터 보자면 대체로 청년세대, 특히 남성 청년들 문화적으로 불모, 그니까 너희들 말로 '대따 무식' 하던데! 일단 남성들 노는 얘긴 했으니 여성들은 뭐하고 노는가?

ㄴㅅ: 여성과 남성이 좀 다른 것 같아요, 노는 것도... 여자애들은 일단 수다 많이 떨죠, 화장 얘기 많이 하고, 친구들 보면. 아, 또 맛집 얘기도 많이 해요.

ㅇㅊ: 남자 얘기도 진짜 많이 하고...

ㅈㅎ: 근데, 그냥, 여자애들 뭘 하냐면 '만나서 얘기 한다'라고 정리가 돼요. 반면에 남자애들은 뭘 하냐고 하면 '만나서' 그리고 그 담에 얘기가 주가 아니라 그냥 술을 진탕 먹거나, 게임을 하거나, 운동을 열심히 하거나... 아무튼 얘기가 큰 비중을 차지하지는 않는 것 같아요.

유성쌤: 그런 건 여전하구나, 옛날이나 지금이나.

ㄴㅅ: 집단적으로 같이 하지는 않지만 전시를 보거나 공연을 보거나 그런 건 대부분 또 여자애들이 많이 하는 것 같아요.

ㅈㅎ: 근데 그게 남자애들이 여자 친구랑 할 수 있는 것들을 남자들끼리 하는 걸 되게 부끄러워한다고 해야 하나. 그런 걸 남자들끼리 하자고 하면 뭔가 막 '그건 가서 여자 친구랑이나 해" 뭐 이런 반응인 것 같아요.

유성쌤: 남성 둘이 영화를 보러 간다든가 뭐 맛있는 걸 먹으러 간다든가…

ㅇㅊ: 그걸 보면 왜 그렇게 여자를 사귀려고 하는지 알 것 같아요. 혼자서는 문화적으로 그렇게 할 수가 없어서예요. 사실 저희들은 뭐 '한강 가서 치킨 먹자' 이런 게 되게 쉬운데, 둘이서. 남자애들 솔로면 어떻게 사는 거지 대체??

ㅈㅎ: 네, 그 문화에 남성성으로 가득 찬 문화…

유성쌤: 그래 솔로가 거의 죽음이지, 특히 젊은 남자에게. 혼자도 그렇고 남자들끼리 무언가 문화적인 걸 하기 어려우니까…

ㄴㅅ: 또 남자들은 여자들이 맛집 좋아하면 그것도 되게 싫어하고 그래요. 맛있는 걸 먹고 좋아하는 거 이해를 잘 못해요. 그냥 그들에게 맛있는 건 오로지 고기!

ㅈㅎ: 싸고 양 많은!

ㄴㅅ: 그게 끝인 것 같아요. 고기 구워 먹는 거. 그 외에 뭐 다양한 음식에 대한 욕망이 없나 봐요. 있는 친구는 물론 있지만 어떤, 제 머릿속에 기준이 되는 남성 집단에게는...

유성쌤: 혼자서 뭘 못하는 건 여전하구나.

ㅈㅎ: 못한다기보다 주변에서 그걸 되게 이상하게 쳐다보고, 또 그걸 되게 신경쓰는 것 같아요.

유성쌤: 쌤은 유학생활도 혼자 한참을 보냈고 여기 와서도 어울리기도 잘 하고 그런 사람이지만, 혼자 있는 걸 꽤 좋아하는 편이에요. 특히 영화 같은 경우에는 내가 보고 싶은 게 있으면 문득 가서 보거든? 수업시간 비거나 할 때 혼자 가곤 했지. 그런데 요즘은 도대체 눈치가 보여서 못 가겠는 거야. 독립영화관이나 이런 데는 괜찮은데 그냥 일반 영화관에서 개봉하는 영화 보고 싶어서 가보면 완전히 남자는 나 혼자고, 죄다 커플만 앉아있으니까. 내가 오히려 불편한 거지. 사실 쌤 영화일도 좀 해왔지만 영화관에서 영화 보는 행위를 되게 즐기거든, 예전부터. 유학시절의 버릇인데, 혼자 가서 영화보거나 그러면 편하잖아. 혼자 막 울기도 하고, 화도 냈다가 집중할 수도 있고, 누가 옆에 있으면 불편하던데. 어디 그뿐인가? 밥도 우리는 아직도 혼자 먹는 데가 잘 없잖아. 근데 혼자 밥 먹으러 갈 때 많거든, 바쁘거나 그냥 혼자 먹고 싶을 때. 근데 점심시간에는 미안해서 못 가겠고, 혼자 자리를 차지하기가. 일본에는 도서관처럼 혼자 자리가 있는 곳이 많아. 거기 라면집 같은 데가 그리운데. 혼자

라는 것을 여전히 잘 못 견디거나 익숙하지 않거나 남의 눈총 받기 싫거나 뭐 그런 데서 오는 거지.

ㅈㅎ: 그리고 남자들끼리 있어도 어디를 전시를 보러 가거나, 공연을 보러 가거나 이런 걸 잘 못하고.

유성쌤: *(웃음)* 야구 보러 가는 건 돼도.

ㄴㅅ: 클럽에 가거나, 술을 먹거나.

ㅇㅊ: 한편으로 그럴 만도 한 게 그 '호모 소셜(homo social)'한 집단이 주는 이득을 남자들 스스로 너무 잘 알고 있는 것 같아요. 사실 술자리나 당구장 가는 게 그렇게 즐겁지 않은데도 가는 애들 진짜 많이 봤거든요. 거기 가면 네트워킹이 되니까. 이런 남성 중심 집단의 이득을 알고 체득하게 되고 나이 먹으면 결국 그것만 하게 되고…

유성쌤: 남성들끼리의 집단은, 친구들끼리부터 좀 야박하게 말하면 일종의 이익사업이라는 말이지.

ㅇㅊ: 제가 보기에는 그런 것 같아요.

유성쌤: 그니까 처음부터 의도하지는 않았어도.

ㅇㅊ: 네, 뭐 지들끼리 방패막이 해주고, 보호막 쳐주고, 무슨 일이 있을 때 그런 것도 많이 봤고요. 근데 사실 제가 보기에는 여자들

끼리 모였을 때 그 모임은 '너 재밌고, 나도 재밌고' 이러고 끝인데 남자들이 모이면 '우리가 주는, 이 사회가 주는 뭐가 있고, 그러니까 너 안 나오면 사회적으로 손해고' 이런 게 있는 것 같아요. 하다못해 동아리에서도 그런 걸 되게 많이 느끼는데.

유성샘: 그게 일반적인 행태야, 예외도 있겠지만 말이야. 응. 그러면 이들은 자아 정체성을 어떻게 찾는 걸까? '나'는 없고 '우리'라는 추상적인 남의 정체성을 얻어다가 누더기처럼 이것저것 기워 입는 정체성인가? 그렇게밖에는 안 보여. 이런 식의 정체성 형성 과정은 허술할 수밖에 없지. 내가 스스로 만드는 무엇이 없잖아. 나와 외부 세계와의 치열한 갈등이라든가 그런 게 없으니까. 물론 이건 남성들에게만 또는 청년세대에게만 국한되는 것은 아니지만 말이지. 하기는 어른 남성들 뭐 나을 게 있어야지. 그나저나 이런 건 대물림되면 안 되는데, 기성세대와의 관계에서는 어떻게 얽히는가, 그런 얘기 한 번 해볼까? 가족 얘기까지, 자연스럽게...

—소통 단절, 공감 불가, 가족이라는 뿌리

ㅎㅎ: 사실 딸도 아빠랑 사이가 안 좋고 엄마랑도 사이가 안 좋은 경우가 많은데, 근데 아까 말했던 울면서 술 먹고 자기 상처를 토해내는 그런 행위의 아주 많은 부분이 아버지와의 나쁜 관계에서 오는 경우가 되게 많아요.

유성쌤: 그건 어쩔 수 없는 사회 변화의 결과기도 해요. 워낙 급격하게 변화하다 보니까 부모 세대와 자식 세대 사이에 그 문화, 생각, 의식, 하다못해 식성까지 부딪치는 거지. 게다가 부모세대는 획일적인 문화에 익숙한 나머지 다름과 함께 사는 게 너무 낯설거든. 그러니 공감대가 만들어지기 어렵지. 특히 그런 데 서툴고 훈련이 안 된 아버지와 아들이 부딪치기 쉽지. 아버지 세대는 편협하고 촌스러운데, 아들 세대는 자유롭고 분방하고 싶고, 그 사이 소통은 안 되고. 쌤이 40대 남성들 조사하면서 너무 놀랐던 것 중에 하나가 애들이 사춘기쯤 되면 특히 부자간에 소통이 안 돼요, 서로 관심도 없고. 더 큰 문제는 가장 왕성한 청소년기가 되어 자기 자의식 생겨나고 할 때 우린 입시 덫에 걸린단 말이지. 외국 같으면 이제 슬슬 언제 집을 나갈까 생각할 텐데 이게 중2나 중3 정도란 말이야. 그로부터 고딩 3년간은 모든 것이 유예된 입시 준비기간이야. 편모교육이

란 말이 있듯이 이때부터는 엄마가 그 입시준비를 온전히 책임지고 주도하거든, 어느 집이나 예외 없이! 그러다 보니까 아버지는 애가 한참 생각이 바뀌고 이런 걸 모를 수밖에 없어요. 그러다 어느 날 턱 대학생이 되어서 같이 술이나 한 잔 하자고 둘이 가만히 쳐다보고 있으면 할 말이 없는 거지. 지금 교육풍토에서 어쩔 수 없는 상황이기도 한데 불행한 거지, 서로. 아무튼 지금 부자관계는 최대의 위기상황인 것 확실해. 아버지들은 스스로 아버지에게 했던 것하고는 전혀 다른 상황에서 자녀와 관계를 맺어야 하는데 그걸 어찌할 바를 모르는 거고. 애들 보기에는 뭐. 둘 중에 하나지 뭐. 친구거나 원수거나! 기왕 얘기 나온 김에 그때 조사하면서 느낀 점 잠깐 소개할게.

"아버지 세대의 어려움('사회의 병리', '육체의 손상', '영혼의 노숙')"

지난 금융위기 때 한국인권재단의 위탁을 받아 유성쌤이 수행한 '40대 직장남성 인권의식 연구'에는 시사적으로 이런 부제를 달았다. 어른 남성으로 이 땅에 살아가는 일 자체가 그만큼 팍팍하고 고단하며 결국 참담하기 일쑤라는 결론에 이르러서였다. 일단 유례없이 강도 높은 노동, 길고 긴 노동시간에다 열악한 노동조건에 치이고 다칠 수밖에 없는 비인간적인 노동 상황을 비롯한 사회적 제반 여건이 병리적이다. 뿐만 아니라 세대 간의 갈등부터 급격한 기술 및 정보발전에 따른 근무환경 변화, 특히 노동시장 유연화로 실업이나 비정규직화에 대한 공포, 고령화 시대 앞두고 은퇴 후 삶에 대한 걱정 때문에 몸은 병들고 마음도 시들고 있다. 하지만 이들에게 치명적인 부분은 다름 아닌 사람 사이, 그것도 가장 가까운 사람들과의 사이가 버석대고 흔들리며 지척댄다는 사실이다. 특히 자녀와의 관계에 대해 거의 예외 없이 어려워하고, 두려워하고, 못마땅해 하지만 정작 무엇을 어떻게 할지 잘 알지도 못할 뿐더러 하릴없이 버거워 하며 속으로만 끙끙 앓는다.

> "애들이 다 커버려 대화도 어렵고, 뭐 지들 쓰는 말도 잘 못 알아듣겠어요. 애들이 쓰는 용어도 써보고 그러는데, 애들이 대화를 잘 안 하려고 들어서....주말에 산책이라도 하려들면 아이들은 피하고, 또 강요하기도 뭣해서 그냥 아내하고만 하지요."(68)

> "대화가 도대체 안돼요. 아주 죽겠어요. 이 때문에 제일 스트레스 많이 받죠. 나름 대화를 많이 하려고 노력하는데, 아이들이 이야기를 하려 들질 않아요. 특히 중학생이 되면서 더 그래요. 뭐 관심가지고 이런저런 의논하고 결정해주고 하는 건 공부와 관련해서죠. 학원 다니면서 친구 잘 못 사귀는 것 같아서 정리하고 운동시키고 그랬어요. 근데 아이 공부야말로 부모 맘대로 되는 게 아니더라고요. 아무리 시킨다고 제가 하지 않으면 소용없잖아요. 알아서 하면 좀 좋아요? 아무튼 혼자라 그런지 늘 받으려고만 하고 부모에 대한 배려는 없는 것 같아서 걱정이에요. 하기는 나도 멋진 아빠 같지는 않아요. 내 친구 하나는 딸만 둘인데 잘 놀아주고 공부고 잘 돌봐주고 하던데 나는 잘 안되더라고요. 성격이 급하고 해서 화를 잘 내 그런가..."(69)

아내들과는 다른 차원에서 관계가 휘청대는 데, 자녀들과조차 이런 관계의 위기가 계속된다면 자신의 내면을 돌아보지도 제대로 된 정체성을 제대로 추스르지도 못하고 살아온 이들이 나이 듦과 함께 '영혼의 노숙' 상태로 헤매게 될 것이 빤히 보여 안타깝기 그지없다.

* 정유성(2009). 40대 직장남성 인권의식연구: '사회의 병리', '육체의 손상', '영혼의 노숙'. 서울: 한국인권재단.

유성쌤: 그래서 쌤 부모 교육 가면 늘 그런 얘기 한단다. 자기 자식 중에 제일 미워하는 부분이 뭔지 아느냐? 자기와 제일 닮은 내가 제일 싫어하는 나의 부분. 또는 내 배우자와 내 배우자의 가장 싫어하는 부분을 닮은 자식의 그 모습 때문에 길길이 뛰는 거지, 다 당신 때문이야, 이러면서.

ㅈㅎ: 맞아. 다 당신 닮아서 그래! *(모두 웃음)*

유성쌤: 그러니까, 어쩌라고! 이제 뭐든지 문제는 인식을 하면 반성을 하고 그렇게 되는데, 그렇지 못한 부분이 두드러지는 거지. 게다가 지금 청년세대에는 부모에 대해서 애틋한 마음이 별로 없잖아. 어쩔 수 없이. 관계가 버석대는 건 너무나 당연한 얘기인 것 같아. 어찌 보면 서구식으로 그렇게 되니까 관계를 어떻게 옛날로 돌릴 수도 없고 정상화도 어렵고 하니까 나름대로의 일정한 패턴을 만들어야지. 너무 가깝지도, 그렇다고 너무 멀지도 않게. 그래서 아까도 얘기했지만, 결혼이라는 제도 중에 어려운 게 고부간의 관계라고 하잖아. 그렇지. 근데 여전히 그건 남아 있거든. 게다가 자기가 부모하고도 그런데 심지어 시부모?

ㅈㅎ: 그게 안 끊기는 것 같아요. 엄마가, 할머니한테 스트레스를 받는데 아빠랑 소통이 안 되니까 아들한테 엄청 의지를 한단 말이에요. 약간, 아들이 약간 배우자 대신인 것처럼. 그러다 보니까 나중에 또 제 동생이 나중에 결혼하면 엄마가 동생한테 엄청 집착할 것 같은 게 벌써부터 저는 걱정이 돼요.

ㅎㅎ: 남편 같은 아들은 안 된다는 얘기가 있잖아요.

유성쌤: 그거는 끊어 줘야지. 적당한 시기가 되면 젖을 떼야 하는 것처럼, 생물적인, 어떤 심리적인... 부모도 마찬가지에요. 애들이 어느 정도 성장하면 정말 어른다운 부모 자식 관계로 가야 되는데 워낙 세상이 빨리 변하고, 입시 교육이라는 잘못된 관행 때문에 그게 안 되는 거야. 대충 이렇게 해서 성장할 때쯤 되면 공백이 생겨버리고 나중에 쑥 커버리고 완전히 다른 사람들이 서로 소가 닭 보듯 하고 살고. 그런데 아직도 무슨 의리 따위 내걸으면서 억지로 뒤얽히다가 서로 원수가 되기도 하는 복잡한 상황이에요. 분석해 보면 지금 온통 흐트러지고 뒤틀린 엉망진창 관계망이라고나 할까? 그래서 심리학이 요즘 유행하는 거야. 일단 알고 싶거든. 근데 뾰족한 답은 없어. 언제나 그렇듯이 서로 가장 솔직하게 털어 놓고, 문제를 있는 그대로 늘어놓은 다음에야 가능한 해결 방안 찾고 서로 모색하고 합의를 이뤄가며 노력하는 수밖에 없는 거야. 남녀관계도 마찬가지에요. 대체로는 여성들이 생각이나 감수성이나 이런 부분에서 진도가 빠를 수밖에 없어요. 게다가 남자애들은 찌질한 나머지 질척댄단 말이지. 특히 아버지와의 관계에서 미성숙함을 탈출하고 성숙한 자아 정체성 만들어가는 계기조차 얻지 못하는 상태에서 말이야.

게다가 성인으로서의 마지막 사회화 단계를 군대로 하고 있으니 얼마나 끔찍한 일이야. 나 그 얘기 듣고 깜짝 놀랐는데, 페이스북에선가... 그 왜 유명한 총기사건 났을 때 심지어 피해자 아버지 하나가 현장 검증을 하는 데 갔대요. 웬만하면 우리나라 사람들 분노하고 돌 던지고 저런 죽일 새끼 막 이러잖아. 게다가 자기 아들이 죽었는데. 근데 갑자기 하염없이 눈물을 흘리면서 그러더라는 거야, 옆에 있는 기자한테. 어떻게 저렇게 겁 많고 쪼그맣고 어디가면 무슨 일도 못 저지를 애 손에 총을 쥐어주다니, 그러면서 울더라는 거야. 사고가 이미 프로그래밍 되어 있었던 거지. 자기 감당도 안 되는 애한테 전방 가서 총 들고 보초를 서게 하니까. 게다가 왕따 당하고 구박 당하고 그러면 애가 너무 힘드니까 일 저지르는 거지. 무슨 어른이 되는 과정이랍시고 재질이 부실한 애들까지 데려다가 혹독한 훈련 통해서 억지로 남자로 만들어낸다? 이건 시대착오적인 얘기지. 그런 부분들이 쭉 이어지고 있는 거야. 에휴. 갑자기 한심하고 절망적이고. 아무튼 이 정도 하고 좀 쉬었다 며칠 뒤 이야기 이어가기로 하자! 모두 애썼어요!

—명절, 놈들만의 잔치?

유성쌤: 그래 마침 명절 때고 하니까 가족얘기 더 해볼까? 왜 이맘때가 되면 유난히 가족주의적인 담론이 넘치잖아? 귀향이니, 고향의 품이니, 어머니인 고향이니.. 게다가 쌤처럼 서울이 고향인 사람들은 그 엄청난 귀향전쟁이니 교통대란을 지켜보면서 그런 생각

을 하게 되지. 과연 언제까지 이럴까? 무엇보다도 조금은 나아졌다고 하지만 여전히 뿌리라고 여겨지는 아버지 집에 가서 차례 지내고 어머니네 집은 가는 둥, 마는 둥 하는 풍습부터 그래. 요즘은 많이 달라졌다고는 하지만. 피붙이 찾아가는 조상숭배나 땅붙이 끌어대는 고향 기리는 풍습과 같은 것에 대한 생각, 의견, 불편함, 그런 거. 특히 젊은 여성으로 살면서 어떤 느낌들인지 궁금해. 그래 ㄴㅅ부터 얘기해보자. 명절 때 뭐했어?

ㄴㅅ: 원래 저희 집에서 차례 지냈는데 할머니가 작년에 돌아가시고부터는 친척들도 잘 안 모이고 저희 가족끼리만 할머니, 할아버지 사진 놓고 차례 지내게 되었어요. 그 전에 친척들 왔었을 때는, 친척동생이 저보다 한 살 어린데, 그 친구와 제 역할이 다르다는 걸 조금 느끼긴 했어요. 가령, 그 친구는 설렁설렁해요. 별로 열심히 도와주려고도 하지 않고… 저는 맏딸이다 보니까 좀 주도적으로 하는 편이에요. 음식을 나른다던지 돕는다던지 뭐 그런 일들부터요. 자연스럽다고 해야 하나, 그렇게 되더라고요. 그게 묘한 게, 엄마들이 자식을 대하는 태도도 다른 것 같아요. 저희 엄마는 딸이 둘인 엄마니까 그 자리에서 저희한테 일을 시키거나 요구를 하거나 그러지 평소 엄마와 딸 사이 친밀한 관계를 보여주진 않거든요? 반면에 아들뿐인 작은 엄마는 아들에 대한 태도가 좀 더 자연스러워요. 사람들 앞에서 자랑하고 음식 챙겨주고 뭐 그런 일들이 말이죠. 그게 딸 가진 엄마와 아들 가진 엄마의 차이인 것 같아요.

유성쌤: 그니까 여느 때와는 달리 명절이나 제사 때 가족의 공식

적인 행사기 때문에 엄마 역할, 딸과의 관계가 또 다른 상황이 되고 그 상황, 그런 '세팅'에서는 다르게 나타난다는 거지, 일반적으로는 살갑게 대하시는 데 비해서?

ㄴㅅ: 네, 평소와 다른 것 같아요. 세팅. 맞아요! 아예 다른 세팅이 되는 것 같아요. 그런 때가 되면... 되게 신기한 게 저도 자연스럽게 하게 되는 거죠. 음식하고, 엄마 일 거들고 도와주고 하는 거를...

유성쌤: 그게 어떻게 보면 아직도 가장 눈에 띄는 자타가 공인하는 성역할 고정관념에 따른 성별 분업인데 그런 데에 대해서 별로 이의조차 제기 못하게 되는 거지, 이를 테면?

ㄴㅅ: 네네, 그래요. 이의를 제기하기는 게 피곤하게 느껴지기도 하고... 해서 알아들을까 사람들이? 거기 모인 친척들이? 아예 씨도 먹히지 않는 말이 될 것 같고. 에이 그냥 하고 말지, 뭐 이렇게 되는 거 같아요.

유성쌤: ㅈㅎ이는 어땠어?

ㅈㅎ: 저도 되게 이의를 제기하고 싶은데 저희 집은 친척들이 모이고 나면 남자가 아주 적거든요. 요번엔 남자가 아빠랑 사촌동생이랑 제 남동생, 이렇게 셋 밖에 없었어요. 그 외에 여자는 6~7명? 그니까 남자 일손이 딱히 필요하지 않은 거죠. 숙모랑 엄마도 "여자들이 많아가지고 일이 수월타" 이러시는데, 저는 뭔가 기분이 나쁜 거예요. 동생한테 일을 시키고 싶은데, 그렇게 안 되고... 그리고 이런

일이 있었어요. 다 같이 밥을 먹는데, 남녀 나눠서 먹진 않고 다 같이 먹는데, 계란말이가 저쪽에 있었어요. 그런데 동생이 "누나, 나 계란말이 하나만" 하길래 제가 집어주려고 하는데 이미 할머니가 서너 개 집어가지고 동생한테 주시는 거예요. 동생이 뭐 하나 먹으려고 하면 할머니가 이미 다 미리 갖다 놓으시고... 동생도 이걸 다 알아요. 아빠를 편애하고, 자기를 편애하고 한다는 걸 아니까. "아. 제가 알아서 먹을게요" 말은 그렇게 하면서도 항상 그걸 편하게 누리는 거죠.

ㄴㅅ: 저는 작은아빠나 아빠는 별로 안 얄미워요. 왜인지는 잘 몰라도, 그 세대니까 그런가보다 하는데, 친척동생은 너무 얄미워요. 그렇게 일을 설렁설렁하고 안하려고 하고, 작은아빠가 일을 하시니까 자기도 일을 안 할 수는 없거든요. 그래서 굳이 찌르면서 '이것 좀 잡아줄래? 이것 좀 옮겨줄래?' 하긴 했어요.

유성쌤: 우리 주제랑 연결시켜서 얘기해보자. 그래서 ㅈㅎ이 같은 경우는 지 동생이 고백했다는 거 아니냐. 누나 덕분에 좀 나아졌지 안 그랬으면 진짜 마초로 자랄 뻔했다고. 여전히 성장과정에서 보면 예전처럼 아주 가부장적으로 키워지는 경우는 적어졌지만 이를 가름할 평등하고 조화로운 성역할 교육은 아직 자리잡지 못하다보니 영 어정쩡한 남성들로 자라게 되는 상황이랄까? 무엇보다 입시경쟁 탓에 가정교육조차 무너진 결과겠지만 말이야. 아무튼 여전히, 성숙하지 못한 그러면서도 약간 남아있는 가부장제 잔재를 누리면서 남성으로 자라는 건 사실이지. 또 전형적인 예 같은 게 있으면 떠

올려봐. ㄴㄱ이는 남동생 있나?

ㄴㄱ: 아뇨, 저는 여동생만 있어요. 근데 저는 딸이긴 한데 돌림자를 따랐고, 친가에서 약간 아들 같은 존재긴 해요. 사실 그렇게 개화된 집도 아닌데 친가에 이른바 학력자본이 있는 집이 저희뿐이고 하다 보니 제가 집안의 기대주인 거예요. 그래서 저희는 일도 안하고, 엄마랑 숙모가 다 해요. 저랑 동생한테 일 안 시키고. 저랑 동생은 절도 같이 하고. 그래서 저는 이게 가부장성이라기보다 학력사회, 양극화의 표현 아닌가 싶기도 해요.

유성쌤: 바로 그거야. 그 '뿌리 너무 깊은 나무'라는 잘못되고 그릇된 전통, 가부장성이든 학벌주의든, 이런 게 뒤얽히다보면 그나마 다른 전통조차 판단 및 효력 정지시키는 일종의 '샘이 아주 얕은 물' 같은 묘한 상황이 빚어지지. 실제로, 아까도 전제를 두긴 했지만, 전통적인 가부장제가 잔재만 남아있긴 했지만, 추석이라는 걸 계기로 해서 끈끈하게 역한 숨을 계속 쉬고 있는지 아니면 숨이 넘어가고 있는지 뭐 이런 얘기를 하고 싶은 거야. 또 이것과 엇갈리는 다른 전통이나 그에 따른 이데올로기와 함께 말이지. 아무튼 지난 10~20년 사이만 해도 많이 달라지는 걸 느껴요. 귀향하는 비율도 눈에 띄게 낮아졌고 말이야. 근데 그건 예전에는 지방에서 많이들 와서 공부했고 지금은 주변 특정 지역 학생들이 많아지고 한 결과기도 하니까, 양극화와 맞물린 것도 같고. 그건 그렇고 남동생 있는 ㅈㅎ이 얘기 더 들어보자.

ㅈㅎ: 자라면서 점점 아빠를 닮아가는 것 같아요. 짜잘한 습관 같은 것 있잖아요. 밥 먹고 나서도 항상 아빠가, 제일 먼저 그만 먹고 나면 밥그릇을 놓고 소파 앞에 가서 앉으시거든요. 근데 그걸 동생이 따라 하는 거예요. 자기 먹은 걸 그대로 먹고 놓고 가거나, "누나 나 물 좀…" 이러거나. 네가 떠먹으라고 하면 "누나가 정수기에서 가깝잖아" 이런 식으로 핑계를 대는데 항상 아빠가 "물 좀" 이러면 엄마가 물 갖다 주고 이런 식으로 하시거든요. 그래서 맨날 지적을 해요. "야, 갖다놔" 이렇게요. 그걸 놔두고 소파에 누워 핸드폰 하는 꼴이 보기가 싫은 거예요. 아빠는 그렇다고 하지만… "아빠 먹은 거 갖다놓으세요" 이렇게 할 수는 없으니까요. 근데 저희 집에서 그러는 사람은 아빠랑 동생밖에 없어요. 같이 준비하고 같이 치우고 이러는데. 설거지를 하는 것도 아니고 싱크대에 갖다 두는 것조차 안 하니 말이죠. 아빠를 자꾸 닮아가는 것 같아서, 얄미워요. *(웃음)*

유성쌤: 그 녀석 버릇 가르치려면 사실 아빠도 그 정도는 하도록 유도해야지. 엄마랑 작전을 짜가지고. 그래야 동생이 따라 하거나, '이러면 안 되겠다' 싶지. 왜냐면 아버지라는 존재를 업고 또 믿고 더 그러거든. ㅇㅊ인 어때?

ㅇㅊ: 저희 집은 친할머니, 친할아버지 다 돌아가셔서 큰집에서 차례 지내고, 보통 엄마 댁에 가거든요. 그런데 저희 엄마가 유일한 딸인데, 어른들 표현으로 기가 세다거나 그런 게 있어서 엄마가 외숙모들, 그니까 올케들 데리고 영화 보러 나가고 이러거든요. *(일동 웃음. 오오오–)* 네, 어느 정도는 일부러. 물론 음식 준비는 할머니랑

같이 하는데, 추석 당일 되면 아침부터 나가버리고, 설날 때도 그러고… 이번에도 그래가지고… *(환호! '정말 짱이다')* 사실 근데 며느리가 다섯이나 되니까 그러시죠. 처음에 엄마 합쳐서 여성인력이 세 명 정도 있었을 때는 '아니 애들 있는데' 하면서 그 핑계로 일찍 오시곤 했는데, 이제는 며느리도 많고 애들도 어느 정도 크고 언니들도 많고 하니까 밤까지 노시다가 안 들어와 버리는… *(웃음)*

ㄴㄱ: 저희는 추석 연휴가 사흘 있으면 항상 친가에 이틀, 외가에 하루 또 나흘 있으면 친가에서 이틀 밤 자고 외가에서 하룻밤 자고 다음날 오고 뭐 이렇게 해왔어요. 그 규칙은 진짜 오래 되었고 그대로 지켜졌던 것 같아요. 그런데 그 와중에도 시간 싸움이 있어요. 아빠는 점심 먹고 가자하는데 엄마는 아침만 먹고 가자하고… 그것 때문에 항상 다툼이 있어요. 근데 저희는 외가에 빨리 가자고 하지요, 외가가 솔직히 더 재밌으니까. 근데 아빠는 굳이 조금이라도 더 시간을 벌려고 하고 그러다 보니 실제로 친가에 더 많이 머무르는 것 같아요. 1 대 1은 아니었던 것 같아요.

ㅈㅎ: 저희는 외가 가기 시작한 게 한 2년도 안 돼요. 그 전에는 이상하단 생각을 한 번도 못하고 있었어요. 근데 생각해보니 엄마가 친가가족이 다 가고 나서도 외가를 못가는 이유가, 고모들이 오니까 챙겨줘야 해서 못 가는 거예요. 생각해보니 고모들은 외가에 오는 거잖아요. 근데 왜 고모들이 외가에 오는데 엄마는 외가에 못가지, 그런 생각을 못했었는데. 요새는 엄마가 좀 발언권이 있는 그 시기로 접어들었으니까, 이제 외가에 갈 거라고 딱 선언하고, 그래서 작

년부터는 그렇게 가고 있어요.

유성쌤: 지금 얘기들을 들어보면 그야말로 변화의 와중에 있는 것 같아요. 그동안 확고하게, 철칙처럼 믿었던 명절 풍습 등이 와해까진 아니지만 균열이 생겨났고, 처가에 가는 정도는 젊은 친구들은 다 하는 것 같아. 어딜 먼저 가느냐가 문제지. 그거야 지리적 형편에 따라 움직이면 되지 싶은데. 가는 길에 처가가 있으면 처가 먼저 간다거나, 차례를 지내야 되니까 처가에 하루 전에 간다거나... 그렇게 대처하면 되겠지, 차례라는 풍습이 남아있는 한. 어쨌든 옛날처럼 아버지 집에만 우르르 몰려갔다가 엄마 집에는 가지도 못하는 시대는 지났으니까. 진작부터 가정뿐 아니라 친척 체제가 엄마 중심으로 돌아가고 있는 건 사실이야. 육아부터 시작해서 친정 엄마의 도움이 없으면 안 되니까. 이건 물론 친정 엄마에 대한 노동 착취지만. 보육시설로 보내야 하는데 아직 부족하고 어쩔 수 없이 이렇게 많이 의존하게 되니까. 우리만 해도 지금 동네 살게 된 가장 큰 이유가 처가 근처여서야. 장인장모 계실 때는 말할 것도 없고 처형 셋이 다 모여 사니까. 살림도 살펴주고 아이 자랄 때 돌봐주고 얼마나 큰 도움이 었는지 몰라. 대체로 이런 식으로 조금씩 변화되는 것 같아. 이른바 이런 처가 중심 친척체제는 사실 실용적인 면에서 자리 잡기 시작한 거고. 그 사이에 정작 남성들이 얼마나 가부장적인 틀에서 벗어났는가는 다른 문제지. 어쨌거나 생활 풍습 자체는 모계 중심으로 가게 되었고. 교육 자체가 그래. 오죽하면 이 땅의 교육을 '편모교육'이라고 하겠어. 아버지들은 관심이 있어도 참여는 거의 안하거나, 못하고... 요즘엔 좀 달라졌다고는 하지만 여전히 엄마들이 주체, 아니

주범이지, 입시경쟁 교육에는! 이를테면 입시설명회가면 대부분 엄마들만 오거든. 그래서 어디서 학부모 특강 같은 거 부르면 아빠들 없으면 특강 안한다고 버티기도 하지. 쌤이 늘 주장하는 것 중에 하나가 그거잖아. 아버지가 자식들을 돌보고 보살피는 체험이 있어야만 세상이 달라진다고. 그런 것도 조금씩 변화는 오는 것인데 아직 큰 틀은 변하지 않고 있다는 거지. 지금 명절 얘기처럼 말이야. 그치만 언제나 그렇듯이 작은 데서부터 변화는 시작되는 거니까 가족이라든가, 명절치레라든가 이런 데서부터 작은 변화를 꾀할 수밖에 없는 거지. 자, 모두들 고마워요!

모두: 쌤, 수고하셨어요...

아홉, 들이대며 맞서보니:

여성 남성 마주살기

– 여성 청년들이 겪는 남성살이
(남성 중심 세상에 '맞짱'뜨기)

남성 중심 성 담론에서 연애 얘기로, 그리고 남성들 비뚠 삶이나 못난 생김, 서툰 관계들을 흉보며, 뒷담화로 풀다 보니, 자연스럽게 페미니즘 자의식을 갖춘 여학우들과 지난 동안 현안이 되었던 여성 남성 마주살기와 관련된 남성 담론으로 너르게 그리고 깊게 얘기가 이어졌다. 마치 살풀이하듯이 여성혐오에 대한 혐오, 미러링(mirroring) 전략에서 비롯된 메갈리안 소동 등 남성살이의 상징에 대해 그냥 넘어가지 않고 마주하고 맞서 온 이야기를 하면서 남성, 남성 청년들의 한심하고 찌질한 존재, 관계, 담론들을 거침없이 지적하고 비판했다. 가끔은 남성어른인 유성쌤이 낯 뜨겁고 부끄러워 숨고 싶을 만큼 이야기는 진지하면서도 치열했다. 남성 청년들 스스로 깨우치기 힘겹다면 왈칵 흔들어 깨우기라도 해야겠다는 이들 서슬에 짐짓 끄덕이면서 제발 덕분에 남성 청년들의 성찰과 변화가 뒤따르기를 바라는 간절한 마음까지 얹어 여기 여투어 본다.

첫째, 들이대보니 찌질함 드러내기

—떼쓰기

유성쌤: 자, 그럼 다시 우리 주제로 돌아와서 여기서 여러분들이 보는 남성 청년들의 현재 모습은 어때요? 구제불능인가? 아프게 찔러봐 줘.

ㅇㅊ: 지들이 떼써도 되는 줄 알아요. 나 '흙수저'야! 내가 무슨 말을 해도 용서해줘! 뭐 이러면서 자기들이 여자한테 떼써도 되는 줄 안다니까요.

ㄴㅅ: 남성들이 되게 많은 압박이 있을 거라는 생각이 들긴 하거든요. 그들이 가부장이 될 거라고 생각을 하면, 그런 모델들이 없는 거잖아요. 이제는 경제적, 젠더적으로 가부장이 될 수 없잖아요. 자기 엄마가 자기에게 했던 거랑 자기 애인이 했던 거랑 다를 거라는 것, 이제는 아버지처럼 될 수 없을 거라는 걸 직시하는 수밖에 없지 않을까요? 이제는 스스로를 변화시키기 않으면 더 이상은 용납되지 않을 테니까요.

유성쌤: 여성들도 끊임없이 변화과정을 함께해야 하는 건 마찬

가지겠지. 근데 ㄴㅅ는 너무 낙관하는 것 같은데, 쌤은 조심스러워. 어찌 보면 사실 젠더관점에서 돌아갈 수 없는 다리를 건너온 거지만, 아직 그 다리가 있거나 건너오지 않았다는 환상을 지니는 경우가 많으니까 말이지. 게다가 자기 성찰이나 변화하기엔 일단 자아정체감이나 존중감 등이 너무 모자라고 서툴러요.

ㅈㅎ: 떼쓰기의 경우. 아이들이 떼쓸 때 유일하게 대응할 방법은, 화내는 것, 혼내는 것 아니라, 계속 단호하게 '안 돼! 안 돼! 안 돼!' 일러주는 거라잖아요. *(웃음)*

ㅇㅊ: 자기들이 가부장이 될 수 없다는 걸 깨닫는, 먼저 눈이 뜨이는 남성들이 해야 할 일은, 기존에 있는 남성문화를 바꾸는 일이겠죠. 남성들은 폭력을 당하면서, 여성들에게 폭력을 가하는 방식으로 뒤틀지 말고...

유성쌤: 그래, 그런 떼쓰기 안 되면 나중엔 자기 연민에 빠지기도 하지. 그런데서 거듭 역풍이 나오는 거고 말이야. 그게 남성담론의 흐름이잖아. 그 시작이 바로 저 90년대 말 IMF 위기 때 '불쌍한 아버지' 담론이지. 그때 그야말로 낙양의 지가를 올린 '아버지'라는 소설이 있었지. 보다 못해 쌤이 처음 문학 계간지에 그걸 비판하는 글을 실었어. 주인공인 아버지가 어려운 처지에 놓이고 급기야 병으로 죽어가는데 자기 잘못은 하나도 없다는 거야, 다만 불쌍할 뿐이지! 나라와 가족을 위해 모든 걸 다 바치고 했는데, 죄다 버림받고 홀로 남았다고 징징대면서. 물론 우리나라 가장들이 산업화 시기에 몸 바

쳐 일한 건 사실인데, 그건 어떤 계층이냐에 따라 조금씩 다르고 자기가 일방적으로 희생되었다고 주장하는 건 오해거든. 또 국가가 만들어낸 신화 내지는 이데올로기고. 어쨌든 아내와 딸을 죄인으로 만들고 바람까지 피다가 장기 기증하면서 장렬하게 전사하는 그런 얘기야. 여기에 남성 존재나 사회적 배경에 대한 반성이나 성찰이 없다며 진작 가족이나 주변과 제대로 된 관계회복을 노력하지 않은 걸 지적하는 내용이지, 쌤 글은. 당시 그 비슷한 주장을 여기 저기 펴다가 쌤 거의 매장당할 뻔 했어. 넌 남자 아니냐는 둥. 그러면서 드디어 '불쌍한 아버지들'이 자기들끼리, '야 우리들 너무 불쌍하지 않냐' 모이고 하던 게 왜 그 '남성연합'이니 하는 집단이야. 비굴함의 극치인 거지. 그 비굴함은 동시에 그전까지 너무 당연한 것으로 여겨오던 가부장적 권위의 상실감에 대한 한탄인 거야. 그러면서 자기 성찰은 전혀 없고. 자연스럽게 그 다음으로 이어지는 게 당시 페미니즘에 대한 '저것들 때문이야' 하는 적대적인 손가락질이지. 뭐 유럽이나 미국에서도 있었던 전형적인 역풍이야. 서구에서도 남성 담론 처음 나올 때 대다수가, 이혼 당하고 자식에게서 버림받고 그러다 보니 희생양 찾게 되고 그래서 페미니즘에 대한 공격으로 갔다가, 성찰이 계속되고 하면서 비틀걸음을 걸어왔지. 일종의 '젠더 전선 또는 젠더 담론의 배치'라고 볼 수 있어요. 비틀거리고 되치고 하면서 그래도 꾸준히 전진하는 양상이지. 그런데 우리 문제는 그게 젊은 세대로 이어지면서 더욱 찌질한 꼴을 보인다는 거지.

그나저나 여기서 한 가지 꼭 짚고 넘어가야 할 게 있는데 우리가 아무리 젊은 세대 남성들을 주제로 삼고 지금 일종의 건설적이고 비판적인, 뒷담화를 하는 중이지만 쌤이 속한 세대, 그게 중장년이든 노년이든 여성혐오에 젖고 빠지고 또 휘둘린다는 점이야. 그래, 바로 '개저씨'라고 하는 그 무리지. 나이 든 남성들이 일베에 활동하는 젊은 남성들 뒤에 숨어서 비겁하게 암약한단 얘기 있잖아. 뭐 길바닥에 나와서 추태를 떨고 진상을 부리는 무리야 그렇다 치고 말이야. 그러니 젠더 담론이나 양성평등의 노력이 전방위로 다양하게 그리고 꾸준히 이어져야 하는데 여전히 비좁게 또는 뾰족하게 나오고 있다는 게 안타깝기도 하고. 자칫하면 되치기 당할 위험이 많고, 말 그대로 피상적 수준에서 오고가는 말싸움에 그치는 게 아닌가 하는 불안한 마음도 들고 그래요. 무엇보다 사회 전반의 변화는 말할 것도 없고 가족 내에 부부관계, 부녀관계, 애인 사이 관계까지 변화를 추동하기 어렵지 않을까 하는 좌절감도 들지. 어쨌든 곰곰이 들어보니까, 그동안 여러분과 얘기한 것들이 어디서 많이 듣던 얘기야. 옛날 아버지들이 '우리도 불쌍해'라고 굉장히 비굴한 척, 또 피해도 많이 봤지. 실제로 경제적 위기였으니까. 근데 경제적 위기를 일으킨 게 결코 여성이 아니잖아. 그야말로 세계경제체제부터 시작해서 우리나라 경제의 예속성으로 인해 불거진 문제인데 남성들 특히 중년 남성들이 직장에서 잘리고 피해를 많이 봤잖아. 그게 불쌍한 건 분명 사실인데, 그럼 그 불쌍함을 딛고 새로운 길을 모색한다든가, 예컨대 가족과의 관계에서. 진작 노력했어야지. 대화라든가를 통해서! 딸이 성장하면서 관계에 대한 대화라든가, 노력하지 않다가 어느 순간 자기가 완전히 고립되고 소외되었다고 느끼기 때문에, 어찌 보면 그저 나만이라도 살아남기에 급급한 치사한 인간군상으로 전락했다는 표현까지 썼지. 그 비슷한 상황이 지금 남성 청년들에게는 신자유주의 경제체제 취업경쟁에서 각개격파를 당한 나머지 각자도생만 기를 쓰는 꼴로 거듭되는 거지. 그래서 이 책 부제를 이렇게 쓰려고 했잖아. '허접한 세상 찌질한 남자들'. 대다수의 원인은, 개인적인 건 아니지만 세상의 허접함이잖아. 취업이 잘 안 된다던가 등등은 다양한 원인이 있잖아. 지들을 화나게 한 게 또 청년 담론 아니겠어. 아프니까 청춘이다 따위… 이 한심한 땅에서나 가능한 거지. 청년들 죽겠다고 하는데 아프니까 청춘이라는 위로가 날개 돋친 듯 팔리는 건 뭔지 모르겠어. 그런 얄팍하고 천박한 자기계발 열풍에 따른, 그런 거에 휘둘리면서. 진정한 내면적인 성찰이라든가 젠더적 반성은 꿈도 못 꾸고, 자기들이 처한 처지에서 불만, 불안 등등으로 표출되니까. 그러면서 제일 가까운 적을 내 곁에서 찾는 거지. 쌤이 남학우들이랑 얘기할 때 그런 고백도 나왔잖아. "그래도 우린 남자들인데…" 한다고 말이야. 하여튼 같은 또래들인데도. "난 학점 빠져도, 군대갔다왔고. 남자들인데. 내가 더 유리하다", 이거야. 그 알량한 남성 중심성에 마지막 기대 같은 걸 걸고 있다는 거. 근데 이제는 기대조차 하기 어렵다는 거겠지. 기업에서도 이젠 차별을 덜하게 될 거야. 아니 할 수 없게 될 거야. 왜냐면 인재를 뽑아야 장사를 해야 되는데, 분명히 남성들로만은 아니거든. 반면에 남성 입장에서는 그나마 마지막으로 갖고 있던 "저들보단 내가 낫다"라는 기대가 무너져버리는 데에 대해 불안감을 느끼는 거지, 그런 주장을 한다는 것 자체가! 아이고, 말이 좀 길어졌네. 그건 그렇고 그나마 이걸 반성하고 나름 청년들의 생활과 담론을 만들어가야 하는 학생활동은 왜 그렇게 미성숙한 건가, 여러분들이 느끼듯이?

-모르쇠하기

ㄴㄱ: 미시적 원인과 거시적 원인이 있을 것 같은데... *(모두 웃음)* 제가 그 넘어가는 과정을 아니까. 저희들이 활동할 때는 적어도 젠더담론 정도는 당연한 것으로 여기고 했는데, 그 뒤 그런 전통을 이어가지 못하고... 그런가 하면 학생 활동하는 학우들 개인적 성향도 문제가 있는 것 같기도 하고...

ㅇㅊ: 제 개인적인 생각으로는, 학생활동 자체의 문제라기보다는 담론의 영향이 큰 것 같아요. 학생회는 맨날 사람이 바뀌잖아요. 그니까 연속적인 분위기보다는 그때그때의 사회적 담론에 되게 휩쓸리는 것 같거든요. 몇 년 전만 해도 성평등은 당연한 화두고 어떤 행사고 활동이고 이에 대한 논의도 많고 합의도 있었다고 하는데, 요즘 들어 그저 재미나 관심 이런 걸 더 우선시하다 보니 무비판적으로 휩쓸리고... 예를 들면 저희가 문제 삼았던 그 개그 프로에 나

온 '줴훈줴훈'[18]은 사회에서 다 쓰고. 홍보할 때 다 쓰잖아요. 그니까 괜찮은 거 아니냐, 너희가 이상한 거 아니냐, 이런 식으로 사회 풍토나 통념을 학생사회가 생각 없이 받아들이는 그런 게 큰 것 같아요.

유성쌤: 그렇지. 사회 전반이 지금 먹고사는 문제가 제일 중요하다고 하니까. 천민 자본주의 막장 드라마처럼 가고 있잖아. 그러면서, 정말 중요한 사람과 관련된 얘기들은 잘 들리지도 않고. 그러다 보니까 휩쓸리는 거겠지. 슬픈 일이지, 대학사회에서 그것도 사람과 사람끼리 모여 사는 삶을 공부하는 데서조차 그런다는 게!

ㄴㅅ: 청년세대의 미성숙은 저희들도 어느 정도 공유하고 있는 것 같은데요. 저는 09학번이니까 이제 신입생들하고는 세대차이가 날 만한 때잖아요. 그렇지만 저나 제 또래들도 보면 그냥 스스로를 어른이라고 생각하기 어려운 것 같아요. 제 나이 이제 스물 여섯이고, 대학이라는 공간에 있어서 그럴 수도 있겠지만요. 그니까 어른이라고 했을 때 가져야 할 결혼에 대한 고민이라든지, 직장 이런 것은 완전히 내 일이 아니라고 생각하고 있거든요. 어른이라면 당연히 그런 일들에 신경 써야 하는데, 근데 아니니까. 어른이라고 생각하지 않는 면이 있고 또 어른이 되기를 두려워하는 것도 있다는 생각이 들기도 해요... 거리감도 느끼면서...

---

18 SBS의 "웃음을찾는사람들"이라는 개그프로그램의 한 코너, "남자끼리"에서 극중 여자가 남자 친구 '재훈'을 부르는 소리를 발음그대로 적은 것이다. 매 회 진상부리는 여자 친구 때문에 힘든 남자 친구를 다른 남성들이 구하고 여자 친구는 처벌한다는 레퍼토리가 반복된다. '더치페이'와 같이 남성역차별론의 근거가 되는 내용을 주제로 하고 있으며, 이 과정에서 극중 여자친구는 여성혐오적으로 재현된다.

유성쌤: 그건 조금 다른 문제긴 하지. 그런 식으로 보자면 학교에서만 주로 살아온 쌤도 아직 어른이 아니라고 할 수 있지. 흔히 얘기하는 대로 세속적인 어른스러움에 있어서는 말이야. 문제는 요즘 젊은 세다가 굉장히 영악하다는 점이지, 1, 2학년들. 학교 선택부터 시작해서 취업 등에서 굉장히 실리적이고 또 계산적이니까. 우리가 얘기하고 있는 것은 성숙도의 가장 중요한 기준인 인간에 대한 예의잖아. 인간관계에서 쌤 늘 주장하는 게 그거잖아. 내 정체성이라는 것이 나와 내가 맺는 관계, 남과 맺는 관계인데 그게 너무 유아적이거나 퇴행적인, 혹은 정말 약삭빠른 이기적인 수준에 머문다는 의미에서 미성숙함이지. 흔히 어른들이 얘기하는, "너 나이가 몇인데 결혼은 생각도 안하고 어떻게 먹고살지 고민도 안하고 있니" 하는 이런 거랑은 상관없이 말이야. 물론 그것도 대단히 중요하지, 청년빈곤이 운명처럼 다가오고 있고 하니까. 제대로 살아가려면 이에 대해 비장한 각오가 있어야지. 정 안되면 "나는 내가 하고 싶은 일이나 공부하면서 좀 덜 쓰고 덜 먹고 살겠다"라든가 "그게 내 진정한 행복이라고 믿는다", 뭐 이렇게 비장한 각오 정도면 난 굉장히 성숙하다고 봐. 근데 그게 아니거든. 사람에 대한 태도부터 시작되는 이런 것들. 우리가 늘 주제로 삼는 젠더도 그렇고 친구관계도 비슷해요. 특히 남성들 대단한 우정을 자랑하는 것 같지만 유치하기 짝이 없는 경우가 많아요. 연인관계로 가면 요즘 들어 이런 게 더 한 것 같아요. 최근에 나온 한병철 선생의 '에로스의 고뇌'에서 지적하고 있잖아. 진정한 타자성(他者性), 즉 '나'가 아닌 온전히 따로 존재하는 '너'가 없는 부버(Buber)식으로 말하자면 '나'와 얼마든지 대체 가능하고 나에

게 포섭되는 '그것'과의 사이에는 사랑이 불가능하다고 말이야. 이게 어찌 보면 '사랑은 왜 아픈가' 개인의 심리나 감상이 아니라 그 사회적 맥락을 따져보는 일루즈(Illouz)의 감정 사회학 접근에서 보여주듯이 전반적인 탈현대, 또는 유동적 현대의 뚜렷한 징후기도 하지만 특히 우리처럼 그 압축성과 졸속성이 두드러진 데서는 더욱 심각하지. 무엇보다 그 사랑의, 사랑하는 사람의 미성숙함과 위험이. 이 이야기는 뒤에 더 자세히 하기로 하자.

ㅈㅎ: 네, 제 생각에는 그게, 중고등학교 때부터 자라면서 뭔가 문제제기 하는 데 익숙하지 않아서 그러는 거 같아요. 토론하는 기회뿐 아니라 질문조차 거의 없잖아요. 선생님한테 "왜 그래요? 그거 안하면 안 돼요?"라고 하면 바로 커트당한다거나 무시당하니까. 뭐 그러다 보니 누가 무슨 문제제기 했을 때 그걸 정확하게 반대의 논리를 갖고 반대하는 게 아닌, 대처할 능력도 없고 그렇게 생각할 능력도 없고, 피곤하고, 그러니까 그걸 계속 피해버리는 것 같고... 또 인간에 대한 예의나 남에 대한 배려 여기까지 가기 전에, 미디어에서도 '줴훈줴훈' 같은 문제 많은 걸 웃자고 하는 얘기로 방송에서 계속 내보내잖아요. 웃을 수 있는 얘기도 아닌데. 그래서 내가 무슨 문제제기를 하면 바로 '노잼' '십선비'가 되어버리는... 그러다 누가 불편할 수 있어도 그걸 웃어넘기면 나는 재미있는 사람, '꿀잼', 막 이렇게 되니까... 아까 얘기한 그 사건도 재밌자고 한 거잖아요? 사실 재밌진 않지만. 그러다가 지적당하면 발끈하고... 사실 별 생각 없이, 의도 없이 했을 거거든요. 그러니 누가 문제제기하면 왜 쓸데없이 태클 거느냐, 이런 반응으로 나오는 거죠.

—'꿀잼주의'

ㄴㄱ: 방금 든 생각은, 심각한 분위기가 대학사회에서 없어지는 것 같다는 거예요. 이를테면 대선 전후해서 당시에는 그래도 단체들이 있었잖아요. 진보청년단체들도 좀 살아있었던 것 같고. 3년 전까지만 해도 비판적인 청년 담론들이 꽤 있었고요. 뭐 학생선거에도 보수 대 진보 이런 구도도 있었고, 그만한 이슈들이 있었으니 정치에 대해 얘기하는 데 익숙했었는데... 또 바로 2013년에는 '안녕들 하십니까'가 있었고. 적어도 그때는 그런 문제제기나 성숙한 토론문화가 있었으니까 그런 생각 안 해본 학우들도 그 분위기 따라 지금 같은 반발이나 태클은 없었거든요. 그러다가 이번 정권 들어서 진보적인 정당이나 단체들이 된서리 맞고 대학에서도 그런 운동이 침체되다 보니 그런 '재미라는 코드'까지 등장한 거 같아요. 관심을 끌고 그러려니 생각 없이 그런 것까지 동원되는...

유성쌤: 그래. ㄴㄱ이가 얘기 잘했는데, 쌤도 나이는 들어가고 게을러지고 하다가도, 학우들이 날 정신 차리게 할 때가 있어요. 세월호는 두말할 나위가 없잖아. 근데 세월호 이후 절망, 좌절 이런 데서 오는 일종의 혐오주의와 무관심과 각자도생 같은 전반적 사회풍토의 반영이 아닐까 이런 생각도 해요. 아무리 노력해도 안 되고 도

전해도 안 되고, 아무리 문제제기 해도 안 들어주고 하니까, 뭐 내 실속이나 차리자, 이런 게 학우들뿐 아니라 어른들 사이에서도 많이 보여요. 쌤은 그나마 지난 추석 무렵 벗들, 그리고 옛 제자들과 강제노동 희생자들 유골 송환 일 하면서 기운 얻고 하는 게 너무 다행인데 그건 뜻과 재미가 어우러지거든! 그런데 문제는 오로지 '재미추구', '꿀잼주의'야. 흔히 말하는 대로 제 갈 길만 찾아 나서는 일이 그냥 꾸준히 자기 길만 가서 되는 게 아니잖아. 남에게 피해를 줄 수도 있고, 남의 희생을 밟고 일어설 수도 있는 치사한 경쟁이라는 나락으로 빠지는 건데 말이야. 그에 대한 걱정이나 지적도 없고 생각이나 성찰도 없다는 거지. 그렇다고 무슨 윤리적인 기준에서가 아니라 그런 경쟁에 각자도생으로 살아남기가 내가 보기에는 전혀 말이 안 되는 게임이라는 거야. 전형적인 제로섬 게임이야. 취업경쟁만 봐도 그래. 너희들 말대로 수저에 따라 승패는 진작 갈리는데다 패자의 좌절은 말할 것도 없고 승자 또한 이른바 '살아남은 자의 슬픔'을 겪을 뿐이고. 대기업 들어가 봐야 알량한 많은 연봉으로 죽도록 시달리고 그렇잖아. 그렇다고 한동안 유행하던 힐링으로는 일시적인 위안이나 문제의 본질에서 호도하는 위로 정도나 얻을 뿐이고. 요즘 힐링도 쑥 들어갔잖아. 이젠 오로지 재미인 거야. 꿀잼만 남는 거야, 무뇌아들처럼 오로지 당장의 재미, 이거야말로 '꿀잼주의' 아니겠니?

ㄴㅅ: 요즘 와서 무슨 문제제기 있으면 남성들이 이렇게 힘들기 때문에 이런 게 나온 거다, 변명까지 다 해주잖아요, 미디어에서. 올바른 지적, 분석이긴 하지만 그게 결국 어떤 변명으로 소비되는 상

황인 거잖아요. 근데 사실 본질적인 지적이 없는 게 문제가 아닌가 싶어요. 너희들의 남성성이 어떻게, 누구를 공격하고 어떻게 행동하고 이거 자체가 문제적인 것이다, 이런 지적은 없는 것 같아요.

유성쌤: 그래서 이 책 만들고 있잖아. 이건 쌤이 제일 싫어하는 '꼰대질'이지만, 그래도 꼭 필요한 꼰대질이라는 생각이 되어서. 나 혼자 꼰대질 해봐야 잘 안 들어줄 테니까 너희들까지 엮어서, 심각하게 문제를 제기해 보자는 거지. 도대체 뭐가 문제인지.

—미루기, 뒤집어씌우기

ㅈㅎ: 역차별 얘기가 나오잖아요. 사실 여자들이 계속 얘기하는 것도 가부장제가 이러이러해서 여자들이 힘들다 이런 얘기를 하는데, 남성들이 "아이고, 우리도 힘들어"라고 하는 걸 들어보면, 사실 원인은 똑같잖아요. 자기들이 가부장제 안에서 힘든 건데, 그걸 역지사지로 생각을 안 하고. 그니까 "아. 우리도 힘든데 너네도 이래서 힘들구나, 이걸 깨야겠다", 이런 생각은 안 하고요. 그게 아니라 "우리도 힘든데?"라고 징징대니까 그게 이해가 안 가는 거예요. 데이트 비용 얘기도 그렇고. 페미니스트 중에 데이트 비용을 남자가 다 부

담하라고 하는 사람 아무도 없잖아요. 그니까 페미니스트들이 얘기하는 것도 가부장제가 우릴 힘들게 하는 거라고 이런 얘기를 해도... "아, 우리 힘들어. 페미니스트 너희들 여자 얘기만 하는데 우리 남자도 힘들어" 이런 얘기만 하니까, 참...

유성쌤: 그래, 거기다 가장 치졸한 게 "우리 힘든 건 너네 때문이야" 이거잖아. 찌질하기 짝이 없게 말이지. 그래서 미러링해서 들이대면서 "너희 하는 게 얼마나 웃기니?" 하고 보여줬더니 "멍청해서 잘 모르겠다" 이러면서 아주 비굴해진다! 이건 미성숙한 정도가 아니고 거의 병적인 거야. 물론 그게 편하지. 가부장제라는 게 내 안에 똬리 튼 부분이니까. 내 존재의 중요한 구성요소잖아. 그걸 부정하기 쉽지는 않지. 결론은 간단해요. 다 같이 그걸 완전히 타파는 못해도 완화만 시켜도 나도 훨씬 편하고 서로 아주 편하거든. 근데 그 생각을 지금 못 하는 거지.

ㅈㅎ: 그러기에는 원래 자기가 가지고 있던 게 너무 많아서..

유성쌤: 그렇다고 실제로 가부장제의 전통 속에서 권력과 이권을 누리는 집단이 얼마나 되겠니? 너희들 아버지겠니? 아니잖아. 그중에서도 힘깨나 가진 일부밖에... 그니까 더 웃기는 거지. 자기네들이 거기 빌붙어서 뭔가 누리고 있다고 생각했는데 그걸 빼앗겼다고 생각하는 거야. 환상이지, 그야말로. 아니거든! 쌤이 늘 말하잖아. 어떤 집단에서고 차별이 시작되면 그건 그 집단 구성원 모두에게 엄청난 불행을 가져올 뿐이라고.

ㄴㅅ: 그런 생각도 들어요. 저희 또래 남성 청년들이 어쨌든 여성들이랑 초등학교 중학교 고등학교는 내내 같이 경쟁해왔잖아요. 그리고 공교육 속에서 성별에 따른 불이익 같은 것은, 특히 성적에 관해서는 크게 없을 거라는 생각도 들고. 여자들이 잘하는 경우도 많고. 이런 걸 경험한 세대여서 그런 걸 느끼는 게 아닐까요? 그니까 남자들이 여자들과 경쟁을 하는 세대가 된 거죠. 그러면서 여성들에게 불이익이 계속 오긴 하지만 여성들도 동등한 동료나 선배, 후배의 위치에서 말을 하고. 그래서 실생활에서 자기들이 불리하다고 느끼고 있는 건 아닐까요?

ㅈㅎ: 딱 초중고까지는 여자애들이 내신관리도 잘하고. ㄴㅅ 말대로 남자라서 이득 보는 거 없다고 생각하다가, 군대 가는 순간 "앗, 불리하다" 이게 딱 오는 것 같아요, 남자들이. 그니까 "아 여자애들 학점 관리도 잘하고 스펙도 좋고 그런데. 난 여기서 2년간 썩는 동안 너희들은 그렇게 스펙을 쌓는구나", 이렇게 생각을 하니까... 딱 거기서부터 이제 "너희들이 아무리 불리하다고 해도 군대 안가잖아" 이 말 한마디면 다 땡인 거지!

ㄴㅅ: 근데 웃긴 게 걔네들도 알거든. 최후의 보루라는 것도 걔네들 알고.

ㅈㅎ: 흠, 군대가 오히려 스펙이 될 수 있다는 것도 알지만, 아는데, 군대에 가 있는 시간이 너무 길고... 모르겠어요.

ㅇㅊ: 남성들은 이런 것 같아요. 시키는 대로 살아왔고, 어른들

이 대학생 되면 뭐든 다 할 수 있다 이래서 시키는 대로 손해 보면서 살아왔고, 연애를 할 때도 이렇게 하는 게 남자다운 거고, 어떤 여자들은 피해야 맞는 거고, 여자들이 이렇게 말을 하는데 내 머릿속으로는 도저히 이해할 수 없으니까 여자들이 이상한 거고. 이런 식의 사회 담론을 흡수시키기만 해 온 거죠. 그런데 여자들이 남성과 여성의 문제가 구조적으로 이렇고 남성이 저렇게 잘못하고 있다고 말하면 "아니 내가 뭘 잘못했는데? 아니 나는 시키는 대로 해왔을 뿐이라고! 사회에서 그렇다는데, 아니 대체 내가 뭘 잘못했다는 거야?" 이렇게 끌고 가는 거죠. 제 주위 사람들 얘기만 들어봐도 나이가 많고 취업을 한 사람들은 무슨 얘긴지 대충 알아먹거든요. "왜 네가 그런 얘기를 하는지 알겠고, 확실히 그런 점에서는 그런 것 같다", 하거든요. 그런데, 아직 졸업을 하지 않은 학부 친구들, 특히 3, 4학년 선배들이랑 얘기해 보면, "아니 그게 왜 그러는 건데?" 하면서 전혀 이해를 하지 않는 그런 게 강한 것 같아요.

유성샘: 그게 일반적인 행태야, 예외도 있겠지만. 응. 그러면 이들은 자아 정체성을 어떻게 찾는 걸까? '나'는 없고 '우리'라는 추상적인 남의 정체성을 얻어다가 누더기처럼 이것저것 기워 입는 정체성인가? 그렇게밖에는 안 보여. 이런 식의 정체성 형성 과정은 허술할 수밖에 없지. 내가 스스로 만드는 무엇이 없잖아. 나와 외부 세계와의 치열한 갈등이라든가 그런 게 없으니까. 물론 이건 남성들에게만 또는 청년세대에게만 국한되는 것은 아니지만 말이야.

– 군대 가기, 군대 보내기…

ㄴㅅ: 그래서 군대가 진짜 중요하구나라고, 느끼는 게 저는 이제 대학생활에서 남자애들이 군대 갔다 오고 그 이후에 어떻게 살아가는지 보잖아요. 제 동기들도 그렇고, 후배들도 그렇고 비슷한 시기에 군대 가서 휴가 때 종종 모이잖아요. 그러면 일단 군대에서의 일들과, 군대 이후에 복학생으로서의 학교생활이라든지 자기의 삶이라든지 이런 거를 자조하기도 하고 웃기도 하고 그러죠. 그런데 또 군대에서 남아 온 생활 습관 같은 것들이 조금씩 묻어나오는 게 보이고, 외부의 입장에서 보면 그런 게 되게 정체성 형성에서 중요하구나 하는 게 느껴져요. 제 동기들이 그랬던 것처럼 똑같이 제 후배들도 그 과정을 겪더라고요. 미묘하게 달라져 있어요.

유성쌤: 가까운 친구들이 지적 안 해주니? 군대 물 좀 빼라든지, 이런.

ㅈㅎ: 지적해요, 가깝던 애들한테는…

유성쌤: 그러면?

ㅈㅎ: 그러면 바로 너는 군대를 안 갔다 와서 그래, 하죠. 또 꼴

불견인 게 남자애들끼리 처음 보는 어른이 "자네 군대는 갔다 왔나" 하면 "네", "어디 갔다 왔어?", "어디어디 부대 있었습니다", "아 그럼 군대 갔다 온 것도 아니네" 뭐 이런 대화… 군대 안에서도 진짜 군대는 따로 정해져 있는 것 같아요. 더 빡센 게 더 진짜 군대고…

ㄴㄱ: 그래서 공익 다녀온 친구들이 되게 미안해하더라고요, 그냥 갔다 온 애들한테…

유성쌤: 물론, 군대 갔다 와서 이게 좀 아니다 싶은 것들이 생겨나고 아주 복합적인 경험을 하잖아. 가해, 피해의 경험을 둘 다 하니까 오히려 그게 성숙의 계기가 되는 친구들도 드물게나마 있기는 있는데, 대신 그것조차도 발설을 하면 배반자 내지는 그런 게 되니까 가해자 만나면 가해자 집단에 속하고, 피해자 만나면 피해자 집단에 속하고 이렇게 되는 거지. 무엇보다 남성 중심 성문화의 내면화가 가장 큰 문제일 텐데, 그 얘기 한 번 해볼까?

ㄴㅅ: 그것도 일단 제대하고 복학하고 그러면 주변의 분위기도 있고 하니까 많이 달라지기는 해요. 저는 제 주위의 여성주의에 전혀 무지했던 친구들이 조금씩 젠더 주제로 저랑 대화를 하려고 하고 궁금해 하고 이런 거에서 좀 가능성 같은 것을 느끼거든요. 그런 게 좀 희망적으로 생각이 되는데… 근데 여전히 잠재되어 있는 남성 중심성에다 군대물이라고 해야 하나 거의 폭력적인 성의식 같은 게 튀어나오기도 하죠. 대표적인 것이 사이버 공간이잖아요. 뭐 가령 그래도 친구이기 때문에 이야기를 했을 때는 조심 정도는 하는데 온라

인상에는 그렇지 않잖아요. 이를테면 요즘 툭하면 터지는 '몰카'가 얼마나 심각한 짓인지, 아니 범죄라는 것을 인식을 못 하고 있어요. 많은 일반 학우들이.

유성쌤: 정말 문제야, 뭐 야동이야 접할 수 있다고 치자. 또 '훔쳐보기'란 인간의 본능이기도 하다고 치자. 그런데 남자 어른인 내 입장에서 봐도 몰카는 하나도 야하지도 않고 재미도 없거든? 그 불특정한 다수 또는 특정 여성의 인격과 존재를 파괴하는 짓을!

ㄴㅅ: 남자 애들 말로는 그게 더 현실감이 있대요.

ㅈㅎ: 연기하는 게 아니니까?

ㅇㅊ: 근데 이게 누군가의 취향을 넘어서 이게 전반적으로 공유되는 그런 거면, 뭔가 약간 정말로 의식이 부족하거나. 저희는 그런 걸 볼 때, 심지어 개그 프로를 볼 때도 이게 재미 없고 화가 난다고 생각하는 건 여기 필터가 하나 있기 때문이잖아요. 이건 재미있어서는 안 된다는, 마지막 윤리적인 필터? 근데 그것조차 없는 거 아닌가요?

유성쌤: 물론 개인마다 감수성이라는 게 있고, 취향이라는 게 있잖아. 이를테면 누구나 다 똑같은 화가를 좋아하지는 않잖아, 똑같은 그림을 좋아하지 않고. 음악도 말할 것 없이 우리 다 좋아하는 장르가 다르잖아. 근데 이건 그야말로 취향인데, 그런 취향 중에 상당히 많은 부분 특히 대중매체가 발달하다 보면 강요당하는 게 있지.

어떤 사람은 '소외된 욕구'라고도 부르고 '강제된 욕구'라고도 부르는데, 저 깊은 내면에서는 원하지 않는데, 예컨대 브랜드에 대한 욕구라든지 그런 거 말이지. 나의 진정한 인간적인, 내면적인 욕구가 아닌 일부러 또 강요된 소외된 가장된 그렇지만 욕구인 것처럼 느껴져야만 내가 그냥 일반 사람처럼 될 수 있다는 그런 묘한 심리적 기제 그리고 그 작동이란 게 있지. 다른 예를 들면 성차별적인 개그 코드 같은 게 그래. 어떤 사람은 재미없을뿐만 아니고 화가 나는데, 다들 웃어주고 넘어가고 또 그걸 재밌어 해야 할 것 같은 거지. 몰카 같은 것도 그런 게 아닌가, 애들이 몰카 보고 뭐 그래야 하는 것처럼 느끼게 되는...

하다못해 옛날 같으면 어린 시절에 섹슈얼리티에 대해 배울 기회도 없고 그러니까 뭐 일단 아주 지금처럼 폐쇄된 공간에서 살고 그런 게 아니니까 어디 가서 마을에 내가 좋아하는 아가씨를 엿본다든가 하는 거라면 진정한 성적 욕망, 정제되지 않은 훔쳐보기 욕망이라고 볼 수 있겠지. 그런데 정말 아무데서나 찍은 그런 게 그게 그럴까? 그래서 마지막으로 잠깐 얘기했던 한병철 선생의 '에로스의 고뇌' 이야기로 마무리할까 하는데 말이야. 참, 한 가지 덧붙이고 싶은 것은 최근 성과 사랑 담론 중에 가장 영향력도 있고 또 의미 있는 읽을거리, 생각할 거리가 지난번 소개했던 일루즈(Illouz)의 '사랑은 왜 아픈가', '사랑은 왜 불편한가'와 지금 얘기하려는 한병철의 '에로스의 고뇌'인데, 이것 또한 전형적이에요. 여성인 일루즈는 가부장적 역사의 흐름과 현대사회 구조부터 생활세계 양식 변화까지 두루 섭렵해가며 조곤조곤 사랑의 어려움과 힘듦을 따지고 밝혀 나간다면 남성인 한병철은 저 철학의 비조(鼻祖)인 소크라테스부터 시작해서 타자, 절대적 타자의 부재부터 존재론적이고 형이상학적으로 에로스의 고뇌를 짚어본다는 거지. 둘 다 중요하지만 상당히 시사적인 것 같아서 쌤 나름 한 마디 해보았어요.

아무튼 젠더에서 출발한 사랑이 왜 아프고, 불편하고 에로스가 어떻게 고뇌가 되는지 한 번 짚어보고 우리 이제 결론 부분에서 청년들이 어떻게 거듭 깨어 제대로 살아가며 사랑할지 얘기해 봅시다! 자, 그럼!

"에로스의 고뇌(Agonie des Eros)"

원래 제목인 '에로스의 고뇌'를 한국어판에서는 '에로스의 종말'이라고 과잉 의역했거니와 그 내용은 번삽하지만 간결하다. 첫머리에 일루즈의 사랑에 대한 논의 곧 "오늘날 사랑은 무한한 선택의 자유와 다양한 옵션, 최적화의 강요 속에서 파괴"되고, "오늘날 정열이 식어버린 이유를 사랑의 합리화 과정과 선택기술의 확산"에서 찾는 등 사회학적 사랑 이론은 한계를 갖고 있다고 비판한다(17). 그러면서 사랑은 그런 무한한 자유나 무제한의 가능성보다는 다른 변화로 인해 타격을 받고 있다고 반론을 제기한다. 한병철의 말을 직접 들어보자.

> "사랑의 위기를 초래하는 것은 단순히 다른 타자의 공급이 넘치기 때문이 아니다. 오히려 문제는 오늘날 모든 삶의 영역에서 타자의 침식 과정이 진행되고 있다는 점, 이와 아울러 자아의 나르시시스트 경향이 강화되고 있다는 점에 있다. 타자가 사라진다는 것은 사실 극적인 변화이지만, 치명적이게도 다수의 사람들은 이러한 과정이 진행 중이라는 사실조차 눈치 채지 못하고 있다.
>
> 에로스는 강한 의미의 타자, 즉 나의 지배 영역에 포섭되지 않는 타자를 향한 것이다. 따라서 점점 더 동일자의 지옥을 닮아가는 오늘의 사회에서는, 에로스적 경험도 있을 수 없다. 에로스적 경험은 타자의 비대칭성과 외재성을 전제한다"(18-19).

그러면서 일루즈의 '사랑은 왜 불편한가'에서처럼 'Fifty Shades of Grey'같은 새도 매저키즘, 그리고 포르노그래피까지 철학적인 분석을 통해 사랑의 고뇌를 분석한다. 포르노그래피에서는 성은 소비의 대상일 뿐 '이질적인 것의 부정성'이 사라진다. 그 성애의 '상대'조차 사라진다. "포르노적 이미지에서는 어떤 타자의 저항도, 어떤 살재의 저항도 나오지 않는다. 여기에는 어떤 예의도, 어떤 거리도 없다. 포르노적인 것은 바로 타자와의 접촉, 타자와의 만남이 없다는 것을 의미한다. 자아를 낯선 것의 접촉과 감정적 격동에서 지켜주는 자기성아적인 자기접촉, 자기 애착은 포르노적이다. 포르노그래피는 자아의 나르시시즘을 강화한다"(86)는 것이다.

* 한병철.(2015). 에로스의 종말. 서울: 문학과지성사.

둘째, 맞장뜨기

여성 남성 마주살기

—'맨스플레인(Mensplain)'

유성쌤: 자, 그럼 오늘은 그동안 이야기 마무리하면서 빠뜨린 부분, 또는 꼭 하고 싶은 내용 이런 거 챙겨서 이어가 보자. 그나저나 아직도 못 다한 남성 청년들 찌질한 구석 뭐 또 없나?

ㅎㅎ: 그동안 얘기 하도 재밌어서 언제 남자들이 가장 찌질해 보이는가, 주변에 물어봤어요. 우선 쌤 말씀하셨듯이 남성문화가 나이문화와 연결되는 지점이 많잖아요. 그놈의 '오빠' 타령 이거 도대체 뭔가? 남자들 어린 여자 좋아하잖아요. 소개팅을 하던 결혼을 하던 어린 여자라면 사족을 못 쓰니... 그래선지 무슨 말을 할 때 '오빠는...', '오빠가..' 이렇게 시작하면서 위계질서를 잡는 거예요. 자기가 뭘 가르쳐준다는 식으로. 또 하나 재수 없다고 생각 한 것 중 하나는, 이제 예비역이 된 오빠들. 군대 가기 전에는 그렇지 않던 자들이 군대 갔다 와서 동아리 같은 조직에서 으스대면서 가르치려고 드는 것, 특히 여자 후배들 앞에서. 어떤 사람은 이렇게 말하더라고요. 동아리 방에 가서 주인공이 되는 사람들은 예비역들과 여자 후배들, 그러니까 주로 신입생 여학우들과 군대 다녀온 오빠들 이렇게예요.

고학번이나 졸업 앞둔 여학우들은 뒤에서 지켜보면서 엄마의 눈으로 쳐다봐야 할 것 같은 요상한 분위기가 연출되는 거죠.

ㄴㅅ: 그래요, 남자들 뭔가 해 주는 거. 가르쳐 주는 태도 같은 걸 많이 느꼈어요. 저는 그게 너무 싫거든요. 가르쳐 주는 거. 이런 거에서 좀 만족감을 얻는 게 아닐까. 앞서 쌤이 남성들 존재방식 얘기하셨는데, 여성과의 연애나, 동료나 이런 관계에서 그런 태도 정말 많이 보여요.

ㅎㅎ: 그래서 그 남자와 잘 되는 비법에 '리액션' 잘 해주는 거에다 뭔가를 가르쳐 달라고 부탁하면 그 남자는 우선은 그 남자한테 관심이 없어도 그걸 자기가 이렇게 해 주는 데 기쁨을 느끼기 때문에 커뮤니케이션이 많아질 거고 가능성이 높다, 이런 얘기를 되게 많이 하잖아요. 근데 이렇게 가르쳐 주는 거에 기쁨을 얻는 것까지는 괜찮은데 그 반대 상황에서 여자가 이렇게 해 줘야 할 경우에 되게 자존심 상해하고 막, 거부하는 게 문제인 것 같아요.

유성쌤: 학습 태도가 안 되어 있다? 가르치려고만 들고.

ㅎㅎ: 네. 서로 모르는 건 가르쳐 주는 게 맞는 거니까, 남자가 가르쳐주는 걸 싫어할 건 없는데. 그 반대가 안 되는 거 에요.

유성쌤: 잠깐만! 그래서 그 유명한 '맨스플레인' 책이며 얘기 나오는 거 아니야? 바로 이 대목에서 말이야. 그것부터 좀 짚고 넘어가지. 이거 뭐 다들 아는 얘기지만. 그리고 앞서 다른 얘기판에서도

설명했지만 남성 사회화에서 동일시할 대상인 아버지의 부재나 결핍 때문에 '위치적 동일시(positional identification)'를 통한 공허하고 추상적인 정체성 형성 과정을 겪게 마련인데 이를 통해서 흔히 인과적인 논리에 빠진다든가 단순무식한 틀에 빠지게 되는 경우가 많다는 거잖아. 뿐만 아니라 가부장 전통에서 무엇이든 '알고, 설명하고, 가르치고' 하는 일은 남성들 몫이었으니까 달라진 세상에서도 그 노릇을 억지춘향처럼 하게 되는 거지. 아무려나 이런 면이 아직도, 그렇게 지겹게 남아 있다니 정말 질리네! 하긴 쌤도 마찬가지기는 해. 지금 벌써 티를 내며 설명하고 있잖아? 물론 선생이라는 직업병, 산업재해 *(웃음)* 뭐 이런 것도 있겠지만 그런 성향이 있다는 거 스스로 느끼고 반성해! 그치만 이건 중요한 거니까 일단 '맨스플레인' 소개 좀 하고 넘어갈게.

"남자들은 자꾸 나를 가르치려 든다(Mansplain: Man Explain Things to Me)"

얼마 전 출간되어 선풍을 일으켰던 이 책 앞부분에 다음과 같은 글쓴이인 솔닛(Solnit)의 경험담이 그야말로 전형적이다. 어느 파티 자리에서 나이 지긋하며 '기품있게 지루한' 분들과 40대면서도 '그 자리를 빛내는 젊은 아가씨들로 통할 정도인' 여성들이 한자리에 어울렸다. 그때 모임을 주선한 남자가 글쓴이가 작가임을 듣고 어떤 내용의 책이냐고 "친구의 일곱 살 난 아이에게 플루트를 얼마나 배웠는지 이야기해보라고 구슬리는 사람처럼" 물었다. 내용을 얘기하는 중 주선자는 늘 그렇듯이 말을 자르면서 그런 내용에 대해 '아주 중요한 책'이 나왔다고 아는 척을 했다. 글쓴이는 "할당된 배역, 순진한 아가씨라는 배역에 워낙 사로잡혀 있었기 때문에, 공교롭게도 같은 주제에 관한 다른 책이 동시에 출간되었는데 (...) 그걸 놓쳤을지도 모른다는 가능성을 기꺼이 받아들일 자세"로 경청했다. 그러자 그는 "장광설을 펼치는 남자에게서 흔히 볼 수 있는 거만한 표정으로, 자기 자신의 권위라는 저 멀고 흐릿한 지평선에 지그시 시선을 고정한 얼굴로" 떠들기 시작했다. 듣다보니 "처음부터 그 정체를 알아차렸어야 마땅한 책에 대해서 거만하게 떠들었고" 모다 못한 친구가 끼어들어서 "'그게 바로 이 친구 책입니다'라고 말했"다기보다 "끼어들려고 시도는 했"지만 "그게 바로 이 친구 책이라고요'를 세 번인가 네 번쯤 말한 뒤에야 그는 말귀를 알아들었고, 그 즉시 (...) 얼굴이 잿빛으로 변했다". 더 웃기는 일은 "그가 직접 읽은 것은 아니고 몇 달 전에 '뉴욕타임즈 북리뷰'에서 서평만 읽었을 뿐"이라는 것이다(11-13).

이렇게 "아무 것도 모르는 주제에 자신감이 넘쳐서 정면대결을 일삼은 사람은 유독 한쪽 성에 많다. 남자들은 자꾸 나를, 그리고 여자들을 가르치려 든다. 자기가 무슨 소리를 하는지 알든 모르든, 어떤 남자들은 그렇다. (...) 이런 현상 때문에 여자들은 어느 분야에서든 종종 괴로움을 겪는다. 이런 현상 때문에 여자들은 나서서 말하기를 주저하고, 용감하게 나서서 말하더라도 경청되지 않는다. 이런 현상은 길거리 성희롱과 마찬가지로 젊은 여자들에게 이 세상은 당신들의 것이 아님을 넌지시 암시함으로써 여자들을 침묵으로 몰아넣는다. 이런 현상 때문에 여자들은 자기불신과 자기절제를 익히게 되는 데 비해 남자들은 근거 없는 과잉확신을 키운다"(15). 구구절절히 옳은 말이며 우리 주변에서 너무 흔하게, 게다가 안타깝게도 젊은 세대 여성 남성 사이에서도 자주 볼 수 있는 일이다.

* 솔닛, R.(2014). 맨스플레인. 남자들은 자꾸 나를 가르치려 든다. 파주: 창비.

유성쌤: 자, 그럼 제대로 이야기판 한 번 벌여볼까? 요즘 남성들, 특히 젊은 남성들 어떤가? 얘기 좀 쉽게 풀리도록 쌤이 한두 가지 화두 던져 볼까? 뭐 구체적으로는 지난번 학내 축제 때 여성 비하 내지 성희롱 위험 있는 행사 관련 논의 때 여기 ㄱㅎ이 하고, ㅇㅊ이 다녀와서는 바로 쌤한테 달려와서 한바탕 분통 터뜨린 것부터 그래. 그 사건 자체는 일단 여기서 논외로 하고 이를테면 그 학생 활동한다는 남성들의 무지, 미성숙이 우리를 몹시 화나게, 아니 슬프게 한 적이 있지. 그런 일이 여학우들을 불편하게 할 줄은 몰랐다는 건 있을 수 있지. 정작 문제는 그걸 지적받았을 때 그 반응, 대응이 너무 촌스럽고 한심한 거야. 아마 여성들에게 지적당했다는 데 대한 쪽팔림, 동시에 발끈함, 뭐 그리고 약간의 그 가부장적인 자존심 상한 부분이 뒤섞인 전형적인 반응인데, 그 반응조차도 대단히 미성숙하다는 거지. 내용에 대한 반응이 아니라 전혀 맥락과는 다른 방식이나 형식에 대한 대응, 그니까 왜 초대하지도 않은 사람이 왔느냐, 10분만 얘기 하랬더니 더 오래 했느냐, 뭐 이런 것들 이거든. 그래서 자기가 뭔가. 정당함을 확보해야 하겠다는 안간힘! 결국 치졸하다 못해 우리 주제인 찌질한 태도, 한편으로는 웃기기도 하면서 굉장히 걱정이 되는 거지. 이런 찌질함이 특히 어린 남학우들한테 많이 보여요. 이를테면 이런 일이 있었어. 요새 왜 쌤 이런저런 일로 정신이 하나도 없는데, 수업 들어가기 직전에 누가 메일을 보낸 거야. "어제 술을 너무 많이 마시고 뻗어버려 도저히 일어날 수 없으니 출석 못해도 봐주시면 안 되겠냐"고. 어찌나 화가 나던지! 솔직해서 좋긴 한데 말이야. 이번에 오랜만에 일학년 수업을 하는데 "화장실 좀 다녀

오면 안 되겠냐"고 묻는 친구도 있어요, 수업시간에.

ㅇㅊ: 그거는 고등학교에서 교육을 잘못시켜가지고 그런 거잖아요. 고등학교 때까지는 다 허락 맡고 나가라고 하니까.

유성쌤: 그렇겠지. 근데 난 그거 처음 당해봤거든. 너무 기가 막혀서. 그것도 거의 울 듯한 표정으로 나한테 가까이 다가와서는 귀에다 대고... 웃으면 안 되니까 웃음을 참고. 뭐 귀엽다고 볼 수도 있지. 하지만 정말 걱정되는 건 사실이야. 입시 때면 엄마들 손잡고 오고, 심지어 대학원 시험에도 같이 와요. 걸핏하면 성적이다 뭐다, 부모들 전화하고 말이야. 아무튼 미성숙이 너무 당연하게 여겨지는 이 노릇을 어쩌면 좋겠니? 도저히 가늠이 안 될 정도의 바닥이랄까? 아니 바닥모를 정도랄까?

—공감부족, 약자 '코스프레'

ㅇㅊ: 근데 저도 어리지만 1, 2학년은 그럴 수 있다고 생각해요. 고등학교에서 막 올라왔고, 아무것도 모를 수 있으니까. 근데 이제 이렇게 사유하고 행동해야 한다는 걸 보여주는 게 대학생 사회인데,

그걸 전혀 보여주지 못하는 게 문제죠. 예컨대 예전에는 표현의 자유가 약자의 중요한 논리였잖아요. 강자들이 아예 말을 못하게 할 때. 그런데 이제는 약자들이 '이렇게 해야 맞는 사회다'라고 이야기 하면 '아니 가치관의 자유가 있는 거 아니냐' 이렇게 나오거든요.

유성쌤: 포스트모더니즘 시대로 들어오면서 문화상대주의, 다양성의 사회로 접어들었다고들 하지. 가치관의 문제라거나, 이런 거라면 얼마든지 다양한 각도에서 봐야겠지. 그런데 당사자가 불편함이나 모욕감을 느끼는 데서부터는 그렇게 퉁 치면 안 되지.

ㅇㅊ: 그렇죠. 대학사회라면 일종의 구성원 간의 합의가 전제되어 있는 거잖아요. 근데 그 합의가 있어야 된다는 생각 자체를 못하는 것 같아요. 그 합의가, 퉁 치고 넘어가는 합의지, 뭔가 고민을 해서 이게 더 맞는 방향이고, 최대한 정의로운 방식이다가 아니라 '괜찮기로 하자' 이걸 합의라고 생각하는 것 같아요.

유성쌤: 공감능력의 문제지, 바로! 누가 아프다고 하면, 그게 얼마나 아픈지 미루어 짐작하는 능력이 부족하거나 부재하는 것 같아, 특히 남학우들이. 물론 이렇게 된 원인이야 얼마든지 댈 수 있겠지. '엄마 치마폭에 싸여 자라고, 입시위주 교육에 치이고 어쩌고..' 그런데 성인이 된 지금, 어쩌란 말인지! 가장 큰 문제는 이런 미성숙한 존재로 연앤들 제대로 하겠니? 그건 내가 보기에 예선 탈락 수준인데, 연애의 기본조차 안 되어 있는, ㅈㅎ이 얘기 좀 해봐.

ㅈㅎ: 왜 제가 또... *(웃음)* 공감능력의 부재라는 게 맞는 말 같은

데… 항상 대화가 안 통했던 지점이 그거였거든요. 내가 이것 땜에 기분이 나쁘고. 연애든 학생활동이든 의견을 조율해서 맞춰나가야 하는데, 이게 불편하고 저게 싫다고 얘기를 해도, '이게 왜? 나는 그럴 의도가 없었는데?' 이렇게 나오니까 해결이 안 되는 거죠. 여기서도 마찬가지인 것 같아요. 기분 나빴다고 문제제기를 했는데, 그건 내 표현의 자유지. 그럼 너도 똑같이 하던가. 이런 거잖아요. 문제해결이 안 되죠.

ㅇㅊ: 표현의 자유라는 주장을 하는 걸 듣고 자기들이 마치 약자인 것처럼 코스프레를 많이 하는 거 같아요. 이를테면 '제가 멍청해서 그렇습니다. 설명을 좀 더 해주셨으면 좋겠네요' 이런 식으로 나오거나. 뭔가 약자의 입장을 자꾸 취하려고 하는 게 있는 것 같아요. 그러면서 역차별 논리 동원하고 뒤집어씌우는 거죠. '아 걔네 완전 이상한 애들이다. 왜 그걸 우리한테 강요하느냐' 이러면서…

ㄴㄱ: 포기한 거구나, 자기를 바꾸기를.

유성쌤: 그렇지. 자기를 바꾸는 정도도 아니고, 남의 말을 귀담아들을 자세가 안 되었다는 거지. 귀를 닫아버리는 거지. 내가 멍청해서 그렇다는데 어쩌겠냐? 그쯤 되면 대화가 불가능해지는 거지. 그 원인은 공감의 부족 내지 부재고, 결과는 소통의 왜곡 내지 단절이고. 너희들이 왜 따지는지부터 모르겠는 거야. 그니까 당연히 반성은 안 되는 거고. 복잡한 심리적 기제들의 작동인데, 어찌 보면 대단히 단순한 자기합리화, 얄팍한 자기 방어라고 할 수 있지. 감당하

기 벅차니 담쌓고 문 닫고 처박혀 미동도 안 하겠다는 태도랄까?

ㅇㅊ: 그리고 그 '약자 코스프레' 말인데요. 왜 무슨 방송 코너에 나오는 "요즘 세상에 약자는 남자다", 이런 얘기를 여기저기서 너무 많이 들어서 요즘 충격받고 있어요. 연애 관계에서 남자가 요즘엔 더 약자라는 둥 이런 넋두리는 뭐 흔해 빠졌고요. 얼마 전 제가 겪은 일인데 동아리 '카톡 방'에서 이런저런 얘기하다가 너무 남성 중심적인 쪽으로 흘러서 나와 버렸거든요. 그런데 나중에 그 판을 주도했던 남자 선배가 "그때 네가 카톡 방을 나가버리고 뒤풀이 안 갔던 게 나한테는 폭력적이었다"면서 따지는 거예요. 처음에는 너무 어이가 없었는데, 왜 그렇게 생각을 했을까 계속 생각해보니까 사실 제가 폭력적이었던 게 아니라 상황이 폭력적이었던 거고, 그 상황을 만든 건 본인이고... 근데 그런 식으로, 이것도 공감능력의 부족으로 설명될 수 있을 것 같은데. 기분이 나빴고 상처를 받았으니까, "나도 약자야. 네가 잘못했네?" 이렇게 유아적인 사고를 하는 것 같고. 심지어 문제제기를 했을 때도, 문제제기가 "나는 이해가 안 되는데, 기분이 나빠. 네가 나한테 이랬으니까 네가 가해자네?", 뭐 이런 공식이 너무 쉽게 성립되는 것 같아요. 그래서 요즘 젠더 관련 사회담론 탓도 있는 것 같아요. 너무 쉽게 '퉁 치자'고 하는 거나..

– 여성혐오/남성혐오, 미러링(Mirroring)

유성쌤: 바로 그거야. 지금 상황을 보면 여성혐오로 난리치다가, '남성혐오'이라는 미러링(mirroring)으로 되치기 당하니까 이제 비굴한 태도로, 내가 불쌍하잖아, 내가 약자란 말이야, 이러면서 비굴하게 피해가려든가 또는 더 폭력적으로 나가거나 하잖아. 참 '남혐', '미러링' 얘기 나오니까 중요한 부분 빼먹은 게 생각나네. '메갈리안' 얘기 한 번 해야지? 그러지 말고 한바탕 풀어보자! 이번엔 쌤 얌전히 듣고 할 테니 여러분들 맘 놓고 한 번! *(모두 환호!)* 아, 그 전에 '혐오'라는 게 얼마나 비인간화하는가 대표적인 논의인 우에노 치즈코 "여성혐오를 혐오한다" 이것 좀 소개하고 시작할까?

"여성혐오를 혐오한다"

'여성혐오(misogyny)'는 사실 보편적 현상이다. 이 책을 쓴 일본의 대표적 지성 우에노 치즈코도 스스로 미국의 영문학자이며 퀴어 이론가인 이브 세지윅의 논의에 힘입고 있다고 밝히고 있다. 여성혐오는 여성을 싫어한다기보다 여성을 '멸시'하는 태도를 말한다. 그리고 "'성별 이원제' 젠더 질서의 깊고 깊은 곳에 존재하는 핵"이며 "그 안에서 성장하는 이들 가운데 여성혐오로부터 자유로운 사람은없다"(12). 이를테면 여성 자신들조차 여기서 자유롭지 못하다. 그만큼 그 극복은 어렵디 어렵다. "여성혐오는 너무나 깊숙이 신체화 되어 있고 욕망의 핵심에 파고 들어가 있어서 그것을 없애려 하면 (...) 욕망 그 자체를 부정해 버리는 꼴이 될 수" 있을 정도다(297).

그렇다면 어떻게 여성혐오를 넘어설 수 있는가? 일단 여성들 스스로 여성혐오를 자각할 필요가 있다. 여성혐오 사회에서 자라면서 여성혐오를 신체화하지 않은 여성은 없기 때문에 이를 자각하고 싸워내야 한다. 남성은 어떤가? 우에노 치즈코는 남성의 자기혐오부터 천착한다. 남성은 근대화 과정에서 주체의 형이상학, 즉 주체/객체의 이원론, 정신/신체의 대립을 전제로 스스로를 규정했다. 여성뿐 아니라 자신의 신체 또한 객체화, 대상화 되면서 여성혐오 못지않게 남성들의 자기혐오 또한 타자화한 신체가 되돌려주는 응징으로 나타난다. 그런 남성이 여성혐오를 넘어서는 방법은 오직 하나 "신체의 타자화를 그만 두는 것 (...) 다른 말로 하면 신체 및 신체성의 지배자로서의 정신=주체됨을 그만두는 것 (...) 그리고 신체성과 연결되는 성, 임신, 출산, 육아를 '여성의 영역'으로 여기는 것을 그만 두"는 것뿐이다(301).

* 우에노 치즈코.(2012). 여성혐오를 혐오한다. 서울: 은행나무.

암튼 이 어렵지만 중요한 논의를 염두에 두고 메갈리아 얘기로 가보자. 사실 쌤 페미니즘 처음 공부하던 즈음 '이갈리아의 딸들'[19] 보고 큰 감명 받았을 뿐더러 생각과 의식 변화에 너무 큰 도움을 얻었어요. 일단 입장 바꿔보기로 젠더의 고정관념을 뒤틀고 바로 지적한 내용이 그렇잖아? 이후에 생물적인 남성으로서 젠더문제 관심 갖고 공부하고 일도 거들면서도 자주 그 생각을 했고 말이야. 특히 지금 우리 주제처럼 남성문제를 다루게 되면 여성남성 사이, 관계 이런 데 여전히 꽤 쓸 만한 화두인 건 틀림이 없지. 그걸 패러디한 '메갈리아'에 대해서는 쌤이 사실 소문 정도만 듣고 이런저런 자료에서만 접했지 직접 들여다보거나 그런 건 아닌데, 암튼 논의를 위해 일단 불편함 먼저 털어놓자면 그래. 평화주의자인 쌤에게는 여성남성 사이에 여성혐오로 치니까 남성혐오로 받고, 그것도 '미러링'으로 폭력적인 언사를 그대로 되받는 건 이른바 폭력의 악순환이라는 위험이 있다고 느껴져 걱정도 되는 건 사실이야. 아무튼 누가 '메갈리안' 이야기 자세히 좀 해봐줘.

19 노르웨이 출신의 Gerd Brantenberg가 1977년에 쓴 여성주의 고전 소설로서 남성여성의 입장을 바꿔서 평등하게 자라나고 살아가는 이야기로 젠더의 고정관념을 뒤집고 파헤치려는 내용을 담고 있다. 유성쌤은 80년대 말 그 독일어 번역을 읽고 의식과 생각변화에 큰 영향을 받은 적이 있다. Gerd Brantenberg(1987). Die Toechter Egalias. Muenchen: Frauenoffensive. 한글번역은 1996년에 나와 큰 반향을 일으켰다. 게르트 브란텐베르크(1996). 이갈리아의 딸들. 서울: 황금가지.

남성 중심 세상에 맞장 뜨기
– 메갈리안의 분노

ㅎㄱ: 이게 원래 '메르스 갤러리'[20]에서 시작되었어요. 일베 수준의 '남초(남성 마초)' 사이트에 메르스 갤러리가 생겼거든요. 그 왜 '메르스(MERS)' 처음 퍼지기 시작할 때 해외에서 감염되어 여기 퍼뜨린 사람이 여자라는 소문이 나자 이 커뮤니티에서 그 사람에 대해 온갖 욕설, 뭐 그 여성혐오의 갖은 폭력이 난무했어요. 그러다가 그 사람이 여자가 아니라 남자라는 게 밝혀지면서 반전이 일어난 거죠. 분노한 여성들이 모여들면서 메르스 갤러리를 초토화시켰어요, 그것도 바로 전까지 당했던 남초들 언어로 되치면서…

그런데 이 사이트 운영자가 이전까지 한 적도 없는 검열을 유독 메르스 갤러리에만 적용하기 시작한 거예요. 그게 오히려 더 자극이 되었죠. 지금까지 똑같이 했던 이야기를 성별만 바꿔서 이야기하니 모든 사람이 불편해하는 것이 흥미로웠겠죠. 하지만 계속 박해를 받다보니 밖으로 떠돌다가 어느 순간 '메갈리아'라는 사이트로 등장한 거예요. 물론 그 후에도 계속 박해는 이어져서 메갈리아는 유독 다

---

20 인터넷 사이트 '디시인사이드'의 '메르스(MERS)'를 주제로 하는 하위 갤러리. 커뮤니티 성격을 갖고 있는 '디시인사이드'에는 관심 주제에 따라 다양한 하위 커뮤니티가 '갤러리'로 분류되어 있다.

른 여성혐오 SNS 계정과는 다르게 엄청난 박해를 받아요. 아무튼 놀라운 거는 우연한 계기로 인해 이런 '임파워링(empowering)'이 이뤄지다니! 그니까 '언피씨'[21] 해서 내가 분출하지 못했던 불만들이 분출되기 시작한다!

유성쌤: 그니까 전위대가 있거나 추동한 따로 세력도 없었다?

ㅎㄱ: 거의 자연발생적이었던 것이었는데. 점점 조직화가 되어간 셈이죠. 처음에는 놀이 방식으로 이야기를 해 왔는데… 차츰 미러링이라는 방식으로 놀다가 조직화가 시작되었어요.

ㅈㅎ: 페이지 안에서는 막 이야기할 수 있고 환호를 하긴 하는데, 내 공간에 가져와서 이야기할 수 있는 분위기는 아닌 듯 했어요. 그치만 관심 고조되면서 '눈팅'하는 사람이 엄청 많아지고, 그 안에서 일종의 해방공간이 됐던 거죠. 인터넷 공간일지라도 이런 곳이 생겼다는 것에 대한 환희가 컸어요. 지금 내가 개인 공간에서 맘 놓고 이야기를 못 했지만. 언피씨한 말들 쏟아내고 싶은데, 일단 화를 내고 나서 정제된 언어로 이야기를 했으면 했는데, 그만큼 화낼 데가 없었으니까요. 저도 처음에는 안 들어가다 어느 순간 딱 들어가는 순간, 대여섯 시간 계속 그것만 했다니까요, 해방감이 정말 컸어요.

ㅇㅊ: 항상 일베나 '디씨' 같은 데서는 생각 없이 막 말하는데, 여

---

21 인터넷 용어로 '피시'는 '정치적으로 올바른(politically correct)', '언피시'는 '정치적으로 올바르지 않은'의 줄임말이다.

성들은 남성에 대해 욕하면 매번 '조리돌림'을 당하는 부조리가 끔찍하게 싫었죠. 그런데 이제 자기검열 없이 남성을 비하할 수 있다는 것이 떨리고 신났다니까요.

ㅎㄱ: 그니까 여성은 지금까지 항상 분류당하는 입장이고, 여성에 대한 수많은 분류체계가 있었는데, 거기 들어가면 여성이 처음으로 분류하는 주체가 될 수 있는 거죠. '맘충[22]/화장 안 한 여성'이 자체가 허위적인 분류체계라는 걸 알면서도 분류당하는 것이 싫지만 두렵기도 했어요. 근데 제가 처음으로 분류하는 입장이 돼 보니 그 해방감이 엄청나더라니까요. 그러면서 지금까지 내가 분류 당해왔던 것들이 얼마나 말도 안 되는 일인지도 새삼 깨닫게 되었고요.

유성쌤: 충분히 이해가 되네. 그나저나 그 메갈리아 등장이 헬조선 담론이 나오는 시기와 비슷하다는 게 흥미롭기도 하고 말이야. 아무튼 이야기를 들어보면 드라마에서나 나올 법한 극적인 반전이네, 그야말로!

ㅇㅊ: 헬조선이랑 메갈리아는 엮기가 좀 그렇죠. 헬조선 사이트가 존재하는 그 공간이 엄청 여혐의 논리를 반복하기도 하니까요.

유성쌤: 아니 그니까 청년들이 자기 처한 상황을 알량한 민족주의 과대망상 담론에 미러링해서 욕설로 맞섰다는 정도와 시기적으

---

22 '맘'(mom, 어머니)와 충(蟲)의 합성어. '극성'인 '진상' 엄마들을 여성혐오적으로 일컫는 말이다.

로 그렇다는 얘기지.

ㄴㅅ: 저는 좀 스마트폰 중독이 있는데 메르스 갤러리의 게시물을 트위터에서 봤어요. 이전에 일베의 단어들을 봤을 때 너무 싫었는데, 그것을 쓰고 있더라고요. 미러링하면서 너무 재미있다고들 하는데, 처음엔 재미있다는 생각이 들지는 않았어요. 그냥 '아, 정말 사람들 쌓인 게 많았나보다' 이렇게 생각했을 뿐이었어요. 그런데 여성들이 미러링 하면서 서로의 경험을 토로하기 시작한 거예요. 여기서 터져 나온 고백들에 의해 수많은 성폭력 사건이니, '소라넷'[23]이니 하는 끔찍한 상황들의 전모가 드러나기도 하고요. 이쯤 되니 메르스 갤러리 보면서 페미니스트로서의 제 자신이 '다시 정체화(re-identification)'되는 경험을 하게 되었어요. 다른 여성들도 마찬가지였을 거예요.

ㅈㅎ: 메갤 처음 시작은 그냥 입장 바꿔 생각해보라는 거잖아요. 그런데 이전에는 그 말조차 못 꺼냈던 것도 사실이고요. 그것조차 충격적으로 난리가 났다는 것이 너무 웃겼어요.

유성쌤: ㄴㅅ는, 그니까 페미니스트로서의 자기정체성이 나에게 맞춰져 있었는데, 이전까지는 남성에게 크게 관심이 없었는데. 어느

---

23 불법 음란 사이트. 사이트 내에 강간모의, 몰래카메라로 찍은 사진, 동영상 공유와 같은 여성대상 성폭력 범죄가 만연하였다. 메갈리아에서 실체가 폭로된 이후 여성에 대한 약물강간이나 몰래카메라 범죄가 사회적인 문제로 공론화 되었다. 2015년 메갈리아를 중심으로 소라넷 폐지 운동이 일어나, 2016년 4월 경찰에 의해 폐쇄되었다.

순간 남성에게 거울을 비춰보니 그 바닥이 가늠할 수조차 없이 낮았다는 거지?

ㄴㅅ: 네, 정말 충격적으로요! 사실 우리 생활하면서 안전한 이들과의 네트워크를 생성하면서 섹슈얼리티 이런 측면에서 안정적이었잖아요. 다른 사람들은 잘 모르겠지만 내가 있는 세계가 안전하구나, 그런데 실상은 이런 것도 있구나…

유성쌤: 메르스 갤러리에 있는 집단이 얼마나 되는 것 같아?

ㅇㅊ: 사실 메갈리아는 글도 적고 읽는 사람도 안 많은데. 그 수위와 급진성 때문에 파급력이 더 크다고 할 수 있어요. 다른 곳들로 메갈리아의 언어들이 퍼 날라지기도 하고요.

ㅎㄱ: 제게도 그렇고 엄청 영향력이 있던 것 같아요, 평범한 여성 친구들에게조차도 말이죠. 그런 평범한 여성들이 의식화되었다는 사실이 큰 의미가 있는 것 같아요. 메갈리아를 안 할 친구들조차도 페미니즘 공부하겠다고 나서고, 뭐 이러면서 스스로 다시 정체화하는 것들도 좋고요.

ㄴㅅ: '페북' 댓글문화만 봐도 그래요. 메갈 전후로 반응이 달라진 거죠. 여성혐오 댓글이 묵인하거나 용인하지 않는다는 거죠.

유성쌤: 미러링이라는 전략전술에 대해서는 당연하기도 하고 이해도 충분히 되네. 그 반론이나 비판 중에는 아까 쌤이 지적한 것처럼 폭력에 대응하는 폭력도 폭력이니 악순환이 우려된다는 얘기가

많을 게고 말이지. 그나저나 페미니스트들의 반론은 없을까?

– 메갈리안의 분화

ㅇㅊ: 이건 최근의 일이에요. 메갈리아 이후로 온라인에서 유명한 페미니스트들이 탄생하게 됐는데, 그 중 한 사람이 얼마 전 '메갈리아는 죽었다'면서 비판의 글을 올렸어요. 아무리 메갈리아가 '여성혐오'에 대한 혐오이라지만, 동성애를 비하하는 '똥꼬충' 사건[24] 같은 데서 메갈의 논리는 결국 소수자를 만들어내는 주류의 논리가 아닌가 하는 내용이었죠. 그건 중요한 지적이긴 하지만 그런 "폭력적인 반응 말고 여성 정치 세력화에나 힘써라"는 글의 내용은, 본질을 흐리는 지적질이죠. 한국 남성들 외모 비하와 욕설을 지적하면서 그 맥락이 폭력적이라는 고민이 없다는 내용도 있었는데, 사실 메갈리아 내부에서도 그런 고민 있고 논의도 많거든요? 그런 논의들은 잘 모르고 남성 주류 담론방식으로 지적질하는 건 곤란하죠!

---

24 메갈리아에서 일부 호모포비아 사용자들이 게이(gay) 남성을 '똥꼬충'이라고 불렀다.

유성쌤: 흐음, 아무튼 그 중요한 반전의 순간 미러링은 정말 훌륭한 전략이었던 것 같아요. 처음 시작부터 어느 국면까지는 대단히 의미 있는 전략이고 효율적이기까지 한 것 같으니까 말이지. 많은 사람들에게 쾌감 주고 공감 불러일으키고 또 참여도 일깨우고! 그런데 중장기적으로 볼 때 이런 전략이 어디까지 통할까? 특히 아무리 전술 전략적으로 좋았다고 하더라도 그 방법과 내용이 상징적 폭력임은 틀림이 없으니 항구적으로 활용할 수는 없는 일 아닐까? 이를테면 다른 국면으로 전환은 어떻게 가능할까?

ㅎㄱ: 전 미러링이 아직 필요하다고 생각해요. 이전까지 도저히 대응할 수 없던 발언들에 대항할 수 있는 언어들이 생겼다는 점에서 그래요. 실제로 뉴스에도 나왔는데, 메갈리아 등장 후 여성혐오라는 현상이 공개적인 언론에 드디어 정식으로 등장하게 된 거잖아요. 그리고 미러링은 상징적 폭력이고, 어째서 자력구제를 하냐, 남자 전체에게 하지 말고 특정 남자에게나 하라는 비판이 많아요. 그러나 이 여성혐오적 사회에서 모든 남성들이 이득을 얻고 있지 않은가요? 그에 대해 자력구제라고 표현하는 것 자체가 젠더를 구조적으로 사유하지 않은 결과죠. 이게 젠더의 문제구나, 라고 구조적으로 사유하게 된다는 것 자체가 미러링의 효용 아닌가요? 그리고 상징폭력이라는 것은 어차피 인터넷에서만 만들어지고 있다는 사실, 실제로 물리적인 폭력으로 이어지지 않는다는 사실도 파악할 필요가 있어요. 미러링이라는 상징폭력만 과대 대표되고 있다는 사실 자체가 젠더 불평등을 재현하는 셈이니까요.

유성쌤: 이런 전략전술이 꼭 필요하다는 이야기까지 했는데. 폭력의 속성상 저항을 가져오게 되고, 더 큰 폭력으로 되갚음이 온다는 악순환도 있다는 거지, 역풍 같은!

ㄴㅅ: 저도 전술상 여전히 유효하다고 생각해요. 왜냐하면 여성과 폭력은 같은 계열의 속성이 아니거든요. 여성이 폭력의 한 부분에 들어갔다, 여성이 평화와 거리를 두고 폭력을 가졌다, 뭐 이런 사건 자체가 한국의 '꽃 같은 여성성'을 좀 변화시킬 수 있는 방법이라고도 생각돼요. 계보학적으로 여성운동은 꾸준히 있어왔는데, 그렇다면 메갈리아 같은 의식화되고 분노하는 여성들이 모여 있는 집단 같은 곳이 하나 있어도 나쁘지 않지 않을까 싶고요.

유성쌤: 80년대 유럽 페미니스트들도 상징적 테러를 하기도 했어요. 제3세계 여성착취 기업 창고 같은 데 불 지르고 그러기도 했으니까. 쌤이 우려하는 건 이런 거야. 이를테면 즉물적인 폭력에 의한 공격과 방어로 전선이 형성될까봐. 여전히 사회 전반의 조직과 운영 방식이 폭력적인데, 바로 이런 흐름이 덧씌워지고 악용당할 위험이 있지 않은가? 특히 거듭 말하지만 남성들로부터의 역풍!

ㅇㅊ: 거기 대해서는 할 말이 있는데, 이전까지는 메갈의 발언에 대한 반발이, 주장은 보지도 않고, '멧돼지'니 뭐니 하는 혐오발언으로 돌아왔는데, 이제 그러던 이들이 메갈리아가 올바른 페미니즘 전략이 아니라고 비판하기 시작했거든요. 이건 페미니즘에 대한 반발을 지닌 사람들도 페미니즘이 뭔지 이해하기 시작한다는 발전이 이

춰진 거라고 생각해요.

ㄴㅅ: 물론 미러링이라는 논리의 한계는 '똥꼬충' 사건으로 잘 보여줬다고 생각해요. 문제가 있는 거죠. 그렇지만 운동은 순환하는 거고, 이제 새로운 방향으로 흘러가지 않을까요? 이런 생각이 들어요. 메갈리아 하는 여성들이 어떤 '포비아' 발언들을 쏟아내기 시작했고 그 이후에 분화가 일어나고... 메갈리아의 영향력이란 남아있고, 새로운 방식으로 표출될 거라고 믿어요.

ㅇㅊ: 아 포비아 발언이란건 무슨 얘기냐 하면요, 어떤 게이커뮤니티에 올라온 글이 메갈리아에 전달된 거죠. "내가 게이인데 사기결혼하고 남자랑 바람피운다"는 내용의 글이요. 결국 게이도 결혼해서 성매매하고 외도하는 한국 남성과 다를 바 없다는 의견이 나왔어요. 게이 커뮤니티 내부의 여성혐오 발언과 엮어서 메갈리아에서 공격의 대상이 된 거예요.

유성쌤: 맥락 자체가 성기 중심적 공방으로 진행될 때 생기는 필연적인 한계네.

ㅇㅊ: 메갈리안들이 아무 데나 가서 이런 말 쓰지는 않아요. 여중생에 대한 집단성폭력 사건이 있으면, 거기에 여자가 잘못했다 따위의 말도 안 되는 댓글에 대해서만 미러링이 쏟아진다는 거죠. 다른 맥락에서는 안 그래요. 즉, 미러링은 생각보다 협상적이라는 거죠. 그리고 이전까지는 여성들이 성폭력 등 위협이 다가올 때 너무 놀라서 말할 수가 없었잖아요. 그런데 메갈리아의 언어가 우리에게

는 이럴 때 소리 지르고 욕할 수 있다는 생각을 들게 해준다는 사실이 중요해요. 즉, 미러링은 팰 대상을 찾아 때린다는 거죠, 물론 상징적으로! 그래서 메갈리아는 최후의 보루라는 생각까지 들어요. 그리고 메갈리아의 언어들을 남성들이 자기들이 쓰는 언어보다 더 폭력적이라고 느끼는 건, 언어 자체가 폭력적이기도 하지만 자기들에 대한 욕이라서 과잉 반응하는 것도 있어요.

유성쌤: 흐음, 잘 듣다 보니 자기각성을 위한 심리극, 사회극으로서의 역할놀이가 아닌가 하는 생각이 드네.

ㅈㅎ: 저는 메갈리아를 너무 사람들이 두려워하고 과대평가한다는 느낌이 들어요. 메갈리아를 하는 사람들은 메갈리아만 하는 게 아니라, 다들 각자 일상적이고 '피씨'한 운동들도 한다는 것을 잊지 않았으면 해요. 메갈리아가 남자들을 다 잡아먹을 것처럼 부풀려서 받아들이는 것도 문제에요.

유성쌤: 그거야 처음 당해 본 남성들이 경악했고 공포스러웠을 거니까. 아무튼 여성혐오에서 비롯된 미러링, 그리고 메갈리아가 요즘에는 어디까지 가 있는지를 잘 들었어요. 쌤이 처음 문제제기한 데 대해서는 여러분, 특히 ㅎㄱ가 잘 답해주고 일러줘서 이해가 되었고 말이야. 이제 잘 지켜볼게. 근데 일베도 마찬가지지만 내 입장에서는 '눈팅'하기도 힘이 들어서... 이런 걸 보면 나이든 티가 나는 건가?

ㄴㅅ: '메갈' 언어 보면서 저도 처음에 불편했는데, 이 불편함을

각자 이렇게 자기 위치에 기반을 두고 자기검열을 하나 봐요. '나는 나에게 코르셋[25]이 있어서 불편한가 보다' 이렇게 생각했어요.

유성쌤: 쌤은 쌍말 욕이 일상화된 젊은 세대 언어가 좀 불편하게 느껴져요. 어떤 때는 깜짝 놀라는데, 그냥 지나가면서 툭툭 뱉는 욕설 가득한 일상 언어가... 물론 사정이 사정이다 보니 부글부글 끓는 게 다 보이기는 해. 화나기는 하고 해댈 데는 없고, 그러니 욕이라도 해야겠지.

ㅎㄱ: 그 지점도 재밌는 건데요. 정치적으로 일베부터 '오유(오늘의 유머)'까지 메갈에 대해서는 대동단결하여 팬다는 거죠. 저는 하도 겪어봐서 인터넷으로 성적인 욕에 대한 면역이 있어요. 그런데 남성들은 이런 폭력에 노출돼 본 적이 전혀 없다 보니까 더 발끈하겠죠.

– 메갈리아 그 이후...

유성쌤: 학교에서 남학우들 반응은 어때, 메갈리아에 대해?

---

25 메갈리아에서 쓰는 용어. 가부장제 사회 속에서 여성에게 가해지는 존재론적 억압을 '코르셋'에 비유한다.

ㅇㅊ: 메갈리아 이런 걸 SNS에 공유하면 애들한테 제가 메갈 하는 사람이 돼버려요. 근데 그렇게 인지되면 이전에는 나올 수 없던 고급진 질문들이 처음 보는 남성 학우들에게 나와요. 질문의 질이 높아진다니까요. 그리고 다른 경우인데 소라넷 몰카 사건 때문에 공유를 한창 하던 중인데 고등학교 후배가 "누나 메갈해요?", 묻더라고요. 또 다른 남학우들은 제가 메갈하는 걸 알게 되면 일단 경계하고 피해요. 남학우들 중에 나름 '페미'적이라는 친구들 중에 메갈 자체를 피하는 경우도 있고요.

ㅎㄱ: 저는 메갈리아로 싸운 적 있어요. 남자 셋, 여자 둘로 했었던 조 발표의 뒤풀이에서 대판 싸웠죠. 다른 사회적 이슈로 싸울 때보다 훨씬 강한 적대감을 드러내고 그러더라고요.

ㅇㅊ: 메갈리아를 마녀화 하는 듯하고 낙후시키려고 하는 듯한 반응들도 많아요. 제 언니는 페미니스트가 아니고 아주 약간의 호모포비아도 있고 그래요. 제가 '코르셋' 이런 언어를 쓰니까 언니가 "너 일베해?"라고 물어보는 거예요. 메갈은 여자 일베로 인식되는구나, 이런 생각을 하게 됐어요.

ㅈㅎ: 단어의 대비만 보고, 그러니까 언어의 대비만 보고, 그것이 만들어진 맥락은 보이지 않는 거죠.

유성쌤: 요컨대 남성들 수준이 그거에요. 그럼 이 찌질한 애들 어쩌면 좋을까?

ㅇㅊ: 패야 한다, 정신 차리게, 물론 상징적으로!

유성쌤: 그래 직접 매질 할 수는 없겠지만, 상징적, 정신적으로 패주려고 영혼을 일깨우려고 이 책을 쓰는 거잖아? 꼰대를 자임해서. *(비로소 웃음)*

ㅇㅊ: 제가 생각하는 방식일 텐데, 메갈을 더 전염시켜야 하는 것 아닌가 싶어요. 충격요법이 필요하다기보다는, 메갈 하는 사람들은 맥락을 다 알고 있을 텐데요. 이 사람들이 하는 이야기도 같이 보면 메갈리아에 동조하지 않을 수 없다고 봐요, 반감은 있겠지만. 이 못난 사람들을 어떻게 설득해야 하나, 할 때 이 상대의 언어를 자꾸 들려줘야 하는 것도 방법 중 하나가 아닐까 해요.

ㄴㅅ: 메갈은 싸우고 시비 거는 곳이기 때문에 남성들이 설득될 거라고 생각하지는 않아요. 메갈은 공격하니까 그들이 설득 당하지는 않는다고 봐요. 여성들은 충분히 제 몫을 하고 있는 셈이에요. 젠더불평등 구조가 폭로되었을 때, 이제 남성들이 스스로 할 일이 명백하게 생긴 거 아닌가요? 해야 할 일과 하지 말아야 할 일이 명확하게 생긴 건데, 예컨대, 몰카 안 본다! 이런 것들이 명백한데, 스스로 조금씩 변화하기만 하면 될 텐데...

유성쌤: ㅎㄱ가 잘 지적했지만 생물적으로 거기 속한다는 것만으로도 기득권이 된다는 것이 존재에 스미고 잘 녹아있기 때문에 바꾸기가 쉽지 않아요. 그래서 왈칵 흔들어 일깨우는 충격요법이 필요할 때도 있고 말이지. 또 머리만 갖고 되는 거 아니잖아. 감성이며

감수성의 문제지. 이제 인종문제도 심각해지는데, 젠더를 비롯한 다양한 감수성이잖아. 이런 감수성과 배려가 한 부분이 열리기 시작하면, 배제니 무시당하는 존재에 대해 따라가는 거거든. 물꼬를 어떻게 터 주느냐가 문제지.

ㅎㄱ: 암울한 게, 집에 오빠랑 남동생이 있는데, 무슨 통계를 보면 그 세대 66퍼센트 정도가 여성혐오에 공감하고, 가장 혜택 받는 사람으로 2~30대 여성을 꼽는다는 거예요. 문제는 이런 여성혐오가 너무 일반화돼 있다는 것이 무섭기도 하고요. 일본에서도 '이런 남성들과 잠자리 거부' 이런 운동이 있었다고 하는데 여성들이 다 메갈이 돼서 연애시장에서 이들을 배제하는 방식까지 상상해 봤다니까요!

유성쌤: 그래, 충분히 이해가 돼요. 과격한 페미니스트들 중에 분리주의자들도 있으니까 말이지. 하지만 결국 어떻게 하면 여성남성 같이 살기를 지금처럼 기우뚱하게, 버석대게 그리고 어떤 때는 사뭇 폭력적으로 뒤엉키지 않게 만들어 볼까 하는 고민에서 이런 마주살기, 댓거리, 들이대기가 비롯되었을 테니 더 치열하게 애써볼 수밖에... 아무튼 쌤 여러 가지로 배우기도 하고 또 깨우치기도 한 시간이었단다, 모두 너무 고맙습니다!

모두: 수고하셨습니다!

열, 슬면 마무리하니:

무엇을 어떻게 할 것인가?

– 청년 담론과 젠더, 그리고 남성문제 (유성쌤의 날머리)

남성 청년 이야기판을 꾸미고 벌인지 이태 가까이 지나버렸다. 유성쌤 스스로 게으른 탓도 있지만 그동안 너무도 많은 일들이 일어나 여기 치이고 시달려 이야기도 글도 아퀴 짓기 어려웠던 까닭도 있다. 나라와 삶터가 온통 세월호 참사로 뒤집히고 흔들리는 와중에 메르스 사태가 터져 또 한 번 그 조직과 운영 시스템의 모자람과 잘못됨이 두드러져 온통 시달렸다. 이렇게 시난고난 살아가는 중에 역사교과서 국정화를 통해 획일적 사고를 강요하려는 악몽이 되살아나는가 하면 얼마 전부터는 이른바 '위안부' 문제 '합의'라는 뜬금없는 역사 뒤집기 시도까지 이어져 이제 사람들 정신과 영혼마저 피폐해졌다. 젠더담론은 더 흐트러져 여성혐오에서 남성혐오로 알게 모르게 전선이 형성되어 남성들의 찌질함은 극에 달했다. 그러면서 이른바 청년 담론, 세대담론은 끝 간 데 없이 뒤얽혀 급기야 '헬조선', '금수저/흙수저' 논쟁으로 번지면서 청년들의 절망과 좌절, 이들에 대한 지적질과 동정론, 편들기로 시끌벅적하기만 하다. 이런 복잡하고 다단한 사정을 엮어 유성쌤은 이 책의 마무리 삼아 그동안 좌담에 참여하고 편집을 도와준 남성 청년, 여성 청년 한 명씩을 초대해 젠더문제로 풀어본 청년담론, 그리고 대안 모색에 대해 이야기 나눠보았다. 그러다 보니 또 얘기가 세상 한탄, 분노, 손가락질에 머문 아쉬움이 남았다. 해서 앞서 얘기 나누었던 두 남학우와 각자 선 자리에서는 무엇을 해 볼 수 있을까 찾아보기로 했다. 늘 그렇듯 문제를 짚어보고 따져보기는 쉽지만 정작 해결책을 찾기란 어려웠다. 그 문제의 가지가 한 사람 한 사람부터 사회 전반으로 복잡다단하게 얽히고설킨 데다 세대갈등으로 이어지면서 '뿌리 너무 깊은 나무'로 뒤틀린 가부장 이데올로기 또한 시나브로 꿈틀대기 때문이다. 하릴없이 개인의 반성과 성찰 그리고 당연함에 시비걸기, 깊은 생각과 작지만 힘찬 삶터 한복판에서부터 실천하기... 이런 게으르다면 게으른 그리고 뻔하다면 뻔한 대안에 머무를 수밖에 없었다. 하지만 문제를 문제라고 심각하게 고민하고 뼈저리게 느낄 때 그 문제 해결은 비롯된다는 믿음으로 위안삼기로 했다.

첫째, 밖으로는 헬조선 이야기
—성난 얼굴로 돌아보기

유성쌤: 자, 그럼 청년 담론에서 빼놓을 수 없는 '헬조선' 이야기부터 시작해보자, 결국 세월호 참사로 드러난 삶터의 엉망진창인 조직과 운영의 문제가 '메르스(MERS)' 사태로 끝 간 데까지 가면서 기어코 청년들이 볼 멘 소리로 헬조선을 탓하기 시작했지. 그 단어는 참으로 흉하게 생겨먹었고 어감도 끔찍해서 쓰고 싶지 조차 않지만 지금, 여기 우리네 삶터의 못나고 막돼먹은 본새를 너무도 잘 담고 있다는 것은 인정할 수밖에 없네... 너희들 생각은 어때? 정말 지옥 같은 땅인가?

ㅇㅎ: 그럼요! 요즘 또래 친구들 만나면 즐거운 이야기 듣기가 너무 어려워요. 진학한 친구, 취업 준비하는 친구, 취업한 친구, 이도저도 안 해서 괴로운 친구들이 다 각자 절망만 토로하는 자리가 만들어져요. 경제적인 문제가 가장 크지 않을까 싶기는 한데...

ㄴㅅ: 그런데 꼭 계급의 문제만도 아닐 수도 있는 게, 제 친구는 심지어 아버지는 대학 교직원이고 중산층이라 가족을 부양할 필요도 없고, 여자 친구도 있고, 키도 큰 헤테로 남성인데도, 별로 삶이

즐겁지 않다면서 앞날이 막막하기만 하대요... 그렇다면 한국에서 즐거운 삶을 즐기는 사람이 누구냐는 거죠.

ㅇㅎ: 진짜 누가 즐기게 되는 거지요? 생각해보면 삶이라는 게 한 목표를 이루고, 그 다음을 이루고, 이러면서 작은 성취감으로 이끌어나가는 걸 텐데, 이런 성취감이나 즐거움 같은 것이 전혀 없고 그 가능성조차 없는 거죠. 그건 당장 취업하거나 무슨 시험에 합격해서 안정적인 경제생활을 하는 이들도 마찬가지고요. 그들은 그들 나름 허탈감 같은 게 있는 것 같대요.

ㄴㅅ: 그 친구는 대학원 다닐 생각 하고 있더라고요. 또 대기업 정규직인 친구는 자기가 너무 비전이 없는 부서에 있대요. 임원이 못 될 거면 일찍 은퇴해도 할 일이 없는 직종이라는 거죠. 그런데 그렇게 미래도 보장 안 되면서 현실에서는 선배가 너무 갈궈서 괴롭고. 이런 전망 없음을 모두가 공유하고 있는 것 같은 생각이 들어요, 정말로. 한국에서 행복한 사람은 누구지? 돈을 잘 벌어도 불행하고, 돈이 없으면 없어서 불행하고... 그래서 대학원 가는 사람들은 요새, 학력 자본을 획득하고 싶어서이기도 하지만, 정말 한국을 떠나고 싶어서 유학준비 하는 경우도 많은 것 같아요.

ㅇㅎ: '탈(脫)조선'! 한국이 싫어서! *(ㅋㅋ)* 최근에 화제가 된 이 책[26]

---

26 한동안 헬조선의 지가를 올렸던 이 소설은 누구나 한 번쯤 읽어봄직 하다. 장강명(2015). 한국이 싫어서. 서울: 민음사. 장강명은 그 전에 이미 자살 사이트를 소재로 젊은이들이 찌질하지 않도록 갖은 애를 써서 흔히 말하는 남들이 인정하는 성과를 올리고는 죽음을 택하는 서늘한 이야기로 충격을 주기도 했다. 장강명(2011).

의 핵심은 사실 헬조선을 탈출해서 깨달아 보니, 아 헬조선은 '헬 월드'라는 거대한 구조적 몰락의 일부구나. 세계를 돌아다녀도 천국은 없구나, 하는 건데요. 이 소설에서도 주인공은 한국 국적 포기한 걸 끝내 후회하지는 않죠. 요즘은 'n 포세대'란 말의 n이 점점 수가 커지다가 급기야 '1 포 세대'라는 말까지 나왔는데, 한국 국적을 포기하는 것, '탈 조선'만이 답이라는 이야기였어요.

유성쌤: 하기는 지난해 세밑부터 몇몇 신문에서 청년 담론 특집을 꾸미고 청년세대 이야기를 집중적으로 다루고 있어요. 그 제목조차 '헬조선'에 살아가는 청년들로 뽑을 정도로 이제는 헬조선이 자학적이고 자기비하적인 이 삶터의 이름이 되고 말았다는 생각은 들어. 거기서 다루고 있는 내용들 보면 청년들이 처한 온갖 불확실과 불안, 불가능과 불합리, 부조리와 부정합들로 '포위된', 말 그대로 사면초가의 상황이 절절하게 다가와요. 대표적으로 'ㅎ'신문이 지난해 말부터 시작한 특집이 "청년에게 공정한 출발을"[27]이라는 큰 제목 아래 '평생 월세세대의 등장', '고용신분제 사회의 서막', '일해도 가난한 청년들'로 이어지면서 청년세대의 지금, 여기 절망과 좌절을 그려주고 또 다른 나라 보기들도 들어가면서 이윽고 '탈조선 난민들'로 이 땅을 떠나려는 청년들 이야기며 이들에게 좀처럼 전망도 해결도 보여주지 못하는 '응답하지 않는 헬정치'까지 잘 분석해주고 있지.

표백. 서울: 한겨레출판사.

27 http://news.khan.co.kr/kh_news/khan_art_view.html?artid=201601152306475&code=940100&s_ code=af174

또 'ㄱ'신문에서는 아예 "부들부들 청년들"이라는 큰 제목 아래 "고통받고 분노하는 청년들의 이야기"를 '실패담'이라기보다는 '병든 한국사회를 치유할 문진'이라는 취지로 특히 '붕괴 뒤 새로운 시작'이라는 미래 시나리오로 써보겠다는 취지로 특집을 마련하고 있더라고.

아무튼 그 현실이 너무도 삭막하고 각박한데 일단 청년들에게 연상되는 단어를 물었더니 61%가 '취업', '실업'을 꼽아 흔히 지금까지 운위되는 '청춘예찬'은 그야말로 고색창연한 단어가 되고 말았다는 게 실감이 나는 거야. '연애'니, '자유'니 하는 개념은 멀기만 하고. 그도 그럴 것이 청년들이 '공정한 출발선'이 보장되지 않아 졸업–취업–결혼이라는 산업사회, 핵가족의 기본 공식이 적용되지 않으니 '소박한 삶의 궤적'이 더 이상 당연하지 않은 각박한 현실, 그니까 청년세대의 '희망 컨베이어 벨트'가 끊어졌다는 말이지. 그러면서도 취업준비과정으로 전락한 대학생활 자체도 빈곤, 아르바이트, 거주문제, 취업준비로 삭막하기 짝이 없는 상황이고 말이야. 또 정작 취업이라고 해봐야 비정규직이 넘쳐나는 데다 장시간 저임금 노동, 전근대적인 기업문화에 치이고 다쳐 좀처럼 미래 전망을 세워볼 수 없는 상황으로 이어지는… 아무튼 대학생, 취준생, 직장인 할 것 없이 '암울한 미래'에 대해 불안하고 또 대부분 이것을 개인 탓으로 돌려 '자학적 열패감'에 시달리는 사정까지 잘 살펴주고 있단다. 그러다가 집안환경과 배경으로 가름되는 이른바 성공기회의 양극화 때문에 그예 '금수저/흙수저'론까지 나오게 된 것일 테고 말이야.

이쯤 되면 과연 한국 사회가 현대화하기는 한 건가 의심이 들기까지 해. 왜 잘 알다시피 봉건사회에서 현대사회로 넘어오는 현대화 과정의 가장 큰 기준이 '주어진 신분(ascribed status)'에서 '획득 또는 성취한 신분(attained/achieved status)'로 바뀐 거잖아. 예전에는 어느 집안에 태어났는지가 그 신분을 결정하는 중요한 요소였다면 오늘날에는 내가 어떤 능력을 발휘하고 노력해서 성공하느냐고. 그래서 꼰대들이 청년들에게 '노오력'하지 않느냐고 윽박지르는 거지. 그게 이른바 현대사회의 가장 기본적인 틀이고 신화니까! 하지만 여러 연구나 분석에 따르면 이 땅에 '개천에서 용 나오기'는 애저녁에 글렀어요. 누구 말대로 '개천에서 용쓰다가 미꾸라지로 남기' 일쑤지. 일단 학력사회, 학벌사회가 엄연한데 교육 양극화가 그 기회균등 신화를 염치없게 만들잖아? 쌤도 교육학자고 그와 관련된 논의도 많이 해보았지만 비단 금력, 곧 돈뿐 아니라 부모의 학력, 문화적 자본 이런 게 그 양극화를 부추기고 또 굳건하게 하거든? 그래서 누가 뭐래도 청년들의 '금수저/흙수저' 주장은 옳다고 할 수 있어요. 그 현실이나 상황의 핵심을 찌른 말이니까. 그런데 정말 웃픈 건 얼마 전부터 시끄러운 사법고시와 법학전문대학을 놓고 서로 금수저다 흙수저다 따지는 일이지. 이를테면 여전히 그 법조계 전문직이 출세의 지름길로 보고 그 길에 누가 더 앞서 가느냐 다툼하는 꼴이란…

ㄴㅅ: 사실은 금수저 흙수저가 명쾌히 나눠지는 싸움이 아니에요. 생존이 세부적인 차이에 의해 결정되는 상황이기 때문에, 그러니까 다들 결국은 흙수저라서 치열하게 다투는 것 아닐까 생각해요. 모두의 앞날이 불확실하고 불안감을 느끼니까요.

유성쌤: 따지고 보면 세월호 참사나 메르스 사태를 겪으면서 이

른바 사회 전반의 안전망 이런 게 처음부터 부실하거나 부재한다는 사실에 직면하면서 이 땅에 사는 사람들 모두가 그 불안에 시달리는 상황이지. 그 중에서도 겉보기엔 그럴싸한, 나름 풍요로운 땅에서 그나마 기회조차 얻지 못하거나 쥐꼬리 만한 기회를 놓고 제들끼리 또는 윗세대와 다투게 된 청년들의 볼 멘 소리, 아니 이제 못살겠다는 아우성이 커졌다는 뜻일 텐데… 이런 분석이나 설명이야 지겹게 들었을 테니 이쯤하고 일단 헬조선, 금수저 흙수저 담론이 가지는 어두운 그림자부터 따져볼까? 이번엔 좀 심할 정도로 쌤이 지적질 해가며 청년들 흉을 볼 테니 반론들 제기할 준비 단단히 해야 할 거야!

먼저 헬조선, 그래 누가 봐도 지금, 여기 이 삶터는 지옥 같아요. 아이들 수학여행 가다가 배가 침몰해서 수백 명이 죽고 여덟은 아직 그 주검조차 거두지 못했는데 여태 제대로 왜 어쩌다 그랬는지 밝혀내지 못하고 몇몇 하수인들 말고는 그 책임을 지는 사람도 없고 말이야. 끔찍한 전염병이 창궐하는데 국제적 수준이라는 의료기술은 어디가고 구멍투성이인 방역체계에다가 역시 책임지는 사람도 없는 이 삶터! 가뜩이나 보살핌과 돌봄은 위기에 빠져 아이 낳기를 피하고 노인들 앞날이 깜깜한데 이토록 엉망인 진창에서 누가 행복할 수 있겠나? 그런데 헬조선은 지금, 여기 우리에게만 닥친 천재지변이나 팔자 사나워 덮친 운명이 아니라는 데서부터 짚어봐야 한다는 거야. 지구촌 곳곳에서 난민들 넘쳐나고, 테러 날뛰고 또 그때문에 이른바 좀 사는 나라 사람들은 좌불안석에 전전긍긍하고 말이야. 세계경제 전반에 드리운 어두운 그림자는 좀처럼 사라질 것 같지 않고, 이토록 지구촌 구석구석이 지옥도를 연출하고 있는 모습을 두루 봐야 할 것 같아. 또 이 땅에 살아 온 수천 년 동안 과연 지옥보다 나은 태평성대는 얼마나 있었나, 돌아볼 일이야. 그야말로 헬조선의 연속일 뿐이지! 뭣보다 지금 너희들이 그토록 미워하고 손가락질하는 어른 세대와 비교해 봐도 그건 분명해. 모두들 지옥 같은 삶터에서 전쟁 같은 경쟁의 삶을 살아왔고 모두 상처투성이야.

– 금수저 / 흙수저 유감

유성쌤: '금수저/흙수저' 얘기 본격적으로 해야지. 그래, 양극화는 이제 이 땅에 어쩌 볼 수 없는 기정사실이고 가장 무거운 진실이야. 그나마도 잠깐 얘기했지만 여전히 주류에 속한다고 스스로 믿고 상대적 박탈감에 시달리는 청년세대들의 한탄이기도 해. 일단 그 수저조차 없는 많은 청년들 한 번 생각해봐. 대학입학률이 80%에 가깝지만 20%넘는 또래들이 대학에 가지 못하고, 엄연히 서열화 된 대학 풍토에 '지잡대'니 어쩌니 가르고 나누면서 제들끼리 계급을 나누고 있는 상황에서 그 알량한 수저 색깔, 재질 놓고 분통이나 터뜨리고 말이지. 그런 구별, 차별에는 당연히 반발해야 하고 비판해야 하고 저항해야 하는 건 분명해. 그런데 금수저에 익숙한 기득권 세력

이 언제 스스로 수저 나눠준 적 있던가? 결국 너희들 스스로 나서서 빼앗거나 나누도록 해야 하는 데, 그러기엔 너무 파편화되고 각개 격파되어 각자도생의 길만 찾는 게 너무 안타깝다는 얘길 하자는 거야. 이와 관련해서는 아마 최근에 나온 장하성 선생 글이 가장 대표적일 테니 그걸 조금 함께 읽고 얘기해 보자.

장하성 "분노하라, 행동하라"

우리 시대 대표적인 경제학자인 장하성은 그의 한국 자본주의 분석, 두 번째 책에서 드디어 학자로서의 침잠된 태도를 버리고 일갈한다. '왜 분노하지 않는가'고. 한마디로 한국경제는 그동안 서두른 산업화로 빠른 성장을 이루었다. 하지만 "경제발전의 궁극적인 목적이 국민 삶의 질 향상이라면 성장은 수단에 불과"할 뿐 "결국 성장의 과실을 나누어 갖는 분배의 형평성"이 문제라는 것이다(18-19). 지난 동안 나름 그 두 마리 토끼를 좇아 애를 썼고 그나마 그 기대로 열악한 노동조건이나 국가폭력조차 견뎌냈지만 1997년 외환위기 이후 불평등은 악화되어 소득분배 균형은 완전히 사라지고 "한국은 세계에서 가장 불평등이 심해진 나라"가 되었으며 그 사정은 소득만이 아니라 "일자리 간의 불평등, 노동자 간의 불평등, 기업 간의 불평등, 세대 간의 불평등 등 거의 모든 지표에서 한국은 세계 최악의 위치로 떨어지고"있다는 아픈 현실을 지적한다. 이를 뒷받침 하는 상세하고 섬세한 통계나 자료 분석도 소중하지만 그가 내리는 결론이 더 절실하게 다가온다.

'청년세대에게 고함'이라는 예의 피히테(Fichte) 풍으로 작심하고 써나간 마무리 글은 사뭇 비장하다. 먼저 흔히 'n-포'세대라고 불리는 청년세대를 향해 이들을 객체화하고 손가락질 하는 청년 담론을 비판하고 "한 개인이 희망을 포기하는 것은 그 개인의 선택이기에 굳이 말릴 방법이나 이유가 없을 수 있"지만 "한 세대가 희망을 포기한다면 그것은 개인의 선택이 아니라 사회적 선택이기 때문에 말려야 한다"고 문제의 핵심을 지적한다(398). 그러니 청년들이 깨어서, "세상을 있는 그대로 보고 이를 비판적으로 받아들여야" 하며, "주어진 것들을 의심하고 이것이 아닐 수 있다고 보아야"하며, 그래야 "우리 모두를 불행하게 만든 것들을 무너뜨리고 세상을 바꾸는 일"을 시작할 수 있다고 목소리를 높인다(399). 그러면서 미래는 결코 기성세대 것이 아니라 청년세대의 것이므로 당연히 청년세대가 일어서야 한다고 일깨운다. "세상은 스스로 진화하지 않"으며 "우리가 원하는 세상이 있다면 그것은 우리가 만들어가야"하는데 그 실체, 변화를 주도하는 주체를 기성세대나 정치권에서 찾을 수는 없고, "청년세대가 원하는 세상은 청년세대가 주도적인 세력이 되어 만들어야"한다는 것이다(402).

그렇다면 무엇을 어떻게 바꿀 것인가? 일단 청년세대 자신에게 중요한 것부터 긴급한 것부터 바꾸는 데 나서야 한다. 먼저 "지금의 '아픔'이 자신의 잘못이 아니라 세상의 탓이라는 것을 깨닫"고 어른들에게 '당신들의 책임'임을 촉구하고 '세상을 함께 바꾸자"고 요구해야 한다(405). 그러면서 "불공정하고 불평등한 기존의 틀에 대해서 부모세대와 자식세대가 함께 분노"하고 "분노하지 않는 기성세대에 '분노의 화살'을 쏘아야 한다"(406). 이를테면 인턴제도나 비정규직과 같은 불합리하고 불공평한 제도부터 부당거래, '갑질', 살인적인 노동시간부터 반 육아적인 기업문화 등에 이르기까지 말이다. 물론 이는 혼자 할 수 있는 일은 아니다. 결국 '조직적 매개체'가 필요하고, 중요하다. '청년 유니온'이나 '알바노조(알바연대)'같은 다원화된 조직적 연대체가 그 보기가 될 수 있다. 하지만 정작 "변화를 만드는 궁극적인 방법은 정치"라고 결론 맺는다(414). 이 책이 나온 뒤로 대만에서는 실제로 청년세대의 적극적인 참여와 행동으로 그나마 정권교체라는 작은 성과는 거두었다. 지금의 권력구조나 정치행태가 유지되는 한 이 헬조선에는 희망이 없다. 그 희망을 만들고 실현해 나갈 사람들은 바로 청년세대뿐이다. 그의 말대로 "청년세대여, 자신을 탓하지 마라, 기성세대가 만들어 놓은 틀에 순응하지 말고 거부해라. (...) 한국에 드리워진 어둠을 거두고 희망을 다시 세울 자는 젊은이들이다. 미래에 기성세대는 이 자리에 없다. 그들은 세상을 바꾸지 않는다. 미래는 젊은이들의 것이다. 젊은이가 세상을 바꾸어야 한다"(424).

* 장하성(2015). 왜 분노해야 하는가. 성남: 헤이북스.

ㅇㅎ: 금수저 흙수저, 결국 문제는 경제니까, 재분배를 위해 정치적인 조직화가 필요하다는 것을 모르는 사람은 없죠. 다만 그 조직화를 어떻게 할 것인가, 새로운 방식으로 시도하는 것이 옳은가, 하는 것인데, 그런 의미에서 비판으로 시작해 보자면 어른들이 허락한 청년노조 느낌의 운동이나 서울 시장이 조직화해주는 협동조합 운동이 적절한 대안인지는 잘 모르겠어요. "조직화해서 너희들의 이야기를 해라! 우리가 들어주겠다!"라는 건 결국 기성세대가 주체가 돼서 시혜적으로 내리는 프레임이거든요. 이제 거기서 좀 비켜달라는 거죠. 청년들에게 돈을 주고, 그 돈으로 성과를 내면 더 줄 테니 잘 해봐라, 이런 식이 아니라, 애초부터 청년들이 각자 어젠다를 짜고 어른들 눈치 전혀 안 볼 수 있도록 분배 구조가 짜여있어야 하는 거라고 생각해요.

ㄴㅅ: 청년세대의 양극화는 정치를 통해서 해결해야 하는 문제인 것은 맞아요. 그렇지만 기성세대는 청년들의 빈곤 그 자체엔 관심이 없으면서, 오히려 그 빈곤을 이용해서 자신들이 원하는 정치를 하려고 해요. ㅇㅎ 말대로 높은 실업률과 열악한 주거환경, 낮은 고용률 등의 문제를 청년들 스스로 해결할 수 있어야 해요.

유성쌤: 근데 쌤은 여기 덧붙이고 싶은 이야기가 있어. 조금 황당할지 모르지만 왜 수저에만 연연하고 거기 목을 매지? 숟가락 없으면 밥 못 먹나? 젓가락도 있고, 너희들 이제 익숙한 포크도 있고, 또 맨손으로 밥 먹은 문화도 있잖아? 또 왜 꼭 밥술을 떠야 먹고 사는 거야? 밥 말고도 배 불릴 수 있는, 그리고 너희들 좋아하는 다양

한 음식들 있잖아? 물론 빗대서 하는 얘기지만 알아들었지? 앞서도 길게 얘기했던 '게임의 법칙'에 너무 매어있는 건 아닌가 하는 뜻이야. 여전히 산업사회 특유의 어른세대 기준으로 살아가는 길에만 꽂혀서 그 길에 들어서기 힘들다, 길도 험난하다, 이러고 있는 것 같다는 말이지. 분노는 당연히 하되, 행동은 좀 달리 해보자는 거야. 게다가 지식정보사회 들어서면서 산업사회와는 아주 다른 생산, 유통, 소비, 생활 방식 등이 제기되고 있잖아? 이를테면 거주문제도 꼭 전통적인 거주방식이 아닌 공동체 거주방식을 꾀하고 미친 월세나 전세가 아닌 해결방안을 찾고 하는 거지. 취업이나 창업 같은 그 말도 안 되는 '창조경제'에 혼 빼앗기지 말고 스스로 조금은 다른 먹고사는 일을 찾아 나서고 만들고 하자는 거야. 이 역시 공동체적인 방식으로 말이야, 그게 협동조합식이 되었든, 상호부조 형식이 되었든.

– 점령하라, 한 발씩...

이를테면 쌤이 오래 전 공동육아 일 시작했을 때 다들 비웃었지. 어떻게 내 새끼 내가 키워야지 남의 손, 그것도 여러 사람 손에 맡기냐고. 하지만 '함께 크는 우리 아이', 그리고 '아이와 함께 성장하는 부모'라는 뜻으로 더불어, 함께 자라고 크고 하니 좀 좋아? 지금 그 일이 이제 많은 사람들의 직업이 되었고, 삶의 현장이 되었잖아? 이런 일들을 여기저기, 요모조모로 꾸며나가는 게 중요하다는 말이지.

크게 보면 제 삶, 우리 삶을 만들고 꾸미고 지켜나갈 수 있도록 일단 시간과 공간을 '점령하라'는 뜻이지. 뭐 다른 데서야 말 그대로 공간을 점유해 내기도 했지만 말이야. 몇 해 전 월스트리트에서 해낸 일들, 사실 오래 전부터 유럽 같은 데서는 때마다 꾀하고 그러다 깨지면 다시 꾀하고 하는 일종의 고정 레퍼토리, 영원한 명곡 같은 운동방식이에요. 멀리 볼 것도 없이 지난 68 학생운동 때 학생들의 열악한 주거환경을 알리고 또 대안을 찾으려는 뜻과 더불어 이른바 혈연가족이나 이런 구태의연한 속박에서 벗어난 공동체 가족, 거주운동을 상징적으로 온몸으로 보여주려는 애씀으로 그런 실험들을 했지. 그런가 하면 나중에 엉망진창으로 통일된 다음, 구 서독지역에 비해 형편없이 낙후한 구 동독지역 주거환경을 드러내고 그 개선을 요구하는 운동으로 비어 있는, 또는 쓰러져가는 건물들 점거해서 살아가고 살아내면서 다양한 목소리를 내는 등 말이야.

ㅇㅎ: 저는 친구들이랑 농담 삼아 빨리 '탈(脫) 서울'해서 공동체 만들어 살자고 그러거든요. 서울에는 쉴 공간이 허락되지 않으니까요. 요즘 운동하는 친구들도 하나둘씩 서울을 떠나서 지방에 둥지를 틀고 있고요. 특히 한국은 서울이 너무 과 포화된 공간이고, 무엇보다 공간의 작동방식이 원룸처럼 각자도생의 장소에 몰아넣는 것이다 보니, 개인도 공동체도 생존하기가 너무 힘들어지는 것 같아요. 우리 세대는 함께 지내는 법을 터득한 적이 없다는 게 너무 화가 나

요. 가사노동, 소통, 밖에서의 삶에 대한 경험 같은 게 성장과정에서 아예 소거되어 있잖아요. 듣고 본 게 없으니까 상상력도 제한되죠.

ㄴㅅ: 그 함께 지내는 법이 어쩔 수 없이 체득되어가는 측면이 있는 것 같아요. 많은 청년들이 서울이라는 공간에서 자기 생애 기획을 해가고 있잖아요. 기본적인 생존의 조건이 갖추어져 있지 않은 상태에서 어떤 사람들은 고시원과 같이 비인간적인 주거공간에서 생활하고 있죠. 그리고 어떤 사람들은 서로의 자원을 조금씩 모아서 같이 살기를 도모하거나, 협동조합 방식으로 서로를 지원하기도 하고요. 누구와 어떻게 살 것인가, 라는 질문을 핵가족질서와 무관하게 청년세대가 새롭게 묻기 시작하는 것 같아요.

유성쌤: 누가 뭐래도. 시대적인 상황도 작용해요. 그런 위기와 문제는 일단 우리뿐 아니라 글로벌 하달까? 일단 청년세대 궁핍화 현상만 봐도 88만원 세대 못지않게, 1000유로 세대라는 말이 유럽에도 있고. 미국에도 있고 그렇단다. 특히 청년세대 주거문제는 굉장히 심각하지. 다른 나라는 진작부터 그렇고 우리도 최근 들어 급격하게 개인화와 더불어 1인 가구가 늘어나잖아. 처음으로 독립된 개체의 삶이 가능해진, 시도하게 되는 첫 세대니까! 그렇잖아, 앞으로 다들 일단 혼자서 살려고 할 거고 말이지. 근데 주택시장이나 구조가 아직 이런 추세에 따르지 못하잖아? 그런 구조, 특히 미친 주택가격에서는 취업이나 임금 등 측면에서 여러분들이 형편없는 약자일 수밖에 없잖아. 뭐 이런 게 어디 한두 가지인가? 특히 지난 한 세대 정도 전부터 예측 가능한 인구구조 변화에서 세대 문제를 간과했

다는 게 제일 큰 문제지. 정책적으로 완전히 직무유기고 실패를 거듭한 셈이지. 이를테면 대학입학 정원감축에 따른 구조조정의 광풍이 그래. 아이들이 요만큼 태어났으면 20년 뒤에 어떤 일이 벌어질지 뻔히 알면서 비교육적이고 교육 외적 이유에서 대학 인가 막 내주고 이랬잖아. 기성세대 힘 가진 자들의 부도덕성, 무지함, 현세주의, 탐욕 등의 결과로 여러분들이 굉장한 희생을 치르게 되는 거지. 문제는 그 희생은 세대 전반에 주어졌는데 그걸 남자애들이 한마디로 찌질하기 짝이 없게 더 징징거린다는 점이지. 여러분 세대 또한 지금 벌어진 상황 끔찍하지만 조금만 생각해 보면 빤하잖아? 일단 냉정하게 상황을 파악해야지. 그리고 나름 선택을 해야지. 물론 이 지경인 헬조선에 여러분들이 골라 태어난 것은 아니지만 말이야. 조금 다른 얘기를 해볼까?

쌤 독일에서 유학 마치고 박사 받을 때 뭐 일종의 외국인 특전 같은 것 덕분인지 성과가 꽤 좋았단다. 그때 지도교수가 실제적인 제안은 아니어도 '당신 여기 남는다면 이런저런 일 하면서 살 수 있겠다'면서 꼬드기는 거야. 적잖이 흔들렸지. 하지만 뭐 두고 온 고향, 사람들에 대한 알량한 '으~~리(!)'부터 아무래도 그때 이 땅을 비유한 단어인 '빈산'에서 나를 더 필요로 할 것 같다는 논리로 뿌리치고 돌아왔지. 뭐 대단한 건 아니지만 나름 비장한 각오나 미래에 대한 구체적 전망 이런 게 그 논리의 바탕이었어. 쌤이 하고 싶은 말은 그러니까 이제 여러분들도 이런 각오와 전망이 절실하다는 거야. 그렇게 '빈산'이었던 이 땅이 물질로는 넘쳐나는데 '헬조선'이라고 할 만큼 피폐한 것은 사실이야. 근데 이걸 그저 어째 볼 수 없는 현상,

현실로 받아들이고 바꿔보거나 조금은 다른 삶으로 견뎌보려는 각오나 전망이 없다면 그거야 말로 '지옥', 아니 지옥보다 더한 절망의 땅이 될 수밖에! 뭐 대단한 각오나 전망일 필요도 없어요. 지금 얘기한 주거문제만 해도 그래. 다른 나라에서처럼 무리지어 빈 공간에 치고 들어가 차고 앉아 살아보든가, 아님 몇몇이 모여 새로운 방법을 꾀해 보는 거야. 요즘 청년문제 해결을 놓고 지자체끼리 경쟁도 하는데 특정지역에 들어가 다른 방식의 '공동체 거주' 방식을 요구하고 본보기로 해보는 것도 괜찮지. '젠트리피케이션(gentrification)'을 그냥 당하지 말고 적극적으로 그런 데 공간을 확보해 청년들 공동체 마을 프로젝트를 꾸며 보거나! 이렇게는 안 되겠으니 뭔가 꼭 해 봐야겠다는 각오, 지금처럼 안 되면 다르게 해보겠다는 전망이 절실해요. 그렇게 맞서거나, 돌아가거나, 다른 길을 찾아야 하는데 각자 어떻게든 살아남겠다고 각자도생의 길로만 가니 서로 갈리고 나뉘고 닫힌 채 각개격파 당하는 거지.

특히 남성 청년들은 그 알량한 기득권, 아니 아직도 통한다고 믿고 있는 우월감을 버려야 해. 그렇지 않으면 '내 장난감 누가 뺏어가'라고 징징대는 것처럼, 옛날엔 두개 주다가 요새는 하나씩 나눠먹게 된데 따른 서러움을 징징대는 걸로밖에 안 들려. 이들에게는 위로 따위는 필요 없어. 사실 쌤도 위로하거나 힐링 같은 건 건네고 싶지도 않고. 물론 잘못은 기성세대가 했지. 기성세대들이 잘못해서 경제가 이렇게 된 거구. 특히 평등은커녕 기본적인 수준의 분배조차 제대로 하지 못해 양극화가 온 거잖아? 그 양극화가 지역별 계급별 세대별로 구석구석 똬리 틀고, 게다가 점점 더 심각해지고 있잖아,

금수저/흙수저 얘기처럼! 좋은 건 누군가 절대적으로 많이 또는 죄다 갖고 있고 그렇지 못한 사람들은 형편없이 모든 걸 빼앗기는 상황이니까. 그런데 대한 분명한 인식공유가 있고, 그래야 대책을 차근차근 마련할 텐데, 대부분, 특히 남성 청년들은 자기는 빠져나갈 수 있다고 믿으니까 경쟁에 몸을 던지고 거기서 정말 쓴맛, 매운맛을 다 보면서 징징대는 거지. 그런 게 가장 안타깝지.

그니까 운동의 내용, 주제뿐 아니라 운동의 방식도 많이 달라져야 한다는 얘기야. 아무리 SNS가 보편화된 세상이라지만 젊은이들 어려움이나 아픔부터 이런 걸 이겨내려고 애를 쓰고, 기를 쓰는 움직임, 흐름 이런 걸 담고 보여주고 널리 알리고 또 모아내는 방식이 아직 자리를 못 잡고 있는 것 같은 거야. 단편적으로는 보이지만 말이야.

아무튼 '점령하라'는 여러 가지로 숨은 뜻이 있어. 2012년 월스트리트 점령시위만 봐도 그래. 이를테면 점령 시위현장에서 자주 나타나는 구호 "문제는 하나, 대안은 많다(One No, Many Yeses)"처럼 주로 세계화 반대, 즉 자유무역에 반대하는 숱한 노력들이 지켜온 전통만 봐도 그래. "최대한 열려 있는, 참여적 민주적 공간을 창조"하면서 "일상에서 가능한 대안을 구체화하려고 노력"하는 일이 중요하다는 거야.[28]

ㄴㅅ: 네, 저희를 위한 공간은 턱없이 부족하고, 끊임없이 쟁취

28 그리프, M. "'노'는 하나, 다양한 '예스들'. 지젝, S. 외(2012). 점령하라. 서울: RHK. 26–31.

해 가는 수밖에 없어요.

ㅇㅎ: 실제로 서울에 공간을 쟁취하기 위해 다양한 운동들이 벌어지고 있죠. 민달팽이 유니온이니, 성미산 마을이니, 스페이스 클라우드니... 다들 "서울의 비정상적인 부동산 가격을 잡지 못하면 근본적인 해결은 불가능하다"는 사실을 알고 하는 일들이거든요. 또 다 필연적인 한계를 지니고 있기도 하구요. 쟁취라는 건 패배할 걸 알면서도 해야 하는 게 가장 잔인하잖아요. 그래서 삶의 위험함이 목전까지 다가온 오늘날 운동이 더 어려운 거구요. 그러다 보니 운동하는 사람들은 "먹물들이 좋은 자리 차고앉아서 듣기 좋은 소리만 한다"고 반 지성주의로 빠지게 되고... 이 자리 앉아서 이야기하고 있지만 쟁취와 우리 대담 사이의 괴리에 대해서도 계속 생각해보게 되네요.

'주코티 공원 연설'(지젝)

"우리는 모두 패배자입니다. 그러나 진정한 패배자는 뉴욕 도심의 월가에 있습니다. (...) 그들은 우리는 몽상가라고 합니다. 진정한 몽상가는 과거의 상황이 무한히 계속될 거라고 믿는 자들입니다. 우리는 몽상가가 아닙니다. 우리는 악몽으로 바뀌는 꿈에서 깨어나고 있습니다. (...)

주의할 점이 있습니다. 스스로와 사랑에 빠지지 마세요. 우리는 여기서 멋진 시간을 보내고 있습니다. (...) 문제는 그 다음 날입니다. 우리가 다시 일상으로 돌아가야 할 때지요. 뭐 하나 바뀐 게 있을까요? (...) 우리의 기본 메시지가 '대안을 생각할 수 있다'는 것임을 기억합시다. 만약에 규칙이 깨진다면 우리가 사는 곳은 최선의 가능세계가 아닙니다.

하지만 가야 할 길은 멉니다. 정말로 어려운 질문에 직면해 있는 겁니다. 우리는 우리가 원하지 않는 것을 압니다. 하지만 우리가 원하는 것은 뭐죠? (...) 기억합시다. 문제는 부패도 탐욕도 아닙니다. 문제는 시스템입니다. (...) 각종 일거리를 아웃소싱하다 못해 이제 결혼정보업체가 우리의 사랑마저 아웃소싱하고 있습니다. 오랜 시간 이런 모습을 모아왔죠. 우리의 정치 참여 또한 아웃소싱되고 있습니다. 이걸 되찾자는 겁니다. (...)

사람들은 종종 무언가를 욕망하지만 그것을 간절히 원하지는 않죠. 우리는 압니다. 여러분이 욕망하는 바를 진정으로 원하십시오."

* 지젝, S. "스스로와 사랑에 빠지지 말 것". 지젝, S. 외(2012). 점령하라. 서울: 104-109.

'주코티 공원 발언'(버틀러)

"사람들은 묻습니다. '그래서 요구하는 게 뭐야? 이 모든 사람들이 요구하는 게 뭐냐고?' (...) 사회적 평등과 경제적 정의를 위한 요구는 불가능한 요구라고 말합니다. 불가능한 요구는 현실적이지 않으니 소용없다고요.

만약에 희망이 불가능한 요구라면, 우리는 불가능한 것을 요구하는 겁니다. 만약에 쉴 곳과 음식, 일자리에 대한 권리가 불가능한 요구라면 우리는 불가능한 것을 요구하는 겁니다. (,,,)

그러나 여기 우리는 우리에게 중재할 어떤 주장이 없는 것도 사실입니다. 왜냐하면 우리는 단지 경제적 정의와 사회적 평등만을 요구하고 있는 것이 아니기 때문입니다. 우리는 공공의 장소에 함께 모여있습니다. 우리는 여기 거리와 광장에서 육체를 지닌 인간으로서 연합하여 하나로 뭉치고 있습니다. 우리는 민주주의를 만들며 하나로 여기 서 있습니다. '우리가 국민'임을 몸으로 보여주고 있는 것입니다."

* 버틀러, J. "우리가 몸통이고, 우리가 국민이다". 지젝, S. 외(2012). 점령하라. 서울: 281.

가만히 있으라!
– 국정화된 의식

유성쌤: 물론 그러기엔 너희들 세대의 존재와 영혼이 너무 획일

화되고 경직된 기존 경쟁교육체제에 물들어 있다는 게 문제야. 그나마 대학에라도 와서 조금씩 깨어가고 앞서도 얘기했던 '안녕들 하십니까' 같은 성찰이나 문제제기, 그리고 변화를 꾀하려다 보면 거센 맞바람이 치곤하지. 어떻게 해서라도 젊은 세대 길들이고 기존 '게임의 법칙'에 붙들어 매려고 들고 말이야. 일찍이 세월호 때도 학생들에게 '가만히 있으라'고 죽음으로 내몰았잖아. 그러면서 끊임없이 생각과 의식을 규제하고, 마음과 느낌을 규정하고, 이윽고 존재까지 규범에 맞게 만들려 들잖아? 대표적인 게 바로 시끌벅적했던 '국정화' 작업 아니겠어?

ㄴㅅ: 생각해보면, 국정화 논쟁이 뜨겁던 시기를 지나고 나니 요즘은 이야기가 거의 되지 않는 것 같아요. 저는 고백하자면 체념한 것 같아요.

ㅇㅎ: 바로 옆에서 벌어지는 일이 아니고, 모두가 당사자라서 따지고 보면 당사자도 없고. 그런 탓에 잊혀진 게 아닌가 싶은데요. 역사공부 하는 사람들도 어느 순간 잊게 되는 것 같아요. 그런데 역사라는 게 결국은 각자의 세계관을 만들어주는 거니까. 사실 기존 역사교육도 '국뽕' 주입 교육이지 잘 되어왔던 건 아니지만, 적어도 토론의 여지를 남겨놨던 것 같은데... 이제는 역사적 사실에 대해 토론하는 법도 뺏어가는 것 같으니 정말 화가 나네요.

유성쌤: 쌤, 스스로 교육학자로서 정말 그때 너무 부끄럽고, 화가 나고, 안타까워서 수업시간에 피를 토하듯 주장을 펴기도 하고

동료 선생님들과 성명서 만들어 뜻을 알리고 했지만 아직도 떨리고 분하고 그렇단다. 당장 수업 같이하는 교직 학생들 머잖아 국정화 된 교과서로 역사를 가르쳐야 한다니! 국정화는 비단 역사교과의 내용을 정한 틀에 따라 가르치라는 것뿐 아니라 우리 정신과 영혼을 획일적인 틀에 가두겠다는 뜻이잖아! 게다가 다문화 사회로 들어서고 있는 '다양성'이 그 어느 때보다 소중한 이때! 이건 정말 무서운 일이야. 특히 차제에 역사뿐 아니라 우리 일상의 지식, 태도, 감성 이런 데 대한 틀을 한 번 다잡아 보겠다고 그 후속작업도 한창이잖아! 애국가는 4절까지 부르자든가, 어느 영화 국기 하강식 장면이 뭉클하다든가...

쌤은 또 동시에 지식인으로서, 교육자로서 얼마나 화가 나고 또 기가 막히든지! 무엇보다 명색이 교육학자인데, 사실 국정화 사안은 역사의 문제일 뿐 아니라 교육 문제에요, 엄연히! 국정화라는 방식, 지식의 틀 잡기, 교육과정의 획일화, 교과서에 묶어놓기, 뭐 이런 것들과 연결되거든. 쌤은 텍스트에 묶이고 교재에 갇힌 지식의 위험을 너무 잘 알기에 수업에서도 웬만하면 교재는 택하거나 쓰지 않아요. 중고등학교 때 그런 방식의 교육에 찌든 학생들 조금이라도 열리고 트인 공부 할 수 있는 기회 주려고 말이지. 그런데 교육학자들 누구 하나 나서 제대로 그 문제 지적하든? 얼마나 답답하든지 몇 군데 연락해보고 하다가 혼자 좌절하고 절망해서 마음 단단히 먹었지. 그런 교육학이라면 쌤은 이제 하지 않겠다고, 결별하겠다고! 교육이라는 말 자체가 가르칠 '교(敎)'에, 기를 '육(育)' 지금 보면 시대착오적인 용어잖아? 소통이나 교류 없이 일방적으로 가르치고 기르는 일이니 말이야. 그래서 쌤 수업 듣는다, 라고 제발 하지 말라고 학기 초마다 손사래를 치잖아? 요즘 같은 쌍방향, 아니 다방향 소통과 매체가 발달한 세상에서 아직도 선생은 떠들고 학생은 듣는 자리가 수업이면 안 되잖아? 얘기가 조금 빗나갔지만 아무튼 국정화는 여러 가지 의미로 세태를 반영하고 그에 젊은 세대가 어떻게 반응할지 궁금하기도 하고, 걱정되기도 하는 사안이야!

ㄴㅅ: 젊은 세대 하니까 떠오르는 건데, 일베에서는 역사교과서 국정화에 대해 어떻게 반응하고 있나요?

ㅇㅎ: 일베와 국정교과서를 동일시하는 것은 위험한 일이겠지만, 양측이 모두 신자유주의적 주체에 대한 긍정적 서술을 노린다는 생각은 들어요. 다만 아까 교과서 문제가 쉽게 잊혀졌다는 말이 생각나는데, 이처럼 청소년 교육 문제는 너무 잘 잊어버리게 되고, 결국 이들이 신자유주의적 주체가 되도록 내버려두는 것 같아요. 지난번 메갈리아 이야기 하면서 66%가 여성이 특권집단이라고 본다는 것도, 중딩, 고딩들이 일베에 친숙하고 열광한다는 것도 결국은, 그들을 내버려뒀을 때 만들어지는 괴물들 같거든요.

ㄴㅅ: 생각해보니 청소년에서 벗어난 지 얼마 되지 않았는데도 오늘날 청소년들이 삶에 대해 어떤 기대를 갖고 있는지, 어떤 삶을 사는지 잘 몰라요. 청소년 존재가 눈에 잘 들어오지도 않고요. 우리만 해도 아직 정상가족과 정규직 모델을 좇아 스스로를 거듭거듭 훈육하는데, 이들도 그런 기대와 믿음에 따라 살아갈까? 아니면 다른

방식을 고민할까? 잘 모르겠어요... 만약 이런 기대가 깨어진 주체들에게 국정교과서 같은 교육만이 행해진다면 어떤 주체들이 만들어질까 걱정이 되기도 해요.

– 불가역적 최종 합의?

유성쌤: 기왕 역사 이야기 나왔으니 이른바 '위안부 문제 최종 합의'도 짚고 넘어 가야지. 아무튼 그 단어부터 불길해. '최종적'이라고? 게다가 또 뭐 '불가역적'으로? 최종적이라는 말은 어쩔 수 없이 나치시대 유태인 학살을 제도화해서 그 문제를 해결하겠다는 이른바 '최종해결(Endlösung)'이란 말을 연상시켜요. 역사에 최종적이 어디 있고, 그런 인류적 범죄에는 하다못해 공소시효도 없는데 무슨 말인가 이게! 자라나는 세대에게 바로 전하고 알려야 할 역사적 진실이 제대로 밝혀지지도 않았는데, 분명한 가해자들의 반성도 없는데 이는 불가역적으로 해결된 것이다? 누가, 무슨 자격으로? 당사자들과 의논 한 마디, 전문가들과 협의 한 번 않고서? 쌤은 당연히 '폐쇄적 민족주의'는 무섭고 싫어요. 누군가 지적했지만 일제 강점기 만행은 그게 일본이 식민지였던 이 땅에, 우리나라 사람들에게 저질러

서 죄가 아니라 인간에 대한 '인류적 범죄'라서 분노해야 하고 잊어서는 안 될 일이지. 그런데 어디다 대고!

여러분 잘 알다시피 쌤 지난해부터 '평화디딤돌'이라는 모임 만들어서 같이 하고 있잖아. 지난 추석 때 일제 강점기 강제 연행되어 강제노동에 시달리다 죽어간 희생자 유골 모셔오는 '70년 만의 귀향' 행사도 했고. 당시 그래도 돌아가신 조상들이라고 온갖 매체에서 기특한 일 했다는 식으로 칭송과 격려가 쏟아졌어. 이제 그 위안부 할머니들 기리는 소녀상 지키고 희생된 이름 없는 그 많은 분들 기억하는 일 하려고 해. 강제징용 희생자든, 위안부 할머니들이든 그 엄청난 국가폭력의 희생자고 인류적 범죄의 희생자니까. 그런데 그 분들은 남성들이고, 위안부 할머니들은 여성들인데다 불행한 성노예 경험까지 하셨지. 거기다 대고 합의했으니 더는 떠들지 말고, 푼돈으로 눈앞가림하고, 눈에 거슬리니 소녀상 치워라? 있을 수 없는 일이야. 결코!

과거'사(史)' 문제는 과거'사(事)'가 아니야. 정말 제대로 알고 잘못 있다면 절실하게 뉘우치지 않음 다시 그런 짓 하는 게 개인이고 집단이고 국가야. 우리 주제인 여성남성 관계도 마찬가지야. 어떤 놈이 양다리 상습적으로 걸쳐 숱한 여성들 울렸다고 치자. 늘 자기도취나 변명 일삼았겠지. '내가 잘 나서, 매력 있어서, 여성들이 좋다니까!' 그럼 그 버릇 못 고쳐. 어떤 계기에서든, 한 여성이 죽어갔던, 누구한테 죽기까지 맞았던, 아, 이건 아니다, 내 다시 이러면 내 다리를 찢든지 하겠다, 뭐 이렇게 철저히 뉘우치고 반성해야 다시는 그런 짓 안한단 말이야. 집단도 국가도 마찬가지고. 쌤 자주 얘기하잖아? 지금 독일 사람 다 착해서 과거사 철저히 반성하고, 일본 사람 다 나빠서 과거사 망각하고 그러냐고. 독일은 그만큼 주변에서 그 반성을 촉구하고 감시했고, 일본은 주변에서 소홀히 한 탓도 있어요, 바로 우리가! 그러면서 제 눈에 들보는 보지 못하고 남 눈에 티끌보고 뭐라는 격이지. 그렇게 되면 그 피해는 고스란히 우리뿐 아니라 일본 젊은이들이 당하게 되는 거지. 보고 배운 게 없으니 비슷한 상황이 오면 다시 그런 끔직한 죄악에 따라 나서고, 저지르고 하면서 말이야.

– 각자 선 자리에서

유성쌤: 물론 그렇다고 그 방법을 지금 당장 독일에서처럼 체계적이고 종합적인 방향으로 틀 수 없다면 소박하고 작은 걸음이라도 떼어야겠지. 그 '전 지구적으로 생각하되, 각자 선 자리에서 일하라'는 말처럼! 그래서 쌤 일하는 '평화디딤돌' 사업을 보기로 들면 이런 거지. 20년 전에 처음 시작은 정말 미미했어요. 공동육아 일부터 같이 해 온 쌤 절친인 인류학자 ㅎㅂ이 일본에서 현지조사 하다가 일본 스님을 만나서 어느 절에 기록된 사망자 명부에서 당시 조선인으

로 추측되는 많은 사람들 이름을 보게 되지. 일본에서는 한 줌의 무리지만 열심히 과거사 문제와 붙안고 애써 오던 사람들이 그 기록을 바탕으로 이들이 강제노동 희생자들이라는 사실을 드러내고 희미한 흔적 더듬어 유골 발굴을 조금씩 해나가. 그러다가 쌤 절친 돌아와서 동료들 부추겨서 학생들 몇몇 더불어 일본 가서 유골 발굴 해나가요. 쌤도 여러 차례 갔는데 한국 학생, 일본 학생, 재일동포 젊은 이들 수십 명이 어울려서 일주일, 열흘씩 유골 찾고 발굴해 내는 일 하다보면 뭐 굳이 과거사 교육이다 이런 거 필요 없어요. 그 멀고 먼 낯선 땅에 끌려가 죽도록 일하다가 스러지고 함부로 내던져진 유골을 수습할 때마다 인간에 대한 예의가 무엇인가가 말 그대로 뼈저리게 느껴지니까! 그렇게 발굴한 유골을 한일 간에 합의나 뭐 이런 게 없으니 가져올 수가 없는 거야. 그러다가 지난 가을 큰 맘 먹고, 특히 일본 재군비나 이런 데 반대하는 뜻도 보일 겸 희생자들 끌려갔던 길 되밟아서 모셔와 안장시켜 드린 게 '70년 만의 귀향' 사업이야.

이번 봄에는 그 뜻을 살려서 강제노동 희생자뿐 아니라, 위안부 할머니 희생자들까지 기리는 '평화디딤돌' 놔드리려는 거고. 참, 그 작업은 사실 독일에서 '걸림돌(Stolperstein)' 운동에서 자극받은 건데, 한 조각가가 20년 넘게 나치 학살 희생자들 살던 동네마다 보도블록 하나 크기로 동판에 "여기 살던 아무개(몇 년 생), 주소, 끌려간 시점, 아우슈비츠에서 희생" 이렇게 새겨 박아나가는 거야. 처음엔 나치 희생자들 중에 거의 잊혀진 흔히 말하는 '집시'들, 원래는 '로마', '신티' 이런 종족이지만, 희생을 기리는 일로 시작했고 지난 20년 동안 유럽 1,200개 도시에 560,000개를 놨다는 거야. 대단하지? 그냥 유태인 600만, 집시들 몇 십만 이렇게 숫자로가 아니라 한 사람, 한 사람을 이름으로 불러 그 희생을 기억하고 다시는 이런 일 없도록 하자는 뜻이야.

이거야말로 소박하고 작은 돌 하나지만 그 뜻이 크게 울리지. 바로 이런 작은 돌, 작은 걸음으로 시작하자는 거야. 국정화 따위의 역사의 획일화와 사고와 의식의 감시와 처벌은 다양한 역사 공부와 현장의 노력으로 조금씩 벗어나고, 소녀상 철거를 막고 그 옆에 희생된 분들 이름을 부르는 돌 하나씩 놓아가며 기억하고 다시는 이런 일 없도록 일깨우고 깨우치고, 뭐 이렇게 말이지.

ㄴㅅ: 아, 숙연해지네요. 위안부 희생자, 피해생존자 분들과 강제징용으로 희생된 분들을 기억하는 것의 중요성을 새삼 느끼게 돼요.

ㅇㅎ: 연애든 뭐든 글로 배우면 안 된다는 이야기를 하잖아요. 역사나 삶에 대한 태도도 마찬가지가 아닐까 생각하는데, 학자들이, 시민들이 역사를 보는 태도도 사실 '건강한 역사관'을 강조하지만 그 역사관만 가르치고 직접 역사를 체험하지 않으니까 보이지 않는 부분이 크다는 생각이 들었어요. 백날 책에서 몇 천 명 죽었다고 읽는다고 공감이 하나도 안 되잖아요. 당장 가서 강제징용자 유골을 목도하는 것이 인간에 대한 예의에 공감인 거죠. 그런 의미에서 역사를 우리 삶으로 불러내 오고, 애초에 우리 삶에 있던 젠더 문제를 집어서 다시 테이블 위로 올려놓고, 이런 작업들이 지속적으로 필요한 것 같아요.

ㄴㅅ: 희생된 분들을 대신해 침묵하지 않고 말한다는 것의 윤리를 생각해보기도 하고요. 이들이 존재했다는 사실을 드러내는 것 자체가 가해자 집단의 폭력을 고발하기 때문에 피해생존자들의 증언을 경청하고 그들과 연대해야 하는 이유인 것 같아요. 역사 속에서 사라져간 여성들과 피억압자들에 대한 페미니즘의 윤리이기도 해요.

유성쌤: 그래, 이런 역사 관련 얘기 나온 김이니 남성이라는 집단에도 적용해 보자. 일단 뭐 역사적으로나 사회적으로 일본 정도의 범죄는 아닐지라도 권력남용, 억압, 차별, 모욕 등의 죄는 저지른 집단이니까! 그렇다면 적어도 그 종으로서, 집단으로서, 반성과 성찰이 있어야 해. 쌤이 존경하는, '억눌린 이들의 교육'이라 책을 쓴 브라질 교육학자 파울로 프레이리는 "지식인은 적어도 상징적인 의미의 '계급적 자살'을 감행하지 않으면 안 된다"고 했는데, 그걸 흉내내 보면 "남성은 적어도 상징적인 의미의 '젠더적 자살'을 감행하지 않으면 안 된다"고 말이지. 그러려면 먼저 그 정도로 젠더문제가 심각하고 여전히 남성들이 깨어나지 못하고 있다는 현실에 대한 분명한 인식, 이렇게 가다가는 삶 속에서 여성들과 더불어 평등하고 조화로운 관계 만들 수 없다는 위기의식, 그런 감수성 뭐 이렇게 찾고, 만들고, 가꾸어 나가야 한다는 거야.

ㅇㅎ: 젠더적 자살이라는 말 멋지네요. 확 다가와요. 제가 농담으로 친구들한테 "야, 남자 페미니스트 절대 만나지 마!", 이러거든요... *(웃음)* 관계맺음이 폭력적이라는 거예요. 그런데 이론으로 무

장했으니까 그 안에서 자신을 용서하고, 자기반성이 안 되고. 젠더적 자살, 실존적 공감이 되는 남성들이 아직까지 너무나 없다는 거죠. 그래서 미러링 같은 전략적 본질주의도 유효하다고 생각돼요. 반성이 모자라요. 이건 생활에서부터 바꿔야 되는 게 맞는 것 같아요.

ㄴㅅ: 그런데 젠더적 자살이라고 하니까 너무 고행처럼 느껴지네요.

ㅇㅎ: 그렇게 적어놓고 나니까 아무도 안 하려고 할 것 같기는 하네요... *(웃음)*

ㄴㅅ: 그런데 생각해보면, 결국 자기윤리를 지켜내려면 수도자적으로 살아야한다는 이야기 같기도 하고요. 지금보다 물적, 문화적으로 풍요로운 세상에서 만들었던 비폭력성, 인간에 대한 예의 같은 것들이 노력하지 않으면 무너져버리는 것 같거든요. 저는 메갈리아의 폭력적인 언어를 옹호하면서도 고도의 윤리적인 성찰이 절대적으로 필요하다는 모순되는 생각을 갖고 있어요.

ㅇㅎ: '페미니즘: 위대한 역설'[29]이라는 책 제목이 떠오르네요. 딱 맞는 말 같아요. 페미니즘은 그 자체로 모순이고, 전술도 모순적으로 보이지만, 그건 이 젠더 불평등에 균열을 내기 위한 존재의 본질 같아요. 이런 수도자/망나니의 모습이 좋은 관계맺음을 위한 태

---

29 스콧, J. W.(2006). 페미니즘: 위대한 역설(Only Paradoxes to Offer). 서울: 앨피.

도가 아닐까 싶어요!

유성쌤: 그렇지! 쌤, 늘 말하듯이 사람의 존재성을 어느 한쪽으로 치우쳐 예단해서는 안 돼요. 이를테면 천사라거나, 악마라거나. 결국 인간은 천사와 악마가 공존하는 존재쯤 되겠지. 다만 중요한 것은 그 모순성을 늘 잘 인지하고 의식하고 있어야 한다는 점이야. 그래야 억누를 건 억누르고, 살려야 할 부분은 살려내고 하지. 아울러 두 사람이야 다 잘 알겠지만 젠더든 인종이든 인간 존재의 또 다른 특성 관련된 부분을 너무 지나치게 '본질주의(essentialism)'로 접근해서는 안 된다는 당연한 이야기도 해야지. 그 왜 젠더담론에서 핵심적인 '젠더'라는 개념 자체의 획일성, 폭력성을 날카롭게 지적하고 늘 벗어나려는 버틀러(Judith Butler)[30]의 '젠더 트러블'이나 '젠더 허물기' 같은 책처럼 말이지. 에고, 갑자기 너무 고답적인 강의나 토론 자리가 되어버렸네! 일단 우리 이야기는 이 정도 접고, 좀 더 실질적이고 구체적인 남성 청년 찌질함 벗어나기 이야기로 가보자!

---

30 그의 책들은 정말 어렵기로 이름나서 쌤 스스로 읽어내기 힘들어 하지만 늘 정신 차리게 하고 깨우쳐주는 내용들이다. 일단 번역된 대표적인 책 두 권만 소개하면 이렇다. 버틀러, J.(2014). 젠더트러블. 파주: 문학동네, 버틀러, J.(2015). 젠더허물기. 서울: 문학과지성사.

둘째, 곁과 안에서는 찌질함 찾아내기

—성난 얼굴로 돌아보기

유성쌤: 자, 그동안 남성 청년의 모습, 문제 이런 것들을 짯짯이 훑어보았는데, 이제 우리네 나날이 살아가면서, 관계 맺으면서, 나를 돌아보며 무엇을 어떻게 할 것인가, 이런 얘기로 좀 좁히고 구체화 해보자. 가장 먼저 해야 할 일은 특히 남성 청년들 맨 얼굴 드러내고 거기 낙인처럼 박히고 쓰인, 그리고 존재 속에 똬리 튼 찌질함 찾아내는 거겠지?

ㅁㅅ: 어떻게 하면 찌질함을 없앨 수 있는가를 생각해보면, 음, 잘 모르겠어요. 그냥 막연하게 시간이 지나면 자연스럽게 나아지지 않을까요?

유성쌤: 절대 안 그렇지.

ㅅㅈ: 그럼 찌질한 어른이 되겠죠.

유성쌤: 그때부터는 찌질하다고 하지 않고 한심하다고 하지. '찌질하다'는 나름 유보적이고 봐주는 표현이야. 질책도 하면서 저거 좀 나아져야 할 텐데 말이지. 그러면서 지적질하는 거지. 나중에 한심해지면 구제 불가능, 변화 불능하다는 뜻이야. 적어도 우리 어법으

론. 물론 야단치는 거는 아니고. 뭐가 제일 답답한데?

ㅁㅅ: 그냥 친구들 만나서 얘기해도 바뀔 것 같은 느낌이 하나도 안 들어서요. 친구들 아니라 누구를 만나도 제 나이가 그렇게 많은 것도 아닌데 바뀌려고 들기는커녕 얘기를 해도 들으려고도 않고 뭘 해보자라고 해도 자신을 바꾸려 들기보다 발끈하기 일쑤여서 친구들한테 그런 얘기를 한다든가 같이 뭔가 해보자라는 이야기조차 꺼내기 힘든 것 같아요.

유성쌤: 대표적으로 예를 들면?

ㅁㅅ: 주변에 한 친구 청소 노동자와 연대하는 단체에서 활동하고 있는데 그와 관련된 이야기를 하면 주변 사람들이 되게 불편해 한다고 그러더라고요. 저도 비슷한 경험 자주 해요. 그런 얘기하면 주변 분위기 싸해지고 좀 이상한 사람 취급받고 저는 저대로 벽에다 대고 이야기하는 것 같아요. 이게 바뀔 수 있을까, 생각을 하면서… 사회는 어떻게든 변화하고 있잖아요. 그런 상황 속에서 변화하지 않으려 하는 것을 보면, 잘 모르겠어요.

유성쌤: 일단 뭐 무지에서 오는 것도 있지, 변화에 대해서. 특히 주로 베이비부머인 부모들이 변화를 인정하고 싶어 하지 않는 세대잖아. 그냥 이 상태의 뭐 약간의 경제적인 개선 외에는 세상에 대한 별 관심 없이 애들을 키워왔고 말이야. 그렇게 자라다 보니 너희들도 대학생이 되고 세상에 대해 이것저것 생각한 게 1~2년, 2~3년밖에 안됐잖아. 그러다보니 아직 부족하기도 하고 또 차이가 많이 나

기도 하고 그렇지. 그니까 개인 차이기도 하고 집단 차이기도 한데 그 사이 단절 같은 것이 눈에 확 띄는 거야. 80년대는 말할 것도 없고 90년대쯤까지만 해도 20대 초반 청년이 되면 적어도 사회비판이라거나 사회적 관심을 이른바 '코스프레'라도 했어야 했거든? 그런 시대가 지나고 나서는 이제 드러내놓고 개인주의적이라든가 아주 천박한 자본주의적인 행태라든가 그런 거 마구잡이로 보여줘도 누가 뭐라 할 사람도 없지. 오히려 그런 류의 구태의연한 평등, 이런 주장을 하면 불편해하고 일종의 소통 단절 같은 걸로 치닫지. 이러면 성찰 기회를 아예 가지지 않겠다는 소통의 원천봉쇄 같은 것도 일어나지. 그런 걸 어떻게 흔들어낼 수 있냐가 문제야. 흔히 가장 소박한 환원론에 빠지기 일쑤거든. 이를테면 자기에게 모든 책임을 돌리는 거야. 내가 뭐 이러니까 하고 그걸 알량한 자기계발이나 스펙으로 극복하려 들고, 상대적인 박탈감은 상대적인 우월감으로 덮으면서! 그러다가 정 힘겨우면 그래도 나는, 그래도 남자는 이렇게 가는 거야. 그러니 세상이나 게임의 법칙에 의해 분할 통치되고 각개격파 당할 수밖에 없지. 전형적으로 옳지도 않고 맞지도 않은. 옳지도 않은 것은 두 번째 문제야. 맞는 길이 아니란 말이야, 그런 길은. 이미 우리 안에 시작된 미래인 지식 정보 사회나 글로벌 경제 기준으로 보아도 뒤떨어지고 덜떨어진 데다 너희들 생김에 맞지도 않은 것을 고집하면서 미성숙에 미성숙을 거듭하는 거지. 결국은 자기반성, 성찰 기회를 갖게 하는 것이 가장 중요한 것 같아. 샘도 뭐 그 말 말고는 다른 대안이 언뜻 생각나지 않아요, 개인적인 측면에서 보자면.

ㅅㅈ, ㅁㅅ: 하다못해 성소수자 문제 이런 거는 모르면 묻기라도

했으면 좋겠어요.

교양수업으로 노동, 인권, 젠더 이런 거 더 많이 다루었으면 어떨까요?

유성쌤: 중요한 얘긴데 그런 측면에서 수업 하나가 또는 한 개인이 작은 변화를 일으킬 가능성은 여전히 있어요. 아무리 사회 환경이 강고한 철옹성 같아도 우리가 지금 나치 시대에 살고 있는 것도 아니고 말이야. 물론 유사 파시즘이 지배하기는 하지만! 신자유주의니 가부장적 권위주의니 뭐 이런 데 짓눌려 각자도생, 자기만 살겠다고 아우성치고 있으니 문제인 거지. 그래도 쌤 자신 그나마 지난 이십 몇 년 강단에 서고, 실천의 끝자리나마 더럽히고 다니면서 한 두 사람씩 또는 몇 사람씩이라도 그런 의식의 변화나 자기 관계나 존재의 확장에 도움 주었다고 믿고 그걸 보람으로 삼아 살고 있잖아.

—맨 얼굴로 돌아보기

유성쌤: 다시 우리 주제로 돌아와서 개인들은 그렇고 어찌 보면 너희들도 그나마 혜택도 받았고 운이 좋다고 볼 수 있는데 그렇지

못한 친구들 일반에게는 어떤 계기가 필요할까? 뭣보다 걱정인 것은 관계 맺기인데, 이게 너무 서툴고 모자라요. 이성과의 애인관계든, 교우관계든, 아님 자기 자신과의 관계든 말이지. 오순도순 만나고, 조곤조곤 말 나누고, 알콩달콩 사귀어도 모자랄 판에 무슨 인터넷 댓글 달 듯 던지고 바로 발끈 대답하고, 표피적이고 찰나적이고 즉각적으로 말이지. '너'를 있는 그대로 차근차근 지켜보고 조분조분 나누어야 관계가 맺어지고 '우리'가 될 텐데 말이야. 그러다 관계가 버석대고 휘청대면 일베들처럼 악에 받쳐서 마구 해대고. 이건 사회문제에 대해서도 마찬가지야. 뭐 세월호 때부터도 그랬지만 익명성에 기대서 '악에 받친 욕설문화'로 도배가 되고, 그 다음은 미리 석 죽고 쉽게 좌절하는 분위기? 아무리 힘겹고 어렵다고 해도 이건 뭐 거의 포기, 방기의 문화에요, 그것도 줄줄이 얼키고설킨! 그니까 병든 줄기 캐듯이 하나하나 캤더니 줄줄이 뿌리 끝뿐만 아니라 그 흙까지 죄다 썩어 버렸다는 느낌이 들면서 탁 하고 감정이나 사고의 흐름 같은 거를 놔버리지 않을까 하는 아슬아슬하고 안타까운 마음인데, 무엇보다 젊은이들에게는 이거 위험하지 않을까? 왜 이렇게들 스스로, 그리고 서로 생각하고 배려하고 돌보고 보살피는 문화가 찾아보기 어려울까?

ㅁㅅ: 공격성도 그렇고 좌절도 그렇고. 굳이 일베 애들뿐 아니고 저희 세대 얘기를 하자면 이래요. 제 주변에 좌절하고 나 몰라라 하는 친구들이 많거든요. 그런데 보면 어렸을 때부터도 그렇고 내가 뭔가를 했을 때 사회적으로 변화가 온다든지 내 개인이 존중받는다는 느낌을 받으며 자라온 사람들이 아니니까 내가 뭐를 한다고 바

꿔거나 뭐 변화되는 게 없고 평소에도 무기력하게 살고 있는데 이런 감당하기 힘든 사건이 터져버리니까 그 억눌렸던 감정들이 한꺼번에 공격적으로 터지는 것도 이해가 되고, 아니면 무시하고 외면하면서 자기 자신이라도 지키려 하는 것도 이해가 되요.

유성쌤: 참 중요한 얘기야. 인격적으로 존중받는 건 고사하고 무슨 의견을 얘기했을 때 경청해주고 그런 경험이 거의 없는 거지. 그건 아마 계층과도 상관이 없고 전반적인 이 그야말로 한심한 헬조선의 일반적인 문화일 거예요. 가정교육에서도 그렇고 특히 입시 위주의 교육에서의 폐해가 가장 크게 나타나는 게 그건데, 오로지 한 가지 목표만 두고 몰아붙일 뿐이지 인격적인 존중이나 대접이나 그런 건 없고. 이해는 하지만, 아무튼 그 좌절 다음에 오는 것이 냉소주의지. 그런 면들이 젊은 세대 사이에 없지 않아 보이거든. 냉소주의야 늘 있기 마련인데 특히 위기 때 가장 비겁하고 고도로 위장된 태도거든. 웬만한 밖의 영향을 받지 않고 내 자신의 삶을 살겠다는 그런 거거든. 마지막에 가면 자기 스스로에 대해 냉소적이 되는 거지. 제까짓 게 해서 뭐 하겠어 세상이 이런데라든가 온갖 변명으로 치장하고 위로하고, 뭐 이렇게 갈까봐 우려하는 거지.

찌질함 벗어나기
—보살핌과 돌봄

유성쌤: 그래. 그럼 슬슬 얘기를 정리하는 뜻에서 흔히 얘기하는 대로 가장 가까운 나날의 삶에서 어떤 새로운 대안이 있을까, 아니 어떻게 새로운 모색이라도 해볼까? 쌤이 얘기했던 몇 가지 화두가 있지? 먼저 지금은 보살핌과 돌봄의 위기 상황이잖아. 사회적으로야 뭐 여성들도 취업하고 사회 생활하다 보니까 아이들 낳고 기르기 힘들어져 저출산 심각하고 생활조건이나 의료 혜택 나아지면서 고령화 사회로 가게 되는데, 마찬가지 이유에서 이제까지는 거의 모두 여성들에게 전담시켰던 보살핌과 돌봄이 위기에 빠진 것도 사실이거든. 그래서 저출산 문제도 심각하고 고령화 사회의 돌봄 노동의 공백도 심각한데 결국은 그 모든 것을 해결할 수 있는 방법은 보살핌과 돌봄의 사회화밖에 없거든? 일단 보살핌과 돌봄 노동 하는 사람들 제대로 대접해주면 그게 왜 낭비야? 그 사람들 길러내고 임금 제대로 잘 주고 보람 있게 일하게 하고 그러면 그 사람들은 그 돈으로 소비하고 그러지 않겠어? 지식정보사회에 기술을 만들어내고 물건을 만들어 내는 것만 중요한가? 서비스업이란 게 얼마나 중요한데? 그렇게 그 전문적인 체제, 인력 등을 구비해야 하는 건 당연한 일이고 그에 못지않게 절실하게 필요한 게 다름 아닌 보살핌과 돌봄

의 체험을 일반화, 보편화 하는 거야. 무엇보다 우리 남성들이 아직도 그런 데 서툴기도 하고 어떤 면에서는 배제되기도 하고 그랬단 말이야. 너희 부모 세대가 비교적 그런 세대고 쌤 주변 몇몇이 그런 일을 하면서 약간씩 변화를 해 온 첫 세대잖아? 그런 경험이 결국은 이런저런 일들을 하게 만들었고 말이야. 그래서 어느 모임 가서는 비교적 영향력 있는 사회 중진들도 있기 때문에 농담 반 진담 반으로 말했어. 솔직히 이 사회 뜯어 고치기 위해서는 이런 것들을 정책으로 해야 하다고. 이를테면 그런 거야. ㅁㅅ이 공익 가잖아. 근데 공익들이 얼마나 낭비되고 있는지 알잖아. 그렇다고 분단 상황에서 모병제로 가자고 하면 미친 사람이라고 할 테니까 당분간 징병으로 가되 정말 군대 가고 싶은 애들 또는 갈 사람들 빼놓고 나머지는 말 그대로 보살핌과 돌봄 쪽의 대체 복무를 인정해야 한다는 거지. 남성들이 스무 살 안팎에 그런 것들을 경험하는 일 정말 중요한 거거든. 게다가 절실하게 필요하지. 이를테면 뭐 무의탁 노인들 보호활동을 하게 한다든가. 눈에 보이는 이런 보조 말고. 그야말로 사회에 공백 그런 부분 있잖아. 이런 것만 돼도 놀라운 효과 얻을 수 있을 것 같거든? 하다못해 육아 휴직이라도 정말 의무화하면 좋겠어. 스웨덴 같은 경우는 남자의 육아 휴직이 의무화 되어 있거든. 이런 거 도입하는 게 절실하단 말이지. 뭐 이건 너무 제도적이고 먼 얘기라면 당장이라도 20대 청년들이 아까 얘기했던 자기 성찰의 부분이라든가 삶에 대해서 좀 더 밀접하게 따뜻하게 경험하고 살게 하려면 뭐가 필요하겠니. 먼 얘기부터 가까운 얘기까지 그냥 생각나는 대로 얘기해보지. 뭘 어떻게 하면 될까?

—공감하기, 미루어 짐작하기

ㅅㅈ: 구체적으로 떠오르지는 않는데 그냥 공감능력을 키우려면 사람들도 많이 만나고 그래야 할 거 같아요, 다양하게. 내 일처럼 느끼는 것은 아니더라도… 얼마 전에 그런 생각을 했는데 내가 타인을 완전히 이해할 수는 없을 테고, 그건 당연한 얘기겠죠. 그래도 타인을 이해하려고 노력해야 한다는 것도 당연한데, 우리는 그냥 이해 못 한다고 그냥 넘어가는 거 아닌가 싶어요.

유성쌤: 그니까 무슨 일이 벌어지면 그 상황을, 그리고 당사자 처지를 미루어 짐작할 수 있는 정도는 돼야지.

ㅅㅈ: 부모 자식 간이나 형제나 아니면 사랑하는 사람들 사이에서도 그게 잘 안 되잖아요.

유성쌤: 그건 인정해? 남성들이 여성들에 비해서는 그런 능력이 떨어진다는 거. 그 다음에 특히 요즘 20대 청년 남성들에게 좀처럼 그런 것들이 안 보인다는 지적에 대해서는 인정해?

ㅁㅅ: 지금 모두 현재 사회에서는 공감능력이 다 떨어지는 것 같은데 남자 애들이 좀 더 떨어지는 것 같은데요.

유성쌤: 어떻게 하면 조금이라도 그걸 회복하거나 그럴 수 있을까?

ㅁㅅ: 그니까 아까 공익 하는 것도 말씀하셨잖아요. 이제는 그렇게 한다고 하더라고요. 공익도 이제 구청이나 이런 데 말고 노인복지센터나 청소년 돌봐주고 하는 쪽으로 돌린다고 하더라고요. 잠깐 그런 데서 봉사하고 그런 게 아니라 2년 내내 그렇게라도 하면 달라지지 않을까 싶어요.

유성쌤: 그 다음에 가까운 친구들 하고는 뭘 할 수 있겠니? 계몽도 필요할까? 너희들 알고 보면 정말 찌질해, 철딱서니 없어, 공감능력 없어! 이러면서 깨우칠까? *(웃음)*

ㅅㅈ: 오히려 반작용, 반발심이... 쌤이나 이런 분들이 얘기하면 좀 그래도 논리가 있고 설득력이 있게 다가갈 수 있는데 친구들끼리 얘기하기에는... 뭐 지적 정도는 할 수 있겠지만 계몽까지는... 그런데 보통 어른들이 접근하는 거 보면 너희가 이렇고 저렇고 이걸 어떻게 해야 할까 이렇게 접근하는 사람들이 별로 없잖아요. 그냥 너넨 이게 문제야, 이렇게 나와 버리니까 우리가 뭐 이렇게 나오게 되고 아니면 힐링...

유성쌤: 아이고, 또 그 힐링 타령!

ㅅㅈ: 요새는 좀 필요한 것 같아요.

유성쌤: 물론 필요하지, 필요한데. 그런 느낌도 들어요. 이를테

면 세월호 때 대다수의 사람들이. 아주 몰인정하고 무신경한 사람들 빼고는 슬퍼하고 안타까워하고 다들 그런 느낌을 받을 텐데 말이야. 문제는 그 다음이지. 어떻게 이 느낌을 추스르느냐, 어떻게 이걸 지속 가능하게 이어가느냐 아닐까? 힐링 같은 졸속한 처방 말고 그 슬픔과 안타까움을 오래 간직하면서 두고두고 애쓰고 앞날을 꾀하는 방향으로.

쌤에게도 일종의 숙제예요. 지금 우리 하는 이 작업도 앞으로 죽 해나가야 할 과업의 시작이고. 그 다음에 10년 전 써놓고 팽개쳐 놓았던 남성문화 전반에 대해 쓴 책 다시 고쳐 쓰려는데 거기서도 세월호 사건부터 다시 짚어볼 거야. 사회에 대한 분석, 그에 대한 반응, 그 다음에 앞으로의 대안에 대해서 내 나름대로의 남성 비판적인 시각에서 이론적으로 정리해서 사람들과 담론으로 나누고 싶고 그래. 이를테면 막연했잖아, 남성 중심적인 무엇이 문제인지? 단어들로 몇 가지 나열하자면 토건 국가의 논리라든가, 조직의 논리라든가, 관료적인 시스템의 논리, 권위주의, 공감부족, 책임방기, 자아성찰 부재, 미성숙 등등 이런 것들이 굉장히 중요한 개념들인데 이런 것들도 공허하단 말이야. 누가 왜 어떻게, 이렇게 짯짯이 지적해 줘야 하거든. 교육 비뚠 것도 지적해야 하고 마음 메마른 것도 꼬집어야 하고. 그래서 섬세하게 가다듬는 작업을 한 번 해볼까 해. 아무튼 이 작업이 아주 좋은 계기가 될 거야. 자, 그러면 우리 얘기도 꼭 하고 싶은 말 한 가지씩 하고 정리하도록 하자, 마무리로. 오늘 하려 했던 주제는 이른바 대안인데 뭐 뾰족한 대안이 있을까, 지금 얘기했던 것 말고는? 그냥 개인적 소회랄지 간단하게 얘기 한 마디씩 하지.

– 작지만 큰 한 걸음, 새로운 시작

ㅁㅅ: 저부터 말씀드리면 20대 청년이 참 찌질하다고 하잖아요. 공감능력도 부족하고 생각도 없고… 근데 그들도 피해자라고 생각하거든요. 남자든 여자든 자라오면서 개인으로서 존중받지 못 하고 누군가에게 공감 받고 인정받지 못 하며 자라오는 거는 똑같아요. 그런데 여자 애들은 그런 문화라고 해야 하나, 서로 이야기하고 또 돌봄과 보살핌의 문화가 있잖아요. 그런데 남자 애들은 그마저도 없고 하니까 더 찌질해진다고 생각해요. 아까 문득 생각이 든 게 "너네 찌질하니까 고쳐야 해" 이렇게 말하기 전에 어렸을 때부터 뭐 예를 들면 학급당 학생 수를 줄여서, 지금은 아무래도 학생 수가 너무 많아서 한 명, 한 명 신경 쓰기 힘든 상황이니까 그걸 줄이고 한 사람 한 사람에게 신경 써 주면 자연스럽게 나아질 거라고 생각해요. 그니까 어렸을 때부터 그렇게 존중받고 공감받는다는 느낌을 느끼게 해주면 나아지지 않을까, 사실 잘 모르겠어요. 지금 당장 제 주변의 친구들만 보면 이게 달라질 수 있을까라는 생각이 들고 바뀔 수 있을까라는 생각이 들거든요. 그래서 자꾸 먼 앞으로의 세대를 보게 되고… 그래서 내가 이렇게 찌질할 수밖에 없었던 요인들을 생각하고 적어도 앞으로는 이러지 않았으면 하는 막연한 생각을 하게 되는

것 같아요.

유성쌤: 너무 비장하다, 그치?

ㅅㅈ: 저는 딱히 그렇게 생각하지 않고. *(웃음)* 왜냐면 제가 달라지고 있음을 느끼고 있기 때문에 그렇게 생각하지 않고요. 제 친구들도 그렇고. 근데 정말 20대의 모든 찌질함에 동의하는데 저는 20대를 정말 찌질하게 만든 것은 살아가는 사회는 변했는데 우리에게 가해지는 압박과 주어지는 교육이나 환경은 전혀 달라진 게 없기 때문에…

유성쌤: 그야말로 선택의 여지없이 찌질함으로 남을 수밖에 없는 상황을 말하는 거지.

ㅅㅈ: 그냥 본인 스스로가 깨닫고 내가 부족하구나, 느끼지 못하면 어쩔 수 없이 찌질할 수밖에 없는 것 같아요. 특히 남자들에게 원래 사회적으로 예전 시대에 가해졌던 압박이 지금 남녀평등이라고 하면 균등한 기회를 준다고 하면서 똑같은 압박과 부담으로 작용하잖아요. 그래도 난 남자니까 하는 상대적 우월감으로 버티고 덮으려니까 더 찌질해지고 그런 점이 있는 것 같아요. 시간이 지나면 정말 해결될까, 그 문제가… 물론 오래 걸릴 것 같긴 한데요.

유성쌤: 아니, 너처럼 계기가 있거나 개인적으로 나름 노력을 통해서 그런 실마리를 찾은 사람은 문제가 없는데 그렇지 못하고 그야말로 어리석은 대중으로 남게 되는 그런 사람들은 어쩌란 말이야.

그런 거야. 세상의 변화라는 게 번갯불처럼 딱 어느 순간 어떤 계기로 확 오는 건 아니에요. 다양한 여러 가지 요인, 배경이 복합적으로 작용해서 그게 계기로 작용하는 경우도 있고 그렇지 못 해서 쓸려서 흘러가는 경우도 있고 말이지. 그럼에도 불구하고 참 안타까운 게, 하다못해 대학에서라도 정말 아무 생각 없이 허수아비처럼 살아왔던 아이들에게 성인이랍시고 "너네 마음대로 살아라", 하면서 정작 사고의 전환이나 인간관계 맺는 방법의 변화나 이런 것들을 할 수 있는 기회를 주면 좋을 텐데 전혀 그렇지 못한 거야. 그게 답답한 거야. 하다못해 교양 교육의 틀을 바꾼다든가, 어쨌든 그런 계기를 기회로써 다양하게 제공하는 사회가 성숙한 사회지. 그렇잖아?

ㅅㅈ: 근데 다른 친구들 봐도 특별히 교육의 영향이라기보다 본인 자신 한 살, 한 살 먹어가면서 부딪히면서 그런 거를 아쉬워할 수 있다는 생각이 들었어요.

유성쌤: 하다못해 우리가 또 언론에 쉬 흔들리잖아? 툴툴거리긴 하지만 그래도 언론의 영향을 받잖아, 정보를 주니까! 한심하다 못해 거의 아수라장인 언론에서도 어느 종편 앵커 한 사람 몫이 컸잖아? 어찌 보면 대단한 일을 한 것도 아니에요. 당연히 해야 할 일 한 사람이 그 사람 하나인 거야. 이 사람은 적어도 다른 건 몰라도 자기 직분을 다하려고 애썼거든. 이를테면 세월호 때 공정한 보도뿐 아니라 희생자들 편에서 그들의 이야기 충분히 전해주고자 하는 태도 말이야. 그래서 그게 돋보인 건데 이런 게 계기가 되어주기를 바라지. 어렵다는 언론고시 보고 기자되려고 기를 쓰는데 이런 제대로 된 언

론인 상 같은 걸 생각해 볼 수 있는 계기 말이야. 뿐만 아니라 사회적으로나 뭐로나 여러 가지 다양한 계기를 마련해 주는 것이 중요하지. '힐링' 열풍 같은 거 말고. '힐링'은 지금 애들이 이렇게 저렇게 시름시름하고 있는데 이게 바로 답이라고 주는 거랑 똑같은 거야. 애써서 고민하고 힘들여 답을 찾는 게 아니라 문제풀이부터 정답까지 알려주는 식이야. 그래서 쌤은 그걸 미친 짓이라고 보는 거야. 물론 지금처럼 어려운 상황에는 구체적인 조언이나 실제적인 '팁'이 필요하지. 이럴 때는 애도를 제대로 하는 것이 중요하다, 슬픔을 억누르려고 하거나 삼키려 하지 말고 뱉어라, 그래서 울 때는 실컷 울고! 뭐 이런 정도는 필요하다는 거지. 그러면서도 교육이면 교육, 언론이면 언론을 통해 다양한 계기들이 마련되는 사회가 성숙한 사회인 거고 그게 극단으로 가는 것을 막을 수 있는 안전장치라고 보는 거거든. 그래야 너무도 오래 그 자리에 있어서 당연하게 여겼던 사회에 낡고 높은 벽, 사람들 사이 숨어있는 무관심, 무감각이라는 덫, 내 안에 감춰진 좌절, 냉소 같은 올무 이런 걸 비로소 보고, 느끼고, 알게 되는 거지. 우리가 이번 대담을 통해서 하다못해 쌤 자신 또 너희들도 당연하게 받아들였던 남성 집단에 대한 이런저런 모습을 짚어보고, 돌아보고, 살펴보고 한 것도 이런 의미에서 소중한 거야. 결국 우리 스스로에 대한 성찰이기도 하니까.

ㅅㅈ: 갑자기 생각난 게 있는데 조금 이건 슬픈 것 같은 게 같이 친구들이 나이 먹으면서 철들어 간다는 걸 많이 느끼거든요. 저도 그렇고 다른 친구들도 그렇고. 근데 직장이나 다시 공부나 뛰어들면서 이거는 비단 남자만의 문제는 아닌 것 같은데 철들어감이 다름

아닌 내가 박살나는 것 같은…

유성쌤: 박살나지, 너희들 표현대로 그야말로 '아작나지'! 중요한 얘기야. 왜냐하면 게임의 법칙과 논리가 그런 것을 용인하지 않지. 오로지 목표만을 위해서 온갖 것을 버리고. 그러면 이 따위의 인간들을 만들어내는 거야, 성공이랍시고.

ㅅㅈ: 본인들도 굉장히 힘들어하고. 그러다가 어느새 당연해지고…

– *'힐링'에서 성장으로*

유성쌤: 너무 이해돼, 뭔 말인지. 쌤이 제일 잘 알 거다. 처음 교육 공부하게 된 계기가 공동육아 일 하면서잖아. 그때 무슨 얘길 했냐면, 일종의 면역력? 너네 다 예방 주사 다 맞잖아. 그런 것처럼 어린 시절에 사회화 과정에서 공동육아를 통해서 아까도 얘기했던 사회화된 보살핌과 돌봄으로 그런 젖줄을 충분히 자양으로 받게 해서 사회적인 게임의 법칙 그런 데 면역력 내지는 저항력 키워주자는 뜻이지. 목표를 위해서 매진하되 그런 심성적인 부분 그 다음에 공감

능력 같은 것들을 유지할 수 있도록 하자는 거였어. 벌써 20년 넘어 지켜보니 상당 부분 그렇게 된 것 같아. 같은 맥락에서 쌤 또 애써온 대안학교 운동 얘기하면 사람들이 그랬단 말이야. "그럼 아무리 그래도 뭐 하겠어요. 사회 나오면 다 깨질 텐데…" 이렇게 말이야. 근데 그것도 20년 넘게 지켜보니 거기 나온 아이들 그리 잘 안 깨지더라고. 몇몇 대안학교 예를 보면, 물론 대학은 잘 못 가요, 그렇잖아, 남들 죽어라고 학원 다니고 공부할 때 자아실현 애쓰고 사회 활동 했으니까 말이지. 그 대신 놀랍게 튼실한 일꾼으로 커요. 사회적 성공을 어떻게 보느냐에 따라 다르다는 거지. 그래서 쌤이 늘 주장하는 게 작지만 착실하게 그런 면역력, 저항력부터 키워가자는 거야.

그런데 현실은 어려서부터 특히 학교만 가면 오로지 입시교육 한쪽으로만 쏠려 그렇게 자라잖아. 이런 걸 '단품경작(monoculture)'에 비유할 수 있어요. 그 왜 예전 제국주의 시대 때 다양한 식물들 자라는 식민지 생태환경을 제국주의자들이 자기네 필요에 따라 한 가지 품종만 자라게 강요했어요. 이를테면 커피 심어라, 차 심어라, 낙화생 심어라! 그래서 그 피해가 막심했지. 일단 이런 건 식량도 아닌데다 한 가지 품종만 때려 심다 보면 자연 재해에 약할 수밖에 없으니까. 게다가 국제시장에서 가격이 폭락하면 온 나라 경제가 흔들리고 말이지. 결국 그 탓에 아직도 가난을 면치 못하는 나라가 여럿이에요. 인간도 비슷한 거지. 우리처럼 오로지 한 가지 성공만 바라는 단일품종 교육을 하다보면 한 가지 인간유형만 길러내고 그 폐해가 쌓이고 그러는 거야. 인간이 어디 그래? 얼마나 다양한 품종인데!

남성성도 마찬가지야. 남성도 인간인 만큼 성격도 그렇고 다양한 심성들이나 그런 것들 가지고 있어요. 슬픔의 능력, 분노의 능력, 공감의 능력 이런 거 모두. 그런데 그 다양성은 다 버리고 오직 한쪽으로만 남성성을 규정하고 그에 따라 성공도 따지고 있는 거야. 요즘 잘 나가는 남성의 상, 곧 '헤게모니 남성성'은 누가 뭐래도 코넬(Connell)이 말한 '비즈니스맨 남성성'이잖아. 그런 남성들만 정상적인 남성 또는 성공한 남성이라고 딱 규정하고 거기로만 가니까 남성이라는 인간 내부의 다양한 나머지 특성들을 다 빼앗기고 버리게 되는 거지.

그렇다고 그런 남성은 되지 말라는 얘기는 아니야. 게임의 법칙까지 들먹일 것 없이 지금 세상에서 취업해서 먹고 살고 하는 거 어쩔 수 없잖아. 다만 아까 말한 면역력, 저항력을 길러주면 그 회사인간도 얼마든지 사람다운, 사람 생각하고 사람대접하는 인간으로 살 수 있다는 말이지. 제자들 중에 그런 본보기 여럿 있어. 좋은 직장 버리고 시민단체 뛰어들어 활동하는 어찌 보면 예외적인 친구들 말고도. 이를테면 누구나 바라는 재벌기업에 다니는 한 녀석은 잘나가는 회사 인간으로 게임의 법칙에 따라 나름 성공적으로 살면서도 부지런히 봉사활동하고 시민단체 거들고 하면서 건강한 민주시민으로 열심히 성장하고 있단다. 그렇게도 할 수 있단 말이지. 물론 혜택 받은 인간이니까 그런 선택의 능력도 되는 거라고 반발할지 모르지만 말이야. 그렇지 않은 사람들도 면역력, 저항력 길러주면 얼마든지 나름 게임의 법칙에서 조금 벗어나, 약간 다르게 살아갈 수 있는 거야. 찌질함이라는 게 왜 나오느냐 하면 정상성이라는 것을 너무 비좁게 잡다보니까 거기서 조금만 벗어나면 찌질하다고 지적을 받는 거고 그 정상성에 악착같이 올라가려 하다가 모든 것을 버림으로써 더 찌질해지는 거지. 쌤 결론이 그거야.

ㅅㅈ: 진짜 성장 시간이 정말 짧은 거 같아요. 중 · 고등학교 시절을 성장이라 볼 수 없고 대학교 초반까지도 그런데…

유성쌤: 그러니까 답답하다는 거야. 그게 바로 '성장기'란 말이야.

ㅅㅈ: 저는 20대 중반 이후부터야 조금은 커가는 것 같은데 또 다 깨지니까.

유성쌤: 쌤이 그런 얘기 했잖아. 유학 가서 제일 처음에 학교 실습 나가서야. 쌤이야 워낙 학교 싫어해 평생교육 쪽 방향 잡았지만 거기 학교 어떤지 궁금해서 따라가 봤거든? 갔더니 화가 나고 부러워서 미치겠는 거야. 내가 쟤들 같은 교육을 받았더라면 하는 마음에서! ㅁㅅ이 말처럼 스무 명 모인 데서 다 존중해주고 다 들어 주고 말이야. 쌤도 사실 굉장히 많은 가능성 갖고 태어났는데 그 중에 80~90%는 주로 학교교육을 통해 망가지고 깨졌어. 조금이라도 다르거나 벗어나는 얘기만 하면 때리거나 구박하거나 하는 바람에 살기 위해서는 죄다 버리거나 감추거나 할 수밖에 없었단 말이지. 그게 너무 아쉬워 분하고 원통하고 그렇더라고. 물론 나중에 지나고 또 좀 더 잘 알고 나니까 그 쪽도 학교라는 제도, 교육의 틀은 상대적 차이일 뿐이지, 또 뭐 인간의 존재 자체를 깍듯이 존중해주고 그

런 거는 아니었는데, 하다못해 그런 방식이라도 조금이라도 인정해 주고 받아주고 하는 교육이었더라면 하는 거지. 그나마 그걸 실천하고 실현하느라 지금까지 악착같이 노력하고 있지만 늘 좌절하지. 그런 측면에서 보면 교육에서 성장이라는 것이 없는 거야, 이 땅에서는! 왜 속담에 '될성부른 나무 떡잎부터 알 수 있다'는 게 있는데 얼마나 비교육적인, 아니 시대착오적인 말이냐? 옛날에야 쓸모 있는 나무 한두 가지니까 그런 재목인지 아닌지 미리 알아볼 수 있으니 그렇게 키운다는 말이었겠지만 그거야말로 앞에 얘기한 '단품경작' 같은 폭력이지, 특히 오늘날 같은 다양성의 시대에 말이지. 품종 다양성 인정하지 않고 시장에 필요하니까 너는 소나무 되어야 하고 너는 전나무가 되어야 하고. 나머지 나무들도 있어야 할 것 아냐. 그러고 속성으로 재배해서 쭉 자라면 1등이라고 하고. 이런 상황에서 어떻게 나름 제 자리, 제 몫을 찾는 성장이 가능하겠어? 그렇지 못하니 그 기준에 맞지 않거나 그런 두려움 들면 울고불고 힐링 같은 무슨 그 나무에 놓는 응급처치용 수액 같은 거나 찾고!

ㅅㅈ: 이게 되게 우리 역사랑 비슷하게 가는 것 같은데...

유성쌤: 아까 지적한 제도화된 학교에서 상대적인 차이인 것처럼 적어도 아직도 가부장성이 지배하는 이 사회에서 남성으로 자랐다는 것 자체가 성장에 제한을 두게 돼 있거든. 각별한 부모들 교육열을 보면 뭐 잘 자라라고 굉장히 애쓰고, 그니까 나무로 치면 비료도 막 부어 넣고 수액 주사도 놔주고 그런 것 같지만 결국 이건 성장에 어떤 제한을 주는 거거든. 울타리 쳐주고 아님 묶어 놓고. 결국

은 제일 중요한 것 중에 하나가 그 문제점에 대한 깨달음이야. 쌤이 늘 얘기하지 않든? 어떤 문제가 얼마나 심각한지 제대로 인식하면 문제 해결은 반 넘어 된 거라고. 물론 문제가 참으로 어렵다 보니 단숨에 해결은 어렵지. 지금 이런 상황인데 숲을 다 해체하라고 할 수도 없고. 나무 하나하나가 적어도 스스로 깨달을 때, 그게 곧 자기를 돌아봄이라는 표현을 쓰는 건데 그런 기회를 최대한 많이 줘야겠다는 거고. 또 그런 생각을 해요. 바보들이 수시로 교육과정을 바꾸면서 정작 새로운 시대에 가장 기본적으로 요구되는 사회적인 인식들, 그 다음에 가장 기본적인 함께 모여 사는 삶의 구체적인 삶의 경험, 이런 건 여전히 도외시해. 자아성찰이나 인격수양은 말할 것도 없고 말이야.

대안학교들에서 많이 하는 본디 원불교 쪽 학교에서 비롯된 '마음공부'라는 과목이 있어요. 주로 흔히 말하는 불량 청소년들 모이는 대안학교에서는 이 수업이 성공했어. 대개 문제는 내 자신 속의 화나 분노, 폭력을 이기지 못해서 생기거든. 그래서 주변에 폭력 휘두르고 위해 가하고 그러다가 자기 자신에 향한 폭력으로 가서 약물이거나 자살에 이르는 거지. 일단 그걸 만나야지. 뭐가 날 화나게 하고 분노케 하는지. 그런 측면에서 대학교 1학년 애들은 뭐 쓸데없는 캠프 이런 게 아니라 영성 훈련이 됐든 아니면 템플 스테이가 됐든 자기를 한 번 돌아볼 수 있는 기회를 가졌으면 해!

ㅅㅈ: 아 맞아요. 영성수련 갔다 온 애들이 완전 극찬을 하더라고요. 고백을 하는데 어떤 친구는 막 아팠대요. 그 과정 속에서도 많은 거를 느끼는 것 같아요.

유성쌤: 그래서 개인 차원이 아니라 다 필수로 1학년들에게, 다 종교적인 것이 다를 테니까 지정해주는 거야. 이러저러한 것들을 한다. 보고서 내면 인정해 준다고. 쌤도 여기서라도 해보려고 이거저거 다 준비했는데 경쟁논리에 밀려 아직 못하고 있어…

– 당연함에 시비걸기

유성쌤: 결국 자기 자신과 일찍 대면할수록 성장의 기회가 더 빨리 주어진다는 얘기야. 쌤도 뭐 불행한 20대를 보냈지만 일찍 유학 갈 수 있었고 이런저런 공부 하면서 그런 기회를 남보다 이르게, 그리고 많이 얻은 셈이지. 그런 뜻에서 쌤은 엄청난 혜택을 받은 사람임은 틀림이 없어요. 그래서 더 나누고 싶은 거지.

얼마 전 다른 수업에서 68 학생운동에 대한 특강을 했어. 그래서 갑자기 생각이 나서 세월호 이후 요즘 다들 촛불시위하거나 침묵시위 하면서 '가만히 있으라'고 그 문제성을 지적한 구호가 적혀 있곤 한데 '절대로 가만히 있지 말라'로 바꾸자, 이런 얘기를 했지. 나를 포함해서 울분이 됐든, 분노가 됐든, 슬픔이 됐든 상태주의자들이 얘기하는 지속 가능한 삶이 되려면 이런 느낌 또한 지속 가능해야 할 것 같아. 일시적이고 한때 넘쳐났던 감성이 사라지면 어떻게 하나 걱정돼서 그래. 아직 사태가 조금도 해결되지 않아서 그렇지 시간 지나고 이런저런 큰일들 이어지면 놀랍게도 빨리 잊혀 질지 몰라. 어느 정도 잊혀지는 건 어쩔 수 없기도 하고 그럴 필요가 있을 수도 있지. 누구나 그렇듯이 나조차 분노나 슬픔을 마냥 갖고 있을 수가 없어. 가까운 사람들을 잃어본 사람들은 알겠지만 나는 정말 어머니를 심적으로 되게 가까운 친구로 여기고 있었는데 어머니 돌아가시고 한 1주일 넋이 빠져있을 정도였어. 그런데 어느 날 밥상에서 마구마구 처먹고 있는 내가 너무 창피하고 미치게 미운 거야. 나를 낳아주셨고 나하고 둘도 없는 사이였는데 어머니 이제 안계신데 살겠다고 그야말로 처먹고 있는 내가 너무 비루하고 한심한 거야. 세월호 사건도 마찬가지지. 그런 작은 불편함들 우리가 진작부터 불편하다고 알았더라면, 내 안에 그리고 나와 가까운 사이에!

마지막으로 생각나는 이솝 우화의 한 이야기가 있어. 쌤 어려서부터 이솝을 되게 좋아하고 존경하는데, 이솝이 노예였잖아? 그가 모시는 주인이 목욕을 좋아하는데 어느 날 몸이 찌뿌둥해서 목욕을 가려고 "이솝아 목욕탕에 사람 많은지 봐라, 없으면 가게 말이다" 했대. 이솝이 다녀와서는 "딱 한 사람밖에 없는데요" 하더래. 좋다고 준비 챙겨서 간 거야. 가봤더니 웬 걸 사람이 바글바글 하더라나. 그래서 "이 건방진 이솝을 오늘은 자르고 말리라" 맘먹고 막 야단을 쳤는데 이솝이 웃으면서 하는 말이 "산에서 큰 바위가 굴러와 목욕탕 입구를 막고 있었습니다. 그런데 사람들이 다 그 불편함을 욕만 하고 침만 뱉고 들어가는데 한 사람만 수고롭게 그 돌을 치우고 들어가더라고요. 그러니 정작 사람은 하나밖에 없는 거 아니겠습니까?" 그래서 쫓아내지 못했대요. 무슨 얘기인지 감이 오지? 그러니까 작거나 크거나 그것이 멀지만 본질에 닿아 있을수록 그 불편함에 대한 느낌을 가져야 해. 그래야 나 혼자 안 되면 다른 사람과 같이 치울 수 있지. 그래서 우리가 지금 느끼고 있는 분노, 슬픔을 가능하면 지속 가능하게 만들어야 해. 그렇다고 계속 슬퍼하거나 분노해서 어쩔 수 없는 무기력감에 빠질 수 있으니까 그런 게 아닌, 오늘 얘기 나온 것들처럼.

또 우리는 아주 작은 집단이고 우리 경험 또는 간접경험들이 이제 모두를 다 대표할 순 없지만 대체로 단면 정도는 드러내준다고 할 때 오늘 나온 얘기들을 정리하면 이렇지. 어떻게 하면 그 불편함을 줄이고 관계에서는 좀 더 조화롭고 평등하게, 따뜻하고 안온하게 살아갈 수 있을까, 하는 거야. 또 가까운 곁 사람들과는, 그게 애인이든 벗들이든 더 노력하고 남성 문화 전체 또는 그와 관련된 사회적 재난을 불러오는 조직과 운영의 문화에 대해서는 강력한 이의제기와 더불어서 작은 변화의 첫걸음을 떼야하지 않을까? 오늘 우리가 다짐하는 과제는 지속 가능한 감정과 공감에 형성과 유지, 그리고 아울러 불편함을 터놓고 말하고 작은 이의신청이라도 제기할 용기 이런 게 될 것 같아요.

맨 처음에 쌤이 페미니즘 공부할 때, 가장 와 닿았던 말 중의 하나가 '당연함에 시비걸기'였어. 우리가 얘기했던 남성들의 찌질함은 20대에 국한된 게 아니고 기성세대가 더 크지, 그런데 20대는 조금은 나아졌으리라는 기대, 여러분들과 함께 사는 세대로서 거의 고대했던 부분이 전혀 나타나지 않는 것 중 하나는 그들이 전혀 당연하지 않은 것들을 너무도 당연하게 여기고 살아왔다는 거야. 자신들이 그렇게 강고하게 믿고 있는 당연함에 조금은 의심을 가져줬으면 하는 바람이야. 세월호 사건이 일어났을 때 우리가 그토록 너무나 당연하게 믿었던 권력, 돈의 힘, 효율성 이런 게 전혀 당연하지 않음을 생각해줬으면 좋겠다는 부탁을 했는데. 아마 그게 찌질함에서 벗어나는 첫걸음이 아닐까? 그 당연함이 찌질함의 핵심이 아닌가 하는 의심, 그리고 깨우침이 절실하다는 생각이 들고 말이야. 자, 오랜 시간 여러분들과 이렇게 저렇게 요모조모로 얘기 나눠보았어요. 정말 고맙고 또 앞으로도 이런 자리 또 만들어 봅시다!

도움받은 책과 글들, 인터넷 사이트들

기시미 이치로 외(2014). 미움받을 용기. 서울: 인플루엔셜.

권인숙(2005). 대한민국은 군대다. 서울: 청년사.

김연수(2015). '나의 성생활'과 '나랑 상관없음? 〈중앙일보〉 2015.01-10.

김원식(2015). 배제, 무시, 물화: 한국 사회를 바라보는 세 가지 시선. 파주: 사월의 책.

그리프, M.(2012). "'노'는 하나, 다양한 '예스들'. 지젝, S. 외. 점령하라. 서울: RHK.

바우만, Z.(2010). 모두스 비벤디. 유동하는 세계의 지옥과 유토피아. 서울: 우마니타스. 7.

바뎅테, E.(2004). 남자의 여성성에 대한 편견의 역사 . 서울: 인바이로넷.

버틀러, J.(2012). "우리가 몸통이고, 우리가 국민이다". 지젝, S. 외. 점령하라. 서울: RHK.

________(2014). 젠더트러블. 파주: 문학동네.

________(2015). 젠더허물기. 서울: 문학과지성사.

브란텐베르크, G.(1996). 이갈리아의 딸들. 서울: 황금가지.

세넷, R. "거리와 사무실: 유동적인 삶과 자아 정체성". 기든스, A./허튼, W. 편(2000). 기로에 선 자본주 의. 서울: 생각의 나무.

솔닛, R.(2014). 맨스플레인. 남자들은 자꾸 나를 가르치려 든다. 파주: 창비.

스콧, J.W.(2006). 페미니즘: 위대한 역설(Only Paradoxes to Offer). 서울: 앨피.

시바, V.(2000). 자연과 지식의 약탈자들. 서울: 당대.

안녕하지 못한 사람들 편(2014). 안녕들 하십니까? 파주: 오월의 봄.

엄기호(2014). 단속사회. 서울: 문학과지성사.

오찬호(2013). 우리는 차별에 찬성합니다. 고양: 개마고원.

________(2015). 진격의 대학교. 파주: 문학동네.

우에노 치즈코.(2012). 여성혐오를 혐오한다. 서울: 은행나무.

이승욱/김은산(2013). 애완의 시대. 파주: 문학동네.

이윤기(2003). 우리 시대의 초상. 서울: 문학과 지성사.

일루즈, E.(2013). 사랑은 왜 아픈가. 파주: 돌베개.

________(2014). 사랑은 왜 불안한가. 파주: 돌베개.

인코르바이아, A./리마싸, A. (2006). 1000 유로 세대. 서울: 예담.

장강명(2011). 표백. 서울: 한겨레출판사.

________(2015). 한국이 싫어서. 서울: 민음사.

장덕진 외(2015). 압축성장의 고고학: 사회조사로 본 한국 사회의 변화, 1965~2015. 파주: 한울.

정상근(2011). 나는 이 세상에 없는 청춘이다. 서울: 시대의 창.

장하성(2015). 왜 분노해야 하는가. 성남: 헤이북스.

전인권(2003). 남자의 탄생. 서울: 푸른숲.

정유성(2001가). 따로와 끼리: 남성지배문화 벗기기. 서울: 책세상.

_______(2001나). 사람살려, 교육살려! 서울: 한울.

_______(2009). 40대 직장남성 인권의식 연구: 사회의 병리, 육체의 손상, 영혼의 노숙. 서울: 한국인권재단.

_______(2010). "명왕성에서 온 아이들". 서강대학교국제인문학부편. 인문세미나. 서울: 서강대학교출판부.

_______(2012). "궁핍한 시대, 난삽한 사랑법". 보건복지부 인구보건복지협회 편. 2030세대 행복의 조건. 서울: 인구보건복지협회.

조한혜정(1998). 성찰적 근대성과 페미니즘. 서울: 문학과지성사.

지루, H.(2015). 일회용 청년: 누가 그들을 쓰레기로 만드는가. 서울: 킹콩북.

지젝, S.(2012). "스스로와 사랑에 빠지지 말 것". 지젝, S. 외. 점령하라. 서울: RHK. 104-109.

초도로우, N.(2008). 모성의 재생산. 서울: 심리과학연구소.

키에르케고르, S. (2007). 불안의 개념: 죽음에 이르는 병. 서울: 동서문화사.

코넬, R.W.(2013). 남성성/들. 서울: 이매진.

한병철(2012). 피로사회. 서울: 문학과지성사.

_______(2014). 투명사회. 서울: 문학과지성사.

_______(2015). 에로스의 종말. 서울: 문학과지성사.

Castells, M.(2000). *End of millenium*. 2nd ed. Malden: Blackwell.

Havemann(1982). *Morgen: Industriegesellschaft am Scheideweg.* Franfurt am Main: Fischer.

http://blog.naver.com/PostView.nhn?blogId=heedongaaa&logNo=120212481260

http://news.khan.co.kr/kh_news/khan_art_view.html?artid=201601152306475&code=940100&s_code=af174

http://news.joins.com/article/16899139

찾아보기

ㅂ

ㅅ

ㅇ

ㅈ

ㅊ